U0452965

重庆市社会科学规划项目（NO.2018QNCB49）、中央高校基金（NO.2020CDJSK07PT17）和重庆大学新闻传播学一级学科水平提升计划资助

青少年手机游戏成瘾研究

刘毅 著

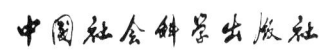

中国社会科学出版社

图书在版编目(CIP)数据

青少年手机游戏成瘾研究/刘毅著. —北京：中国社会科学出版社，2020.12

ISBN 978-7-5203-7571-9

Ⅰ.①青… Ⅱ.①刘… Ⅲ.①网络游戏—影响—青少年—研究 Ⅳ.①C913.5

中国版本图书馆 CIP 数据核字(2020)第 244302 号

出 版 人	赵剑英
责任编辑	陈肖静
责任校对	刘 娟
责任印制	戴 宽

出　　版	中国社会科学出版社
社　　址	北京鼓楼西大街甲 158 号
邮　　编	100720
网　　址	http://www.csspw.cn
发 行 部	010-84083685
门 市 部	010-84029450
经　　销	新华书店及其他书店
印　　刷	北京明恒达印务有限公司
装　　订	廊坊市广阳区广增装订厂
版　　次	2020 年 12 月第 1 版
印　　次	2020 年 12 月第 1 次印刷
开　　本	710×1000　1/16
印　　张	17.25
插　　页	2
字　　数	240 千字
定　　价	99.00 元

凡购买中国社会科学出版社图书，如有质量问题请与本社营销中心联系调换
电话：010-84083683
版权所有　侵权必究

目 录

青少年手机游戏成瘾研究的最新力作 …………………… 黄星民（1）

第一章 绪论 ……………………………………………（1）
第一节 研究背景 …………………………………………（1）
第二节 研究意义与创新 …………………………………（14）
第三节 研究思路与框架 …………………………………（15）

第二章 手机游戏 ………………………………………（19）
第一节 手机游戏概述 ……………………………………（19）
第二节 手机游戏产业的国际发展历程 …………………（29）
第三节 中国手机游戏产业的发展历程 …………………（44）

第三章 青少年手机游戏使用 …………………………（59）
第一节 青少年与手机游戏 ………………………………（59）
第二节 青少年手机游戏用户的属性结构 ………………（64）
第三节 青少年手机游戏用户的行为特征 ………………（68）
第四节 青少年与手机游戏成瘾 …………………………（74）

第四章　青少年手机游戏成瘾的影响因素 …………………… （82）
　　第一节　青少年手机游戏成瘾的内部因素 ………………… （82）
　　第二节　青少年手机游戏成瘾的外部因素 ………………… （100）

第五章　青少年手机游戏成瘾的影响效应 …………………… （113）
　　第一节　手机游戏成瘾对青少年身体健康的影响 ………… （113）
　　第二节　手机游戏成瘾对青少年心理健康的影响 ………… （115）
　　第三节　手机游戏成瘾对青少年社会适应的影响 ………… （121）
　　第四节　手机游戏成瘾对青少年日常生活的影响 ………… （123）

第六章　青少年手机游戏成瘾的干预体系 …………………… （128）
　　第一节　成瘾干预的理论与方法 …………………………… （128）
　　第二节　手机游戏成瘾干预的支持体系 …………………… （157）
　　第三节　手机游戏成瘾干预的未来方向
　　　　　　——游戏分级制度 ………………………………… （170）

参考文献 ………………………………………………………… （187）
附录 ……………………………………………………………… （242）
后记 ……………………………………………………………… （268）

青少年手机游戏成瘾研究的最新力作

黄星民

刘毅博士的著作《青少年手机游戏成瘾研究》即将付梓，嘱我作序。我欣然应允，很愿意为他的新著写点文字。

近年来，在数码技术迅猛发展、智能手机迭代更新的基础上，手机游戏不断翻新，吸引了不少玩家，但值得注意的是，有些青少年终日沉迷其中，成了手机游戏"瘾君子"。手机游戏成瘾损害青少年的身心健康，影响他们的学习和日常生活，家长谈及，无不为之色变，这已成为一个普遍的社会问题。青少年手机游戏成瘾的成因复杂，涉及面广，解决难度大。因此，对手机游戏成瘾的研究，既有理论意义，又有现实价值，亟待学界关注。

然而，国内外关于青少年手机游戏成瘾的研究尚处于起步阶段，个案研究不少，但研究问题分散，研究角度不尽相同，缺乏完整性和系统性。在"健康中国"国家战略的大背景下，我们非常期待关于青少年手机游戏成瘾的系统性研究成果的推出。刘毅博士所著的《青少年手机游戏成瘾研究》一书的出版恰逢其时。刘毅博士融合自己近年来的研究成果，凝聚对社会问题的观察与思考，完成了这部探讨青少年手机游戏成瘾的系统之作，具有开拓性的意义。该书从跨学科视角出发，结合网络成瘾和网络游戏成瘾的相关理论及案例，对青少年手机游戏成瘾的影响因素、影响效应和干预体系进行了全面深入的探讨。作为国内第一部有关青少年手机游成瘾的专著，该书在一定程度上填补了手机游戏成瘾这一研究领域的空白，不仅为青少年手机游戏成瘾这一课题做出了理论贡献，更为解决这一社会问题提供了现实指导。

我和刘毅博士相识多年。他关注社会现实，具备社会责任意识和人文关怀精神，治学态度严谨，富有创新意识和创新精神，近年来取得了丰硕的研究成果。《青少年手机游戏成瘾研究》一书就是其最新研究成果之一，我愿意向广大读者推荐此书，希望此书能使读者受益，并期待其提高青少年、家庭、学校和政府等社会主体对手机游戏成瘾这一社会问题的重视程度，进而促进青少年的健康发展。

2020 年 12 月

（作者系厦门大学教授、博士生导师，福建省传播学会会长。曾任厦门大学新闻传播学院常务副院长，外国新闻史研究会副会长，中国传播学会常务理事）

第一章 绪论

青少年手机游戏成瘾是当下亟待解决的社会问题。从现实角度来看,青少年作为手机游戏使用的主要群体,其手机游戏成瘾问题日趋严重,这阻碍了他们的健康发展;从理论角度来看,国内外针对青少年手机游戏成瘾的研究滞后,目前学界还没有对青少年手机游戏成瘾的影响因素、影响效应以及干预体系进行深入系统的研究,因而也无法为构建与完善系统、科学、高效和精准的青少年手机游戏成瘾干预体系提供理论支撑。因此,无论是从现实角度而言,还是从理论角度而言,研究青少年手机游戏成瘾势在必行。

第一节 研究背景

青少年的健康发展日益受到社会的关注和重视。一方面,促进青少年的健康发展是健康全球战略的重要内容,世界卫生组织(World Health Organization,WHO,2015)发布的报告明确指出,要推动改变和完善青少年健康发展的社会环境,帮助青少年实现标准的健康和幸福权利;另一方面,促进青少年的健康发展也是健康中国战略的重要内容,《"健康中国2030"规划纲要》明确指出,要制定实施针对青少年、妇女、老年人、职业群体及残疾人等特殊群体的体质健康干预计划,尤其针对青少年群体,要将健康教育纳入国民教育体系,把健康教育作为所有教育阶段素质教育的重要内容（中共中央办公厅、国务院办公厅，2016）。然而，在青少年健康发展的过程中存在着诸多阻碍，尤其是在智能手机迅速普及和手机游戏行业快速发展的背景下，手机游戏成瘾给青少年造成了视力减退、脊柱变形、人格分裂和自我封闭等诸多身心健康以及社会适应等方面的危害。因此，研究青少年手机游戏成瘾对于促进青少年的健康发展具有重要意义。

一 手机游戏行业发展态势良好

在智能手机迭代更新的背景下，手机游戏行业不断迎来发展良机，展现出了迅猛的发展势头。与主机游戏和电脑游戏相比，移动游戏（智能手机游戏和平板游戏）凭借其便捷性、移动性和即时性等优势满足了用户更加随性化和碎片化的使用需求。Newzoo（2019[①]）发布的数据显示，在全球范围内，移动游戏在游戏行业中独占鳌头，占据2019年游戏市场份额的45%，远超主机游戏（32%）和电脑游戏（23%）的市场份额。可见，移动终端已经超过主机终端和电脑终端成为主要的游戏平台。当前全球游戏市场稳步发展，中国产业信息网（2020）发布的数据显示，2019年，全球游戏市场收入达到1521亿美元，同比增长9.6%，其中，移动游戏作为最大的细分市场，产生了685亿美元的市场收入（见图1-1）。Newzoo（2020）的数据报告显示，2020年，全球移动游戏用户达到25亿，在庞大的用户市场的刺激下，全球手机游戏行业发展潜力巨大。

中国手机游戏行业也不例外。从发展现状和趋势来看，中国手机游戏行业整体发展迅速，市场规模和用户规模等均呈不断增长的趋势。中国产业信息网（2020）发布的数据显示，中国手机游戏产业的市场规模稳步增长，在2019年市场规模已突破1500亿元大关（见图1-2），同比增长

---

① Newzoo, *Global Mobile Market Report 2019*, 2019.

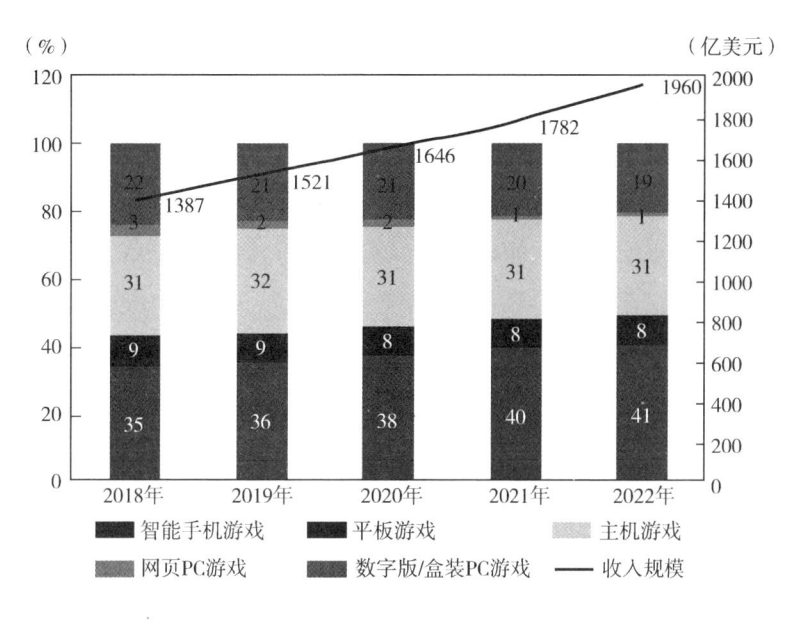

图 1-1 2018—2022 年全球游戏细分市场收入及预测

18%；同时，手机游戏已经成为中国超过 80% 的游戏玩家最常使用的游戏形式（见图 1-3），中国手机游戏用户规模突破 5.86 亿人，手机游戏渗透率长期保持在 70% 以上（见图 1-4）。

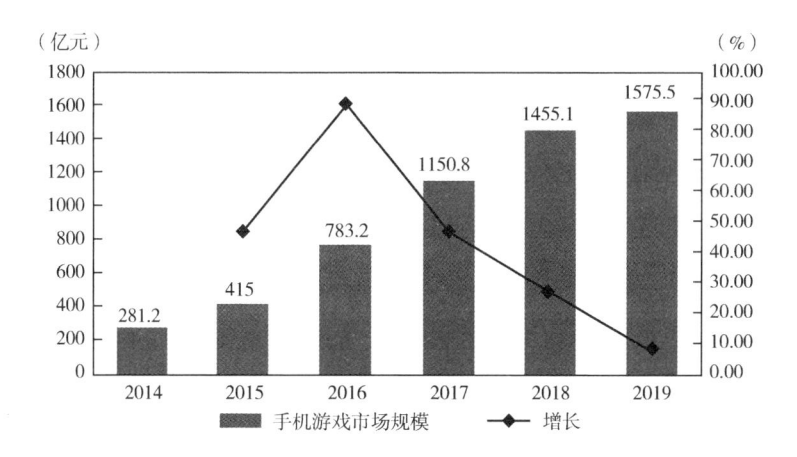

图 1-2 2014—2019 年中国手机游戏市场规模及增长趋势

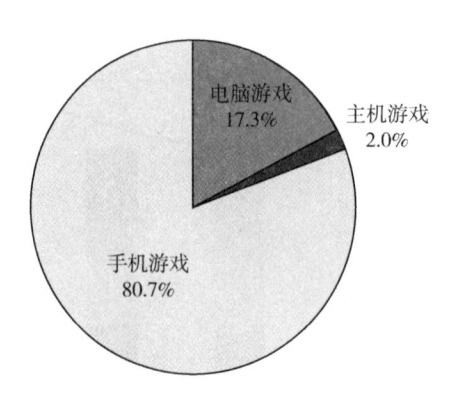

电脑游戏 17.3%
主机游戏 2.0%
手机游戏 80.7%

图1-3 中国玩家最常使用的游戏形式

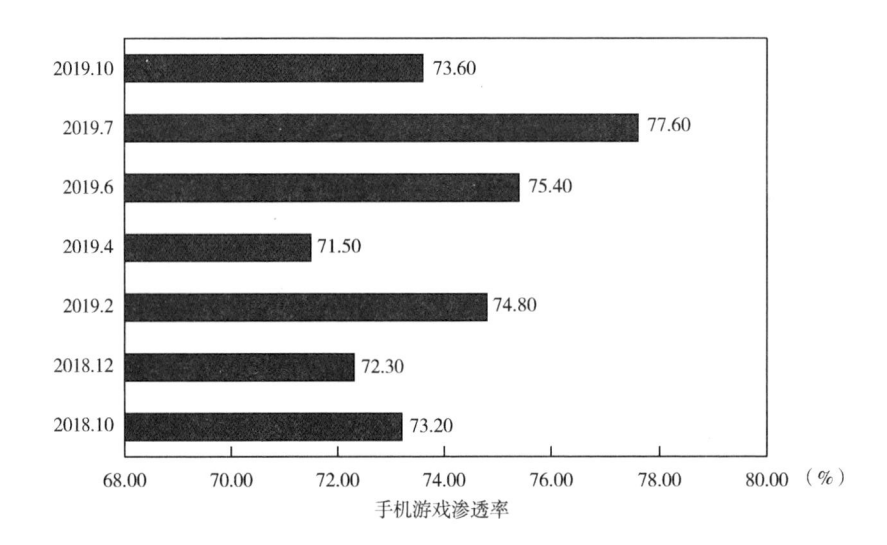

时间	手机游戏渗透率(%)
2019.10	73.60
2019.7	77.60
2019.6	75.40
2019.4	71.50
2019.2	74.80
2018.12	72.30
2018.10	73.20

图1-4 2018.10—2019.10 中国手机游戏渗透率

中国手机游戏行业良好的发展态势离不开包括技术、经济和政策等方面在内的产业生态环境提供的有力支撑。

从技术方面来看，技术的革新为中国手机游戏行业的发展提供了强有力的硬件和软件支撑。首先，技术的进步为手机游戏提供了更高性能的运行平台和网络基础设施等硬件条件，丰富了手机游戏的编程语言，提高了手机游戏开发和运行的效率，推动了手机游戏的精品化，360游戏中国区总裁吴健提到:"真正的精品需要各方面都要做到极致"(中国产业信息网,2019),而做到极致的背后除了创意、时间、金钱以及人力的投入之外,更重要的是新技术的变革与应用,如5G(the fifth generation)技术的开发与发展以及虚拟现实(Virtual Reality,VR)技术和增强现实(Augmented Reality,AR)技术向手机游戏开发领域的进军;其次,新技术的变革优化了用户的游戏体验,盛趣游戏副总裁谭雁峰表示,5G技术将有效解决手机游戏延迟和画面卡顿导致的玩家体验不佳问题,手机游戏将呈现出跨平台化、低门槛化、强交互化和高品质化的发展特点,同时反游戏外挂率更高,更能保障游戏的公平运行(中国产业信息网,2019);此外,5G的网速比4G(the fourth generation)快上10倍甚至更多,但功耗反而更低,这有助于游戏公司开发更加高级的VR和AR功能,进而极大增强游戏环境的真实性和交互性,更大程度地带给玩家沉浸式的游戏体验。

从经济方面来看,国民经济的持续发展和居民收入的不断提高为中国手机游戏行业的发展提供了良好的经济基础和用户基础。一方面,国民经济的持续健康增长为投资者提供了稳定的市场环境,他们开始陆续将资金投入到新兴行业中,这在一定程度上促进了资本流入手机游戏领域,为中国手机游戏行业的发展提供了经济基础;另一方面,居民收入的不断提高逐渐改变了人们的生活观念和消费观念,手机游戏正在成为人们日常生活中休闲的一部分,人们愿意消费手机游戏产品,这为中国手机游戏行业的发展提供了用户基础。

从政策方面来看,中国历年来陆续推出的相关政策为手机游戏的开发、发行以及行业发展等提供了有力保障。2003年,中国将网络游戏技术纳入国家863科技计划,力争实现网络游戏核心技术的国产化;2006年,中共中央办公厅、国务院办公厅印发《2006—2020年国家信息化发展战略》,明确提出要制定并完善集成电路、软件、基础电子产品、信息安全产品和信息服务业等领域的产业政策,培育具有核心竞争能力的信息产业；2007年，文化部和信息产业部颁布《关于网络游戏发展和管理的若干意见》，明确提出支持网络游戏产业的健康发展，支持民族原创网络游戏产业的发展，使内容健康向上、形式丰富多彩的网络游戏产品成为国内市场的主流，使民族原创网络游戏产品尽快占据国内市场的主导地位，打造一批具有中国风格和国际影响的民族原创网络游戏品牌；2011年，国家发展和改革委员会颁布《产业结构调整指导目录（2011年本）》，将"增值电信业务平台建设""数字音乐、手机媒体、动漫游戏等数字内容产品的开发系统"列入国家鼓励类产业；同年10月，中共第十七届中央委员会审议通过《中共中央关于深化文化体制改革推动社会主义文化大发展大繁荣若干重大问题的决定》，强调要"加快发展文化产业，推动文化产业成为国民经济支柱性产业"；2012年，文化部发布《文化部"十二五"时期文化产业倍增计划》，提出未来五年，文化部将重点发展11个行业，尤其重视推动网络游戏等数字文化内容的消费，力争到2015年，网络游戏产业市场收入规模达到2000亿元；2016年，为了进一步规范移动游戏出版的服务管理秩序，提高移动游戏受理和审批的工作效率，根据《出版管理条例》《网络出版服务管理规定》及相关管理规定，国家新闻出版广电总局正式实施《关于移动游戏出版服务管理的通知》（见附录1）。这些政策推动了游戏产业的发展，规范了手机游戏的行业秩序，有助于中国手机游戏行业的良性发展。

二　手机游戏成瘾的负面影响日渐显现

在古希腊和古罗马时代，就有了关于因滥用酒精和其他药物而造成的不良后果的相关记载，由此衍生出的成瘾是指人类活动中一种较为复杂的行为模式（闫宏微，2013）。大量研究表明，成瘾会引起人们大脑动态功能的改变，因此成瘾也被视为一种慢性、复发性的脑疾病（戴珅懿，2012）。

"成瘾"的概念有狭义和广义之分。药物成瘾构成了早期研究中狭义的"成瘾"概念,根据临床医学中病人的药物依赖或成瘾现象,世界卫生组织于1974年做出定义:药物成瘾是指由于对天然或人工合成药物的不合理使用而导致的一种周期性的或慢性的、对个体和社会都产生危害的沉迷状态。师建国(2002)认为,成瘾是指个体在已知不良后果的前提下,仍不可自制地反复渴求从事某种活动或滥用某种药物的状态。药物成瘾的一般特征包括:摄药行为的强迫性、持续性,加大用药剂量或加快用药频率的趋向性,对用药者和社会的危害性(戴珅懿,2012)。广义的"成瘾"概念是指由于反复使用某种致瘾源或反复刺激中枢神经,在一定的人格基础和外界条件下引起的一种周期性或慢性中毒状态以及发生的特有的嗜好和形成的难以舍弃的习性(师建国,2002)。广义"成瘾"概念的致瘾源不仅特指某些药物,而且扩展到了一些行为,也就是说,除了沉迷某些药物外,部分人还沉迷于其他各种各样的事物或活动。因此,部分学者开始从行为角度对"成瘾"的概念进行研究,并且提出了行为成瘾的概念:一种会增加人们疾病危险性以及产生相关的个人和社会问题的重复性习惯形态(Marlatt, Baer, Donovan, & Kivlahan, 1988),且常伴有失去控制等行为特征。典型的行为成瘾主要包括过度饮食、过度锻炼、病态性赌博、网络成瘾以及游戏成瘾等类型。

随着互联网的出现和发展,因沉迷网络而产生的网络成瘾逐渐引起了社会和学界的普遍关注。国际上关于网络成瘾的研究始于Goldberg在1995年根据《美国精神疾病分类与统计手册》(第四版)(*The Diagnostic and Statistical Manual of Mental Disorders*, *DSM-IV*)中药物成瘾的相关定义提出的"网络成瘾失序症"(internet addiction disorder, IAD),他指出网络成瘾是一种应对机制的行为成瘾,其主要症状是过度的网络使用导致的对学业、工作、生活、社会行为以及身心健康等方面的损害。Davis(2001)认为"成瘾"是指有物质基础的药物成瘾,并不适用于心理上具有强迫性依赖而不具有物质基础的网络成瘾，因而提出"病理性互联网使用"（pathological internet use，PIU）的概念，并且将"病理性互联网使用"分成了特殊性的 PIU 和一般性的 PIU。中国的周荣和周倩（1997）认为，网络成瘾是指由于重复的网络使用而导致的一种周期性的或慢性的着迷状态，它在带来难以抗拒的再度使用的欲望的同时会产生想要增加使用时间的诉求和忍耐、克制、戒断等症状。典型的网络成瘾主要包括网络游戏成瘾、网络色情成瘾、网络人际关系成瘾、信息超载成瘾以及计算机成瘾等类型（戴珅懿，2012）。

网络游戏成瘾作为网络成瘾的亚型，指用户因对网络游戏的不良心理依赖，并会产生情绪失调、耐受性、复发性、冲突性以及撤销性等成瘾症状（宫翔，2019）。马薇薇（2007）认为，网络游戏成瘾是指游戏玩家因长时间沉迷网络游戏而产生的某种心理依赖，成瘾患者会在停止使用游戏后产生一些诸如身体上的不适和心理上的病态化等问题。2018 年 6 月 18 日，在世界卫生组织发布的《国际疾病分类》（第 11 版）（*International Classification of Diseases*，*ICD-11*）预先预览版中，"游戏障碍"（gaming disorder，即通常所说的游戏成瘾）被列为疾病，并明确列出"游戏成瘾"的 9 种症状，一般要满足其中 5 项，才可考虑后续判断：1. 完全专注游戏；2. 停止游戏时，出现难受、焦虑、易怒等症状；3. 玩游戏时间逐渐增多；4. 无法减少游戏时间，无法戒掉游戏；5. 放弃其他活动，对之前的其他爱好失去兴趣；6. 即使了解游戏对自己造成的影响，仍然专注游戏；7. 向家人或他人隐瞒自己玩游戏的时间；8. 通过玩游戏缓解负面情绪，如罪恶感、绝望感等；9. 因为玩游戏而丧失或可能丧失工作和社交。2019 年 5 月 25 日，世界卫生组织正式将"游戏成瘾"列为一种疾病，并表示游戏成瘾的症状主要包括：无法控制地玩电子游戏（玩游戏的频率、时间长度和强度都要纳入考量），越来越经常将电子游戏至于其他生活兴趣之前，即使有负面后果也持续玩电子游戏或增加玩电子游戏的时间等。

手机游戏成瘾概念的核心是游戏成瘾，其本身是"成瘾"概念与新游戏承载形式相结合而衍生出的一种新的游戏成瘾亚型。人们对手机游戏成瘾时，在行为方面多表现为在游戏上投入过多的时间与精力，形成一种在游戏使用时间和强度上不加节制的状态；在心理方面多表现为产生认知和情感偏差，使用者因长期过度使用游戏而对现实生活产生严重的不适应感，以及出现悲观、沮丧等情绪和社交恐惧、容易紧张等问题。

手机游戏作为现今人们日常生活中最常见的休闲娱乐方式之一，在给人们带来精神愉悦等正面功效的同时，其过度使用也对人们的身体健康、心理健康、社会适应以及日常生活方面产生了诸多负面影响。

从手机游戏成瘾给人们的身体健康造成的负面影响来看，其一，手机的过度使用会对人体造成一定的损伤，不仅可能会导致身体发热并产生高温生理反应（查振林、许顺红、卓海华，2004），使人产生耳鸣、头痛、头昏和疲劳等症状（王焱、曹兆进，2006）并对脑部神经产生损害，还可能导致出现睡眠失调、记忆力下降等常见的不良症状（王冲，2018），甚至可能会影响人体的生命细胞而增大致癌、致畸、致突变等的可能（Hardell, Holmberg, Malker, & Paulsson, 1995）；其二，长时间尤其是在夜间或灯光条件不好的情况下玩手机游戏可能会导致人们眼睛暗适应能力降低、出现视力下降以及视觉疲劳等眼部疾病，严重者甚至可能会视网膜脱落（黄冬梅、杨继、罗小娟，2018；梁维科，2011）；其三，在玩手机游戏的过程中长期保持不规范的身体姿势容易导致人们的脊柱变形，低头和身体前倾等各种不良姿势容易压迫人们的神经，进而可能导致人们产生脖子发酸、僵硬、头晕和视物不清等症状（梁维科，2011；王冲，2018）。

从手机游戏成瘾给人们的心理健康造成的负面影响来看，首先，沉迷于手机游戏营造的虚拟世界容易使人们与现实生活脱节，长期缺乏现实生活中的人际交流和社会沟通容易导致人们形成自我封闭、逃避现实、社交恐惧等心理偏差和心理疾病（李铭，2008）；其次，沉迷手机游戏还会导致人们形成焦虑、暴躁、抑郁等病态心理；再者，部分开发不规范的手机游戏可能携带着色情、暴力等内容，这会对人们的心理健康产生负面影响，而且与传统的传播载体如书籍和电影等相比，手机游戏传播这些内容会更快速、更隐蔽、更有新奇性（梁维科，2011），因此更容易潜移默化地侵蚀人们的精神世界；最后，由于现有的监管手段不足、力度不够，手机游戏运行环境中可能充斥着污言秽语以及谩骂等内容，人们沉溺于手机游戏很容易模糊自身的道德观和法律意识，从而产生一些违反社会公序良俗的行为，甚至是违法行为。

手机游戏成瘾对人们的社会适应和日常生活方面造成的负面影响也不容忽视。首先，在高度自由的虚拟世界中，一方面，一些自控意识和能力较弱的人很容易放纵自己的行为，这会弱化他们对现实社会的责任感，另一方面，与现实生活的脱节容易导致他们在现实生活中出现性格孤僻、不愿与人交流以及社交能力下降等社会功能不断弱化的问题（马薇薇，2007），这会对他们的社会适应造成负面影响；其次，手机游戏成瘾对人们的日常生活造成了负面影响，其中最直接的影响就是占用了人们大量的时间和精力，导致正常的学习或工作效率下降。

三 青少年是受手机游戏成瘾负面影响的重要群体

与电脑、主机和便携式游戏机相比，手机成本较低，加之手机游戏以其便携性、移动性和即时性等优势满足了青少年在学校和家庭等多元化环境中碎片化使用的需求，因此，手机游戏在青少年中的普及度越来越高。

韩国创意内容署（Korea Creative Content Agency，KCCA，2020）发布的《韩国游戏白皮书》（*White Paper on Korean Games*）显示，2019 年，79.7%的韩国人在青少年阶段玩手机游戏。德国西南媒体教育研究协会（Medienpädagogischer Forschungsverbund Südwest，MPFS，2016）发布的《青少年

信息多媒体研究报告》（Youth Information Multimedia Research Report）显示，德国92%的12—19岁的青少年玩电脑和手机游戏，其中，玩手机游戏的时间已超过玩电脑游戏的时间。此外，一些国内的调查也发现了类似的现象，极光大数据（2018）发布的数据显示，就中国整体的手机游戏用户而言，25岁以下年龄段的用户占36.2%，仅次于26—35岁年龄段的用户（47.7%）；就具体的手机游戏运营商而言，在腾讯和网易两大手机游戏行业巨头旗下的手机游戏用户中，25岁以下年龄段的用户均超过50%。极光大数据（2019）发布的数据显示，在手机游戏用户中，重度用户超过50%，其中00后和90后的学生群体超过了35%，是主要的一类重度用户。总的来看，青少年不仅是手机游戏使用的主要群体，而且还是手机游戏重度使用的主要群体。

同时，青少年正处于以动荡和挑战为特征的青春期阶段（Roth & Brooks-Gunn, 2003），他们在生理、心理以及社会适应方面都呈现出了复杂特征，尤其是在心理方面，青少年的心理受到知识结构、社会和文化等因素的影响而呈现出滞后或超前的特征，他们的独立意识增强，自我意识深化（余小鸣，2005），认知思维开始由具象思维转向抽象思维（Spear, 2000），由心理变化带来的叛逆和冲动等性格特征使他们更容易沉迷于新奇事物。对于青少年来说，精美制作的手机游戏以及游戏带给他们的不受约束的自由感有着极强的吸引力，这使得他们对逻辑性强、较为枯燥的日常学习课程的兴趣日益减少，他们会把大量的时间和精力耗费于游戏上，这严重干扰了他们的学习计划，致使其学习成绩每况愈下，甚至会发生逃课、辍学等情况（赵文东，2019），沉迷于手机游戏会严重影响他们的学业。更重要的是，青春期是个人一生中最重要的发育阶段，是个人社会化的关键阶段，同时也是个人成长发展过程中重要的可塑期（李鹰，1996）。在此阶段，他们的体格、素质、行为和智力水平正处于发展期，作为决定他们将来人格特征重要因素的世界观、人生观和价值观也正在逐步形成，因此，手机游戏成瘾可能会对青少年未来的发展产生严重的负面影响。

四　青少年手机游戏成瘾研究尚处于起步阶段

国外对手机游戏的研究主要从计算机科学与工程、信息与通信工程以及管理科学与工程的角度切入，相比而言，从手机游戏成瘾角度展开的研究比较有限。其中一些研究旨在探索手机游戏成瘾的影响因素，如研究感知价值对手机游戏成瘾的影响（Yildirim，2020）；还有一些研究则旨在考察手机游戏成瘾的影响效应，如手机游戏成瘾对青少年社交焦虑、抑郁和孤独感的影响（Wang，Sheng，& Wang，2019）。

中国对手机游戏的研究一直多从产业的视角切入，研究者们主要探讨了手机游戏产业的发展历程（胡冯彬、邰子学，2017；孔德胜、柏琳，2013）、技术开发与设计（廖雪清，2014；王憶，2015）、市场运营（贺薇，2016；张萌，2015）、商业模式（何凡，2014；王瀚博，2015；王雷，2012）、知识产权（冯晓青、孟雅丹，2014；胡晓直，2017；徐佳，2015；徐天一，2016）以及市场消费（雷硕、李亚云，2013；李乐乐，2010；孙娅迪、张嘉倩、文泓翔、陈卓、陈重懋，2015）等问题，这些研究的出发点和落脚点均是为了促进手机游戏产业的健康发展。而在产业视角之外，关于手机游戏负面影响以及成瘾的研究很少，梁泉（2006）虽然较早提到了手机游戏的负面影响，但该研究仍然是以中国手机网络游戏的发展策略为研究主题，并未对手机游戏的负面影响进行系统性的探讨。

2010年以后，以手机游戏成瘾为研究主题的文章才开始逐渐出现，其研究内容可大致划分为以下三个方面：

一是以手机游戏成瘾的影响因素为研究主题。如梁维科（2011）认为，青年人手机游戏成瘾的主体因素主要包括对电子游戏的渴望、追求时尚的心理需求和对网络应用的依赖等，技术因素主要包括手机游戏丰富的游戏内容和便捷的下载渠道等；程正茂（2019）认为，生理和心理的尚未成熟是导致学生手机游戏成瘾的重要因素；车国燕（2019）认为，手机游戏本身的特性是导致青少年沉迷于手机游戏的重要因素；李雪婷、邓蒙、杨玲、陈苏云和黎燕宁（2020）的实证研究发现，性别以及每天玩手机游戏花费的时间等因素对手机游戏成瘾及成瘾程度具有显著影响。

二是以手机游戏成瘾对青年或青少年造成的负面影响为研究主题。如梁维科（2011）认为，手机游戏成瘾会导致青年人性格孤僻、社交能力下降和安全意识薄弱，并容易使他们产生过度消费行为，淡化他们的正版软件使用意识；梁洁（2018[①]）通过对某医学高等专科学校在校生的实证研究发现，手机游戏成瘾对他们的学习动机有负面影响；赵文东（2019）认为，手机游戏成瘾很容易扭曲大学生的人生观和价值观，并且经常玩手机游戏会浪费他们大量的时间和金钱，也会严重影响他们学业的正常完成；刘亚娜和高英彤（2020）的实证研究发现，沉迷于手机游戏可能会引发青少年的犯罪行为。

三是以手机游戏成瘾的干预对策为研究主题。如梁维科（2012）从不同主体在青少年手机游戏成瘾干预中应该扮演的角色出发，认为国家应强化监管，建立电子游戏分级制度与手机网络游戏防沉迷系统，家长应参与到青少年玩手机游戏的过程中来对其进行劝导，青少年应加强自我调适，必要时向心理医生求助；林文浩和谭昆智（2018）以在校学生为研究对象，从公共关系的角度出发，认为学校、家长、学生以及社会等主体在手机游戏成瘾干预中具有重要作用并提出相关举措，如学校应适当开设一些开放性课程以激发学生的思维，重燃他们对知识的渴望，家长应改变同青少年的上下关系的交流方式，尽力做到以知己的身份与其交流，学生自身应自觉提高道德约束能力和心理调适能力，抵制手机游戏的诱惑，避免出现成瘾

---

① 梁洁：《医专生手机游戏成瘾对学习动机的影响浅析》，《校园心理》2018年第1期。

行为，相关社会组织应从政策、基础设施、医疗服务等各个方面助力学生手机游戏成瘾问题的解决；陈发金和黄慧（2019）通过实证研究发现，利用学生社团的干预方式能够有效减轻学生手机游戏成瘾的程度，适合在校园内进一步推广；刘亚娜和高英彤（2020）则建议，将对手机游戏成瘾者展开心理治疗和加强政府监管与立法完善作为构建网络游戏成瘾应对机制的两大支点。

总之，从已有研究的数量、视角和内容深度等方面来看，中国有关青少年手机游戏成瘾的研究尚处于起步阶段，引发社会普遍关注的手机游戏成瘾问题尚未在学界得到应有的重视。

第二节　研究意义与创新

青少年手机游戏成瘾是一个亟待展开研究的重要领域，但国内外相关理论研究尚处于起步阶段，并且与社会现实严重脱节。因此，研究青少年手机游戏成瘾具有重要的理论意义和现实意义。

一　研究意义

（一）理论意义。本书从手机游戏的定义和成瘾相关的理论出发，对青少年手机游戏成瘾的影响因素、影响效应以及干预体系进行探讨，这有助于加深人们对青少年手机游戏成瘾这一问题的理性认识。

（二）现实意义。本书立足于青少年手机游戏成瘾这一社会问题，从理论、案例以及干预对策等多方面展开论述，其主要目的是引起包括青少年、家庭、学校、政府和社会在内的各方主体对手机游戏成瘾问题的高度重视，促进这一问题的有效解决。

二　研究创新

（一）研究的系统性。虽然以往有零星的从不同角度对手机游戏成瘾进行的研究,但不成体系。本书以青少年手机游戏成瘾为主题,详细梳理成瘾相关的理论,综合社会学、心理学、传播学以及教育学等多学科视角,力图从理论上系统地研究青少年手机游戏成瘾问题。

(二)现实的针对性。作者敏锐地感知到青少年手机游戏成瘾问题的严重性,在国内外相关研究尚处于起步阶段的背景下对这一问题展开研究。本书在对青少年手机游戏成瘾进行理论探讨的基础上详细介绍成瘾干预的理论和方法,总结现有手机游戏成瘾干预支持体系,并借鉴多个游戏产业强国的游戏分级经验,力图为中国构建并完善青少年手机游戏成瘾干预体系提供参考和借鉴。

第三节 研究思路与框架

如前所述,手机游戏成瘾的核心是游戏成瘾,它是成瘾与新的游戏承载形式相结合产生的一种游戏成瘾亚型,与同属于游戏成瘾亚型的网络游戏成瘾颇有相似之处,而网络游戏成瘾又是网络成瘾的一种亚型,同时,目前有关手机游戏成瘾的研究尚处于起步阶段,可参考和借鉴的研究内容有限。鉴于此,本书将参考和借鉴网络成瘾以及网络游戏成瘾等方面的研究,综合多学科知识,整合宏观、中观和微观多个分析层面,吸取国内外相关研究成果和实践经验,采用理论与个案相结合的研究方法来对青少年手机游戏成瘾问题进行系统性、综合性研究,以期更全面和深刻地剖析手机游戏成瘾问题。

一 研究思路

本书的具体研究思路如下(见图1-5)。首先,对手机游戏进行概述,并以时间为轴对国际国内手机游戏产业的发展历程与演变进行详细梳理。在此基础上,着重结合青少年群体的心理特征,考察青少年手机游戏用户的属性结构和行为特征,并探究手机游戏成瘾的测量与诊断;其次,从系统论的角度出发,探讨影响青少年手机游戏成瘾的内部因素和外部因素,探究手机游戏成瘾对青少年身体健康、心理健康、社会适应和日常生活方面的负面影响;最后,立足成瘾干预的理论和中国的实际情况,总结现有的手机游戏成瘾干预支持体系以及游戏分级经验,对青少年手机游戏成瘾干预体系进行研究。

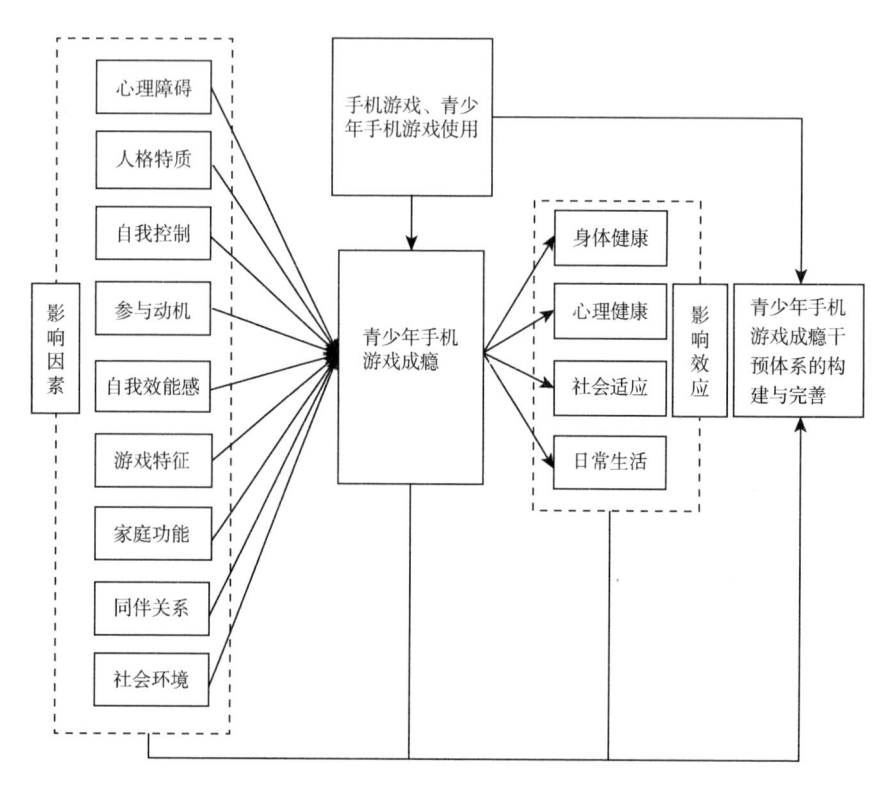

图 1-5 研究思路图

二 研究框架

本书的研究框架如下(见图 1-6):

第一章为绪论。基于手机游戏行业的发展现实和青少年手机游戏成瘾的研究现状,阐述本书的研究背景、研究意义与创新之处、研究思路

```
┌─────────────────────────────┐
│          第一章              │
│          绪论                │
└─────────────────────────────┘
┌─────────────────────────────┐
│          第二章              │
│         手机游戏             │
└─────────────────────────────┘
┌─────────────────────────────┐
│          第三章              │
│      青少年手机游戏使用       │
└─────────────────────────────┘
┌──────────────┐  ┌──────────────┐
│   第四章      │  │   第五章      │
│青少年手机游戏 │  │青少年手机游戏 │
│成瘾的影响因素 │  │成瘾的影响效应 │
└──────────────┘  └──────────────┘
┌─────────────────────────────┐
│          第六章              │
│   青少年手机游戏成瘾的干预体系 │
└─────────────────────────────┘
```

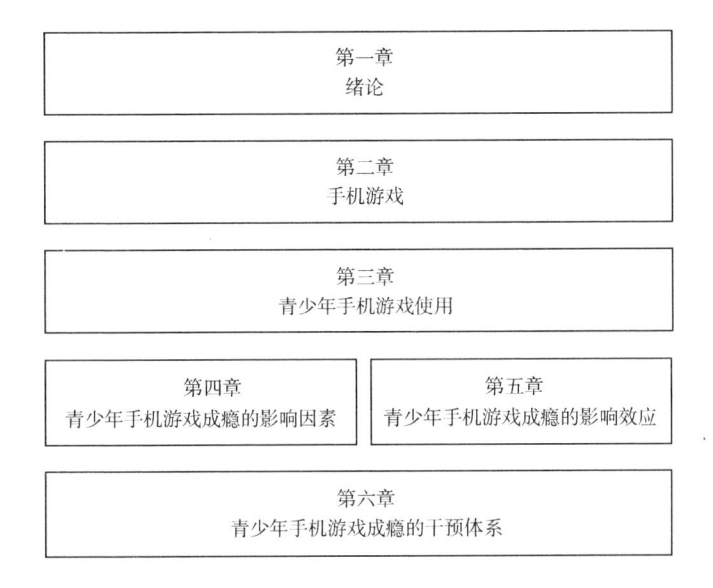

图 1-6　研究框架图

与框架。

第二章为手机游戏。概述手机游戏的含义、特征及其分类等，结合手机游戏产业发展的影响因素（如技术创新、市场需求、国际投资和政策支持等），详细梳理国际国内手机游戏产业的发展历程与演变。

第三章为青少年手机游戏使用。在生理和心理等方面对青少年特征进行阐述的基础上，介绍青少年手机游戏用户的属性（如性别、年龄等）结构和行为（如类型偏好、社交行为等）特征，并探讨手机游戏成瘾的概念、测量以及诊断。

第四章为青少年手机游戏成瘾的影响因素。在回顾与青少年手机游戏成瘾相关的学科理论的基础上，基于系统论视角，分别探讨影响青少年手机游戏成瘾的内部因素（包括心理障碍、人格特质、自我控制、参与动机以及自我效能感）和外部因素（包括游戏特征、家庭功能、同伴关系以及社会环境），试图阐释青少年手机游戏成瘾的发生机制。

第五章为青少年手机游戏成瘾的影响效应。通过理论与案例来探讨和验证手机游戏成瘾对正处在社会化重要时期的青少年的身体健康、心理健康、社会适应以及日常生活方面的影响。

第六章为青少年手机游戏成瘾的干预体系。通过介绍成瘾相关的干预理论、方法和案例，探讨心理干预、社会干预、药物干预、物理干预以及体育干预等方法的有效作用，并通过分析国内外现有的游戏成瘾干预支持体系，如国家主导的政策干预和法律干预、游戏公司主导的技术干预、相关社会组织主导的治疗性干预以及学校和家庭主导的教育干预等，总结多个游戏产业强国的游戏分级经验，力图为构建并完善适应中国当前环境下的青少年手机游戏成瘾干预体系提供值得借鉴的参考。

第二章　手机游戏

手机游戏产业自20世纪90年代诞生以来，在短短的几十年间迅速发展，现已成为多个国家游戏产业中的支柱性产业之一，梳理手机游戏产业的发展历程有助于深化对手机游戏产业的认识。

受到技术、经济和政治等因素的影响，手机游戏产业发展的地域差异性明显。因此，本章将在介绍手机游戏基本含义、特点和分类等的基础上，结合技术创新、市场需求、国际投资和政策支持等因素，深入探究国际国内手机游戏产业的发展历程。

第一节　手机游戏概述

随着数字技术的飞速发展，手机游戏逐渐成为了人们日常生活中重要的娱乐方式之一，作为游戏与新的承载形式相结合的产物，手机游戏在具备传统游戏活动特点的同时衍生出新的内涵和特征。因此，为深入理解手机游戏，本节将在介绍游戏含义、特征等的基础上对手机游戏的特点、分类以及手机游戏产业的系统结构进行阐述。

一　游戏

（一）游戏的界定及特征

在人类社会发展过程中，游戏是一个重要且普遍的社会现象，存在于中西各个国家和地区的历史之中（刘研，2014）。早期的游戏包括中国古代出现的投壶和六博以及古希腊竞技会中的摔跤、跳远和投掷等，发展至现代，游戏已经衍化出了各种类型，如体育游戏、音乐游戏以及智力游戏等，在规则制定上也呈现出多样化和复杂化的趋势。

自游戏被视为社会中重要且长期存在的人类活动以来，国外学者对游戏做出了诸多定义：Mandelbaum（1965）认为游戏是为吸引参与者和观众而设计的活动；Ellington、Addinall 和 Percival（1982）认为游戏是为了一个目标（如胜利、回报）在限制（规则）下进行的对手（玩家）之间的任何竞赛；Salen 和 Zimmerman（2004）认为游戏是一个系统，在这个系统中，玩家参与到被人为制造的规则所界定的冲突中，最终产生可量化的结果。

虽然这些研究尚未形成对游戏的统一定义，但总的来看，游戏是一种强调主体能动参与的娱乐形式，主要具备以下要素：

1. 自愿性。自愿性是游戏的前提和基础，游戏动机源于个体内在的需要和愿望，表现为参与者对游戏活动本身的意愿、情感和兴趣，也就是说，游戏是个体出于自愿而进行的活动（吴航，2012），参与者拥有是否进行游戏活动的决定权，从这个角度来看，游戏与在外部强迫性条件下完成任务的活动不同。

2. 目的性。游戏具有目的性，不同类型的游戏其目的有所不同（吴航，2012），但总体而言，游戏更多的是玩家在闲暇时间进行的为了获取愉悦感和满足感的一项活动，也就是说，游戏的目的是内化的，因此它区别于其他为实现某种外在目的（如物质结果）而付出努力的活动（Huizinga，1955；Aarseth，2007）。

3. 规则性。规则是游戏的核心要素（Stenros，2016），根据隐性和显性的标准，游戏规则可分为内隐规则和外显规则。内隐规则表现为游戏内在的情境性和秩序感，具体而言，游戏因受到场景设置和日常生活的影响而具备一定的情境性，在时间和空间上表现出高度的秩序感，这两者共同构成了游戏的内隐规则，形成对游戏的隐蔽制约；外显规则是为了游戏活动顺利进行而制定的具体规则，它的形式比较明显，对游戏的制约是公开的（吴航，2012；吴云，2003）。但总体而言，游戏规则并没有统一的规定，不同类型游戏的规则不同，即使是同一类游戏，具体规则也有所区别，如在体育类游戏中，速度类体育游戏强调对参与者之间速度快慢的比较，而合作类体育游戏强调参与者之间的合作形式和默契程度。

4. 竞争性。游戏涉及突出的竞争性，主要包括个体之间、团队之间、个体与团队之间，或者是个体、团队与游戏系统之间的竞争（Stenros，2016）。游戏的竞争性来自具体的活动规则设置，规则推动玩家个体之间、群体之间通过竞争达到游戏目的。竞争的过程可以进一步调动玩家参与的积极性，释放玩家的创造力，加强玩家之间的联系与合作。

（二）游戏与工作、休闲

1. 游戏与工作

在人们的传统认识中，游戏和工作是两个各自独立且彼此对立的领域，人们普遍认为游戏是日常生活闲暇时间的消遣，而工作则是为了获取报酬而进行的劳动生产。这种对立性在一定程度上导致人们对两者产生了截然相反的价值判断，即人们倾向于否定游戏的价值，认为游戏对生产、生活产生了诸多危害，但肯定工作为社会带来的丰富的经济价值（吴航，2012）。事实上，游戏与工作并不是完全对立的，它们在出发点、要求、结果以及社会价值上既有相同之处又彼此区别（见表2-1）。此外，当前游戏与工作的界限模糊化，一方面，为避免工作负荷过重导致的心理、生理压力，企业开始尝试将游戏化设计引入到工作中以营造轻松高效的工作氛围，推进工作的人性化、趣味化；另一方面，游戏变得越来越复杂化和精细化，逐渐由以往只被用于工作的成就标准所判定和衡量（Teh, Schuff,

Johnson,& Geddes,2013；吴航,2012）。

表2-1　　　　　　　　　　游戏与工作的相同与区别

	相同	区别
出发点	游戏和工作都是有意识地出于一定的目的，并对材料、过程的选择和适应进行设计，以实现所期望的目的的活动（杜威，1989）	游戏的目的是活动本身（Kelley，1998），旨在进行更多同类的活动，而不是按产生的结果决定活动是否继续；工作的目的则强调某种确定的外部结果（杜威，2003）
要求	游戏与工作都对参与者有一定要求，需要脑力、体力等的投入	游戏对人们身体能量的消耗相对较少，它并不强制性地要求人们投入过多的时间和精力；而工作需要人们长时间地消耗脑力、体力等以确保其顺利完成
结果	游戏与工作都会产生一定的结果，即在经历游戏或工作的过程后产生的变化等	相对外部结果，游戏产生的内部变化更为明显，参与者可以通过游戏获取内心的愉悦感、兴奋感等；工作产生的结果则与物质相关（杜威，2003），是参与者通过长期的坚持和努力获得的外部结果
社会价值	游戏和工作都能带来一定的社会价值，包括物质的和文化的价值（马卡连柯，1997）	游戏、工作与社会价值的关系不同，获取过程也存在差异。游戏与社会价值之间的关系是间接的，它通过训练人们习惯于从事那种在工作中所必需的生理和心理上的努力以推动人们实现社会价值；而工作与社会价值之间的关系是直接相关的，工作是人类参加社会生产与创造物质和文化价值的活动，因而在这个层面上，工作与社会价值具有直接联系（马卡连柯，1997）

2. 游戏与休闲

休闲是一种人类活动。具体而言，在时间维度上，闲暇时间是休闲的前提（陈来成，2009），即除了工作时间和满足生活基本需要以及家务劳动时间以外，个体可以自由支配的时间（郭鲁芳，2011；Brightbill，2012）；在心理体验维度上，休闲是从文化环境和物质环境的外在压力中解脱出来的一种相对自由的生活状态，它使个体能够以自己喜爱的、本能地感到有价值的方式，在内心之爱的驱动下行动，并为信仰提供一个基础（戈比，2000），也就是说，休闲是通过排除外部环境实现自我掌控而获得的自由、自在的心理体验。游戏和休闲的相同和区别之处主要表现在以下（见表2-2）方面：

表 2-2　　　　　　　　　　　游戏与休闲的相同与区别

	相同	区别
参与主体的意愿	游戏和休闲都强调参与主体的自愿性，两者都是自发性的行为。游戏是自愿性而非强迫性的活动，表现为玩家可以随意选择所参与的游戏类型（Pierce，1980）；同样地，休闲必须体现主体的自由选择，而这种选择只能由人类的天性和本能来决定，一切必需的、被强制的和被安排的且无主体自由的活动都不是休闲（章辉，2012）	—
功能	游戏与休闲功能的共同之处表现在心理上，游戏提供了享受和娱乐的功能，人们可以通过参与游戏来获得愉悦感和满足感；同样地，休闲伴随着喜乐的情绪，在这一过程中，人们可以减少紧张和焦虑，进而获得心理上的安稳放松（陈来成，2009；章辉，2012）	游戏与休闲功能的区别表现在生理上，游戏对个体生理的实际效用并不统一，需要根据具体情形判断，如参与传统的体育类游戏有助于提高参与者的身体素质，但过度的电子游戏使用则容易导致参与者出现身体问题；人们通过各种休闲活动获得精力上的恢复以释放外部环境的压力，这意味着休闲具备储存精力、恢复健康的功能，对人体生理具有积极作用
活动范围	—	游戏所涉及的活动范围较小，它必须包含规则等要素才能被称之为游戏（Avedon & Sutton-Smith，1971；Suits，1978）；相对而言，休闲涉及的活动范围很广，由于它被看作是让人"自愿"和"愉悦"的活动，因此几乎所有的人类活动都有成为"休闲"活动的可能（戈比，2000）

二　手机游戏

(一) 手机游戏的含义和特征

手机游戏是指以手机为操作平台，通过手机预装或互联网络下载等渠道获取游戏软件，且能够随时随地进行的游戏形式，它能够为用户提供娱乐、休闲和交流等功能。

手机游戏主要具备以下特征：

1. 便携性。与电脑、主机等固定、大型的游戏设备相比，手机的体积小巧，且同样具备游戏运行所需的视听交互等多个功能，因而用户仅需要携带手机即可在移动化场景中使用游戏。

2. 即时性。手机游戏对操作设备的要求低，用户通过手机预装、购买游戏卡或下载游戏软件等渠道即可获取游戏，再加上手机游戏只需要通过操作手机按键、划动和轻拍屏幕等方式即可使用，这在很大程度上赋予了用户参与游戏的自由，他们可以随时开始游戏。

3. 碎片化。碎片化是建立在便携性和即时性基础上的。在当前紧张的生活节奏下，人们很难有大量的时间和精力可以花费在固定的游戏设备（如电脑和家用游戏机等）上。在这一背景下，简单且易操作的手机游戏逐渐受到人们的欢迎和认可。人们可以使用随身携带的手机在闲暇时间玩游戏，而这种闲暇时间往往是短暂且不连续的，因而手机游戏的使用呈现出碎片化的特点。

（二）手机游戏与其他电子游戏的区别

在日常生活中，电脑游戏、主机游戏、便携式游戏机游戏和手机游戏是主要的电子游戏类型。电脑游戏是高度依托计算机平台，通过鼠标和键盘等设备操作的游戏；主机游戏又称为电视游戏，用户需要通过购买游戏机及游戏软件连接至电视，同时配备其他辅助设备（如手柄和摇杆等）进行操作（石民勇等，2009）；便携式游戏机游戏是以专门的小型游戏机（掌上游戏机和手提游戏机）为运行平台，主要通过游戏机上的各类按键进行操作的游戏。显而易见，电脑游戏、主机游戏、便携式游戏机游戏与手机游戏的操作平台不同，并由此产生其他一系列区别：

1. 用户定位不同。电脑游戏、主机游戏和便携式游戏机游戏的配置要求与设备成本较高，因此这些游戏的用户主要为对游戏有高度兴趣、对软硬件有较高要求以及经济承受能力较强的人群；相比之下，手机游戏的配置要求较低，再加上手机是大多数人日常生活的必需品，因而手机游戏用户范围较广，面向多年龄段、不同文化程度和经济收入水平的人群。

2. 操作要求不同。不同类型的操作平台对用户的操作要求不同，电脑游戏通过鼠标和键盘操作，主机游戏需要配备游戏机、电视及其他辅助设备才能进行，便携式游戏机游戏的使用主要依靠游戏手柄及各类按键，这些游戏需要用户熟练掌握各类复杂设备，因而对用户的操作要求较高；相比之下，手机游戏只需要通过按键或触屏等方式即可操作，加之游戏开发商通常会设计清晰易懂的引导机制以及高简化程度的操作方式，因而手机游戏对用户的操作要求较低。

3. 内容设计不同。由于具备高性能的软硬件配置，电脑游戏、主机游戏和便携式游戏机游戏的画面场景更精致、声音效果更优质、人物角色更丰富、故事情节更复杂、操作规则更多元；相比之下，受配置性能低的影响，手机通常无法承载具有高分辨率、高帧率与高画质等特点的游戏，再加上定位偏向休闲娱乐，手机游戏的内容设计往往更简单。

此外，手机游戏易与网络游戏混淆。网络游戏是建立在互联网基础上的游戏形式，在手机游戏尚未出现以前，网络游戏主要被认为是电脑游戏的分支。以是否联网为区分标准，电脑游戏分为网络游戏和单机游戏，两者主要表现出以下区别：在网络游戏中，玩家可以依托互联网实现多人游戏，且可以与其他玩家进行同步互动；在单机游戏中，玩家不需要依托互联网即可开始游戏，但无法与其他玩家联机对战，因而通常表现为人机交互模式。从这个角度来看，网络游戏在社交性和互动性上远强于单机游戏。

伴随着移动互联网技术的发展，网络游戏的载体从电脑拓展到手机，继而出现了手机网络游戏。与传统的电脑网络游戏相比，由于兼具便携性、即时性和碎片化的特征，手机网络游戏已在人们的日常生活中广泛普及，关于手机游戏的研究也越来越集中于手机网络游戏这一领域。

（三）手机游戏的分类

1. 根据传输媒介的不同。

根据传输媒介的不同，手机游戏可分为手机单机游戏和手机网络游戏。

(1) 手机单机游戏

手机单机游戏的获取渠道包括手机内预装的游戏软件、游戏卡以及互联网下载等。与手机网络游戏相比，手机单机游戏的优势在于游戏运行不需要依托网络，可以满足用户在无互联网环境中的游戏需求。

(2) 手机网络游戏

手机网络游戏是手机和网络游戏的结合，包括 WAP（Wireless Application Protocol）游戏与客户端网络游戏（吴起，2010）。用户使用这种游戏需要经由 WiFi（Wireless Fidelity）网络或 2G（the second generation）网络、GPRS（General Packet Radio Service）网络、3G（the third generation）网络、4G 网络以及 5G 网络与服务器或其他玩家进行数据交换（张衡，2014）。与手机单机游戏相比，手机网络游戏具备一些新的优势和功能：其一，它的画面更复杂精美、音乐效果更好，有助于优化游戏用户的感官体验；其二，它包含玩家对战模式和社区模式等，推动了玩家与玩家之间以及玩家与游戏运营商之间的交流互动；其三，手机网络游戏借助移动支付技术使得用户的付费方式更加多元便利。

当前手机单机游戏和手机网络游戏的界限模糊化，两者结合的情况越来越多。一些单机游戏，如跑酷冒险类单机游戏《神庙逃亡》（*Temple Run*），开始增加联机对战功能，这在一定程度上丰富和强化了手机单机游戏的社交功能。

2. 根据内容架构的不同。

根据内容架构的不同，手机游戏可分为角色扮演类游戏（Role-playing Game，RPG）、模拟类游戏（Simulation Game，SIM 或 SLG）、策略类游戏（Strategy Game，SG）和动作类游戏（Action Game，ACT）等类型。

(1) 角色扮演类游戏

角色扮演类游戏提供了丰富、多元的角色类型，玩家可以在虚拟游戏世界中选择扮演其中的一个或多个角色进行活动。一方面，角色扮演类游戏强调玩家在游戏中的融入程度，游戏内容设置在一定程度上反映了包括常见现实生活情节在内的现实世界，玩家能够借助角色扮演替代性地体验和想象游戏中的角色（徐静，2015），从而深度融入游戏世界；另一方面，角色扮演类游戏强调个体的独特性，不同角色具备不同的外观、性格以及经历，即使是同一角色，在不同的游戏情节和游戏数据（如力量、灵敏度、智力、魔法等）下也拥有不同的能力（鲍丽娟、黄佩，2012），因此玩家可以在游戏中重塑自我身份，发展出个性化的角色特征。

（2）模拟类游戏

模拟类游戏的核心要素是仿真，即在游戏中还原现实生活中的部分要素。玩家通常以第一人称视角，在高度还原的生活场景与贴近现实的游戏情节中进行游戏。根据内容主题的不同，模拟类游戏又分为模拟经营类游戏、模拟养成类游戏和模拟飞行类游戏等类型。

（3）策略类游戏

策略类游戏通常包含探索、扩张、开发和消灭等元素（石民勇等，2009），旨在调动玩家的思维和调控能力。这类游戏在游戏设计上会给定各种形式的胜利目标，同时给予玩家很大程度的自由，玩家可以任意调动游戏中的人、事和物等。此外，这类游戏的背景环境较为复杂，通常以战争和历史等为背景。

（4）动作类游戏

动作类游戏在故事情节、游戏背景以及人物特性上的设定都较为简单，它的核心要素是动作，包括跳跃、射击、追逐、逃避、格斗、承接物品以及驾驶载具等（吴晨生、覃京燕、黄石、刘彦君，2009），玩家需要将操控的角色和物体保持在上述的动作机制中并达到规定目标（如通过关卡、获得目标分数等）以获得游戏胜利。这类游戏包括格斗游戏和射击游戏等，具体而言，格斗游戏强调人物技能和格斗技巧，而射击游戏强调道具以及人物位置的灵活调用。

事实上，当前的手机游戏不再局限于单一类型，通常表现为多种类型游戏的结合。例如云畅游戏研发的《鬼泣—巅峰之战》以"但丁"这一人物为主角,以玩家的格斗为核心要素,兼具动作类游戏和角色扮演类游戏的特点,因而又被称为动作角色扮演类游戏。

(四) 手机游戏产业的系统结构

手机游戏是近年来最具创新活力的新兴产业之一,它正吸引着创新者、创业者和新旧行业的参与者参与其中(Feijoo, Gomez-Barroso, Aguado, & Ramos, 2012),这些参与者共同构成了手机游戏产业的生态系统结构(见图2-1)。从纵向来看,手机游戏产业主要包括从创造、生产、发行到分

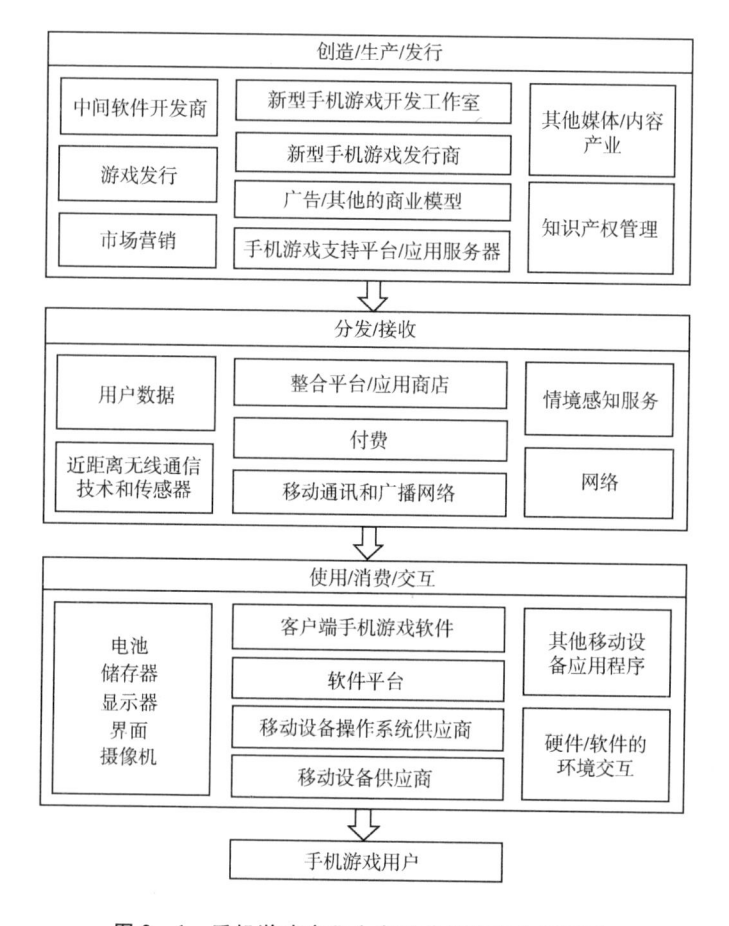

图2-1 手机游戏产业生态系统结构和主要活动

资料来源:Feijoo et al. , "Mobile Gaming: Industry Challenges and Policy Implications", *Telecommunications Policy*, Vol. 36, No. 3, 2012.

发、接收，再到使用、消费、交互的三个阶段；从横向来看，每个阶段参与者的数量以及涉及的活动数量众多，与其他游戏相比，将一款手机游戏推向市场需要经过更多的环节（Feijoo et al.，2012）。

在创造、生产和发行的第一阶段，开发工作室、软件开发商以及发行商等主体需要整合市场资源、共同合作以研发手机游戏产品并将其投入市场。此外，手机游戏产品受到知识产权保护，因此，知识产权管理也是其中的一个重要方面。

在分发和接收的第二阶段，用户需要从一个统一的整合平台（如应用商店等）上获取手机游戏。此外，手机游戏具备移动性的特点，因此手机必须具备情境感知服务、近距离无线通信和传感器等基本技术。

在使用、消费和交互的第三阶段，一方面，就硬件设备而言，手机需要兼备电池、储存器、显示器、界面和摄像机等电子配置；另一方面，就软件而言，手机囊括了操作系统和应用软件等。

第二节 手机游戏产业的国际发展历程

产业发展具有一定的生命周期，这一生命周期体现了产业从出生到衰亡的过程（李靖华、郭耀煌，2001），包括形成期、成长期、成熟期以及衰退期四个阶段（卢福财，2013）。在形成期和成长期，伴随着市场需求上升，进入者数量会逐渐达到顶峰；在成熟期和衰退期，大量进入者会退出市场。在这一过程中，影响产业发展的因素众多，包括技术创新、市场需求和国际投资等。

手机游戏产业自20世纪90年代诞生以来历经了20多年的发展，目前正处于快速发展的成长期，在这一过程中，其市场份额和影响力不断扩大，发展前景备受关注。

总的来讲，手机游戏产业的国际发展历程主要分为以下四个阶段（见

图 2-2）：

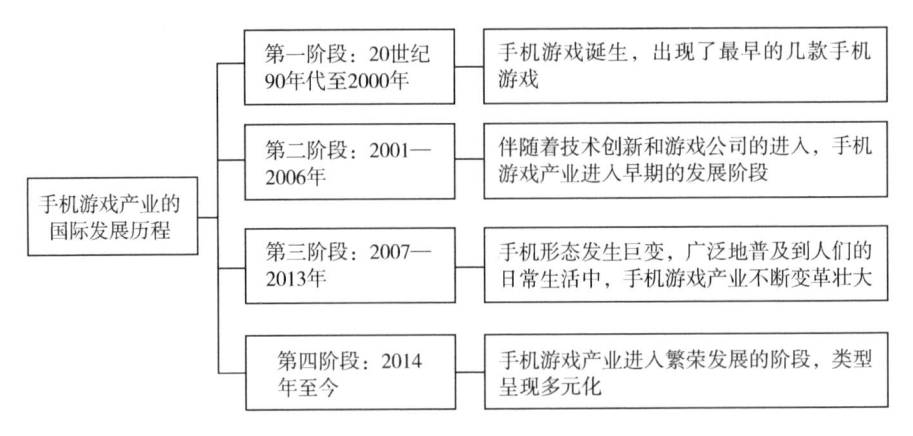

```
手机游戏产业的    ┌─ 第一阶段：20世纪         手机游戏诞生，出现了最早的几款手机
国际发展历程      │  90年代至2000年          游戏
                 │
                 ├─ 第二阶段：2001—          伴随着技术创新和游戏公司的进入，手机
                 │  2006年                  游戏产业进入早期的发展阶段
                 │
                 ├─ 第三阶段：2007—          手机形态发生巨变，广泛地普及到人们的
                 │  2013年                  日常生活中，手机游戏产业不断变革壮大
                 │
                 └─ 第四阶段：2014          手机游戏产业进入繁荣发展的阶段，类型
                    年至今                  呈现多元化
```

图 2-2 手机游戏产业的国际发展历程

一 第一阶段：20 世纪 90 年代至 2000 年

最早的手机没有游戏功能，直到 20 世纪 90 年代，伴随着手机的普及和功能的完善，手机游戏才开始出现在人们的视野中。这时的手机游戏产业尚处于初创阶段，具体表现为：在进入企业上，手机游戏专业领域的企业较少，多为一些手机公司，如诺基亚（Nokia）和汉佳诺（Hagenuk）等，它们总体数量较少，几乎没有竞争；在研发投入上，手机游戏多从其他平台移植而来，如《贪吃蛇》（Snake）源自 Gremlin 公司推出的街机游戏，《俄罗斯方块》（Tetris）源自计算机游戏，手机公司大多将游戏视为边缘业务并将其作为手机内置的部分功能发布（胡冯彬、邰子学，2017），缺乏手机游戏原创驱动力，因而研发投入较少；在产品供给上，市场上的手机游戏数量不多，游戏类型比较单一，多倾向于休闲娱乐类，且游戏规则、画面设计和操作方式都比较简单，玩家可选择的范围较小。

以下（见表 2-3）是这一时期部分流行的手机游戏：

表2-3　　　20世纪90年代至2000年部分流行的手机游戏

手机游戏	来源国家	游戏开发商	游戏类型
Scramble	美国	国际商业机器股份有限公司（International Business Machines Corporation）	休闲娱乐类
《俄罗斯方块》	德国	阿列克谢·帕基特诺夫（Alexey Pazhitnov）研发，汉佳诺公司移植	休闲娱乐类
《贪吃蛇》	芬兰	Gremlin公司研发，诺基亚公司移植	休闲娱乐类

资料来源：笔者整理。

这一时期影响手机游戏产业发展的因素主要包括以下方面：

（一）技术创新

手机游戏产业的兴起在很大程度上得益于手机功能的完善。世界上公认的第一部智能手机IBM Simon诞生于1992年，在IBM Simon诞生后，爱立信（Ericsson）、诺基亚和三星（Samsung）等公司纷纷进入手机市场，手机行业进入早期发展阶段。尽管这一时期的手机处于初级形态，但已通过安装无线系统具备了互联网服务功能，如IBM Simon除了具备基础的通信功能外，还具备电子邮件、游戏、地图、股票和新闻等互联网服务功能；日本NTT DOCOMO公司推出的i-mode，具备电子邮件、天气预报、金融服务和游戏等功能（Nguyen，2019）。在这一背景下，手机开始成为新的游戏终端，手机游戏正式诞生。

但这一时期用户的手机游戏使用体验不佳。首先，手机电池的续航时间较短，例如，IBM Simon的电池仅有一个小时的续航时间（Andrew，2018），并不能保障用户长时间的手机游戏使用；其次，这一时期的手机存储空间和处理能力比较有限、屏幕较小、游戏画面较单调、操作按键较少，因此无法满足玩家对复杂游戏的使用需求，进而影响了他们的使用体验；再者，绝大多数的手机游戏是预装式的，玩家只能使用手机中的预装游戏，不能更换其他游戏，换言之，这种游戏无法进行再次设计与更新；最后，这一时期的游戏为单人单机的形式，缺乏互动性。

（二）市场需求

这一时期手机属于新兴产品，大多数人对手机的需求并不大。一方面，尽管当时手机的部分功能概念较为前沿，但这仅对部分用户有较强吸引力，并不足以使其成为大多数人日常生活的必需品，例如 IBM Simon 在进入市场后 6 个月内，仅售出 5 万台；另一方面，这一时期手机的研发技术尚未成熟，加之部分配件的生产成本高，导致手机价格比较高，例如一部 IBM Simon 在发行之初的售价为 1100 美元（Andrew，2018），这对于大多数人而言无法负担。

由于当时手机并没有被大多数人所接受，普及度较低，加之这一时期的电脑游戏、主机游戏和便携式游戏机游戏正处于发展阶段，足以满足人们对电子游戏的需求，因此，手机游戏无法成为它们的替代品，导致手机游戏市场规模相对狭小。

总的来看，在技术引领下，手机游戏作为一个新兴产业进入了人们的视野，但这一时期的手机游戏产业尚处于诞生初期，在技术创新和市场需求等方面尚不成熟，因此手机游戏并未进入大多数人的日常生活，也并未成为人们的主要娱乐方式之一。

二 第二阶段：2001—2006 年

自 2001 年起，手机游戏产业进入了早期发展阶段，具体表现为：在进入企业上，手机游戏专业领域的企业增多，一些游戏开发公司的业务领域逐渐从电脑游戏拓展至手机游戏，如法国育碧（Ubisoft）旗下的智乐软件（Gameloft）公司、美国的格融移动（Glu Mobile）公司、数码巧克力（Digital Chocolate）公司等；在研发投入上，手机游戏逐渐受到手机公司、游戏开发公司的重视，如诺基亚、智乐软件等公司将手机游戏视为新兴的重点产业，加大资金投入，推动手机游戏在声音、图像上取得长足进步；在产品供给上，手机游戏产品数量明显增多，产品开始转向差异化，类型逐渐丰富，包括动作冒险类、模拟经营类、休闲娱乐类及多人对战类等，玩家可选择的范围扩大。

以下（见表2-4）是这一时期部分流行的手机游戏：

表2-4　　　　　　　　2001—2006年部分流行的手机游戏

手机游戏	来源国家	游戏开发商	游戏类型
《波斯王子：时之刃》（Prince of Persia: The Sands of Time）	法国	智乐软件公司	动作冒险类
《波斯王子：武者之心》（Prince of Persia: Warrior Within）	法国	智乐软件公司	动作冒险类
《夜行者》（Nightwalker）	美国	格融移动公司	动作冒险类
《荒岛余生》（Shipwrecked）	美国	格融移动公司	模拟经营类
《都市摩天楼》（City Bloxx）	美国	数码巧克力公司	休闲娱乐类
《疯狂企鹅》（Crazy Penguin）	美国	数码巧克力公司	休闲娱乐类
《超级矿工》（Super Miner）	波兰	Infinite Dreams	休闲娱乐类
《卷心菜世界之王》（King of the Cabbage World）	芬兰	Rovio	多人对战类

资料来源：笔者整理。

此外，这一时期诺基亚在手机游戏方面做出了新的尝试，推出了世界上第一款游戏手机N-Gage（见图2-3）。N-Gage是一款基于塞班（Symbian）OSV6.1S60平台运行的兼具通信和游戏功能的手机，相比同时期的其他手机，它为满足用户的复杂操作设置了横置布局和布满机身的按键，同时，它具备高性能处理器，使得游戏运行非常流畅（马骁，2018）。

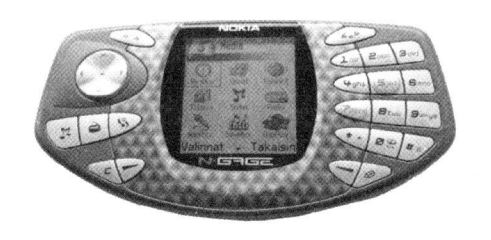

图2-3　诺基亚N-Gage

N-Gage的推出对手机游戏产业的发展具有革新意义。一方面，诺基亚重视手机游戏的原创性，与智乐软件公司和卡普空（Capcom）公司等各大游戏开发商合作，推出了一系列类型丰富和画面精美的适用于N-Gage的游戏，如《使命召唤》（Call of Duty）、《文明》（Sid Meier's Civilization）和《唐纳德·特朗普之地产大亨》（Donald Trump's Real Estate Tycoon）等；另一方面，诺基亚重视手机游戏的社交功能，当时的GPRS网络存在区域性限制和数据传输速率低下等不足，而诺基亚通过内置蓝牙芯片实现了N-Gage免费、高速的近距离无线连接，用户可以在10米内相互沟通、交流并同时进行在线游戏，这极大增强了游戏的交互性。总之，对于处在早期发展阶段的手机游戏产业而言，N-Gage"原创性""社交化"的理念不失为一种进步。

然而这款设备仍因多方面的不足而发展受限。一方面，N-Gage游戏容量达到了30M—50M，因而游戏需要预装在MMC（MultiMedia Card）储存卡中，玩家插卡和换卡时都必须在关机打开后盖、拆下电池后进行，步骤较为繁琐；另一方面，N-Gage将听筒和麦克风设置在侧面，用户接听电话时，需要将设备侧贴在耳边，极不方便。总的来看，作为一款为游戏玩家量身定做的手机，N-Gage并没有在手机的通信功能与优化玩家的游戏体验之间找到平衡，反而增加了玩家使用的不便性，最终导致其销量不尽人意（马骁，2018）。

这一时期影响手机游戏产业发展的因素主要包括以下方面：

（一）技术创新

在技术创新方面，手机游戏产业的发展得益于塞班系统的推出、无线通信技术（Wireless Communication Technology）的发展以及无线应用协议的应用。

塞班系统是一种嵌入式手机操作系统，在推出后便被广泛应用。塞班系统对手机游戏发展的意义主要体现在以下方面：在游戏的研发效率上，用户可以直接利用系统的接口函数编写自己的应用程序，这在极大方便户编程、节省时间和经济成本的同时，缩短了软件开发周期，提高了开发效率（吴小波、金纯、王时龙、许光辰，2007），在这一背景下，手机游戏产品的数量不断增加，类型不断丰富；在游戏研发的功能上，基于塞班系统研发的游戏在音效和图像上较第一阶段实现了长足的进步，因此更多具备复杂功能的手机游戏（如需要大量视频和动画效果的动作类游戏）投入市场（Zhu, He, & Shi, 2011）；在用户的使用体验上，塞班系统平台具有功耗低和内存占用少等特点（吴小波等，2007），这有助于提升游戏运行的流畅性，进而优化用户的使用体验。

这一时期的无线通信技术（包括 2G 网络、GPRS 网络、3G 网络和蓝牙等）进入发展期。除蓝牙技术应用至 N-Gage 外，2G 网络、GPRS 网络和 3G 网络与手机游戏结合的情况也越来越普遍。其中，GPRS 网络是 2G 网络到 3G 网络的过渡阶段，它能够提供传输速率高达 171.2kbps 的数据服务，提升用户下载和运行游戏的速度（Ancarani & Shankar, 2003）。在 GPRS 网络应用到市场后，3G 网络技术也逐渐发展起来，在 3G 网络环境中，游戏运行速度得到进一步提升。

无线应用协议是使移动设备能够连接到互联网的技术标准，它使得玩家在进行游戏的过程中可以彼此沟通交流，这有助于多人游戏的进行（Wright, 2016）。最重要的是，无线应用协议的应用使得用户可以使用手机终端的无线装置上网，并通过访问相关网站来下载和运行手机游戏，这拓宽了用户获取手机游戏的渠道。可以说，无线应用协议创造了一个允许开发商制作游戏并将其出售给有意愿使用的玩家的基本生态系统（Wright, 2016）。

（二）市场需求

塞班系统的开放性和高性能推动了手机在人们日常生活中的普及，为手机游戏产业奠定了坚实的用户基础。塞班系统是一个标准化的开放式平台，它将操作系统与图形用户界面技术分割，即不同的手机厂商可以按照设计需要设置不同的操作界面（佚名，2018①），具有灵活性和可扩展性，因而适用于多种手机。2000年以后，随着安装塞班系统的智能手机越来越多，塞班联盟（塞班系统公司推出的合作计划，旨在吸纳各个手机公司加入塞班系统）也变得越来越庞大，可以说，当时几乎全球所有的著名手机生产商都在使用塞班系统（高天，2013）。加之塞班系统集成了通信网络、无线文字、网页浏览、电子邮件等功能，支持Java应用，能够运行小型的第三方软件（王辰越，2011），因此安装塞班系统的手机的性能不断提升，在这一背景下，手机用户规模不断扩大，基于塞班系统研发的手机游戏实现了广泛、高效的推广。

（三）经济模式

这一时期手机游戏的产业链逐渐形成。塞班系统整合了软件开发商、内容提供商、移动通信运营商、广告商和用户等多个主体，统一了用户的信息需求和软件开发商的技术水平（吕一博、蓝清、韩少杰，2015）。在这一背景下，囊括手机游戏软件开发商、移动通信运营商和用户等多个主体的经济模式逐渐建立起来。这一模式奠定了用户资源的基础、增加了用户关系的价值（Ancarani & Shankar，2003），但也存在一定的局限性。首先，这一模式是纵向一体化的，移动通信运营商占据中心地位，掌控着手机游戏的获取渠道，玩家必须通过它们的门户网站才能获取手机游戏，对于手机游戏软件开发商而言，它们的移动产品必须同时兼顾技术和业务，甚至需要基于不同的移动通信运营商平台来研发，这在一定程度上增加了手机游戏软件开发商的研发成本；其次，移动通信运营商通常只与知名的游戏品牌合作，处于初创阶段的游戏企业往往需要耗费较多的时间和经济成本才能与移动通信运营商合作（Feijoo et al.，2012），也就是说，在这一经济模式中，手机游戏软件开发商承受着高成本、低收益的压力，缺乏研发

---

① 佚名：《塞班系统的缺陷在哪里？塞班系统的优缺点分析》，2018年4月26日，http：//m.elecfans.com/article/668295.html，2020年6月1日。

出更多精品化的原创手机游戏的创新动力。

总的来看，塞班系统的推出、无线通信技术的发展以及无线应用协议的应用，推动了手机游戏新经济模式的建立。但这一模式存在不小的局限，即移动通信运营商占据了绝对的主导地位，压缩了手机游戏软件开发商的生存和发展空间，不利于手机游戏产业的长期发展。

三 第三阶段：2007—2013 年

2007 年，苹果（Apple）公司推出的 iPhone 开启了手机游戏产业发展的新纪元，使得手机游戏在普及度和功能拓展方面都有了长足进步，手机游戏产业规模稳步增长，具体表现为：在进入企业上，除了传统的游戏公司进入手机游戏领域外，新兴的游戏公司如芬兰的超级细胞（Supercell）公司、美国的 Machine Zone 公司和英国的 King Digital Entertainment 公司等相继进入游戏市场，手机游戏行业竞争加剧；在研发投入上，2010—2013 年资本开始大量涌入手机游戏市场，研发投入持续增长；在产业竞争力上，手机游戏在操作方式（如触屏等）和社交功能等方面优势突显，手机游戏产业竞争力显著增强；在产品供给上，手机游戏产品数量增多，玩家选择趋于多样化。

以下（见表 2-5）是这一时期部分流行的手机游戏：

表 2-5　　　　　　　2007—2013 年部分流行的手机游戏

手机游戏	来源国家	游戏开发商	游戏类型
《愤怒的小鸟》（Angry Birds）	芬兰	Rovio	休闲娱乐类
《水果忍者》（Fruit Ninja）	澳大利亚	Halfbrick Studios	休闲娱乐类
《植物大战僵尸》（Plants vs. Zombies）	美国	宝开游戏（PopCap Games）公司	休闲娱乐类
《部落冲突》（Clash of Clans）	芬兰	超级细胞公司	策略类

资料来源：笔者整理。

这一时期影响手机游戏产业发展的因素主要包括以下方面：

（一）技术创新

2007年1月9日，苹果公司正式推出首款智能手机iPhone，它打破了手机的传统形态，树立了一个全新的典范，自此以后，几乎每款智能手机的外观、界面以及核心功能都在一定程度上与iPhone类似（Nguyen，2019）。手机在硬件和软件配置等方面的全面更新推动了手机游戏技术水平的提升：在电池功能上，以往手机电池往往受限于容量和尺寸而无法承受游戏运行的电量高消耗，不能满足用户长时间的使用需求（Carroll & Heiser，2010），而这一时期智能手机的电池续航时间大幅延长，如iPhone待机时间达255小时（Andrew，2018），能够保障用户长时间的游戏使用；在操作方式上，以往手机游戏的操作局限于物理键盘，而智能手机拥有高清触摸屏，用户能够使用滑动、轻触开关以及虚拟按键等多种触控方法直接进行操作（李学华、王亚飞，2013），这不仅节省了物理键盘占用的手机屏幕空间，还使整个可触控的手机屏幕都成为了手机游戏的操作平台，从而极大地提升了厂商的游戏设计质量，优化了用户的游戏体验。另外，智能手机的其他功能如大容量储存、高质量音频和精确定位系统等的完善都在一定程度上优化了用户的手机游戏体验。

（二）市场需求

一方面，智能手机的普及度日益提高，手机用户数量较前两个阶段大幅增长，这为手机游戏产业的发展提供了广阔的市场基础（Feijoo et al.，2012）。智能手机实现了电子邮件、视频播放、音频播放以及游戏使用等功能的高度集成化且运行流畅度得到了大幅提升，满足了用户日常沟通交流、娱乐消遣和移动办公的需求（Nguyen，2019），在此基础上的智能手机使用体验与电脑使用体验类似，且弥补了电脑固定终端无法适用于移动化场景的不足，因此，大量用户将其视作个人计算机的替代品。另外，这一时期智能手机价格较为大众化，相比同年美国人均可支配收入38118美元（Federal Reserve Bank of St. Louis，2020），2007年一台8GB的iPhone

售价仅为599美元,因此在其上市的第一年就售出了140万部,在2010年销量达到了1160万部(Andrew,2018),价格的降低使得智能手机的拥有者不再局限于商人和电子爱好者这些少数群体,而是快速深入普罗大众,推动越来越多的用户开始使用手机游戏(Falaki et al., 2010)。

另一方面,用户对手机游戏的需求呈现多元化趋势,倒逼手机游戏产业进行升级再造。尽管在塞班系统时期已经出现了多种手机游戏,但当时的手机游戏大多从电脑游戏中移植而来,虽然满足了用户对游戏便利性与移动性的需求,但体验感不佳。而随着手机用户的增多,他们对手机游戏的延伸功能如社交性和即时性等有了更高的要求。为了满足这一市场需求,大量的游戏开发商摒弃了将电脑游戏直接移植到手机平台的简单方式,开始投入大量资金,充分利用手机平台的竞争优势发展游戏技术,研发原创游戏。这意味着与电脑游戏等相比,手机游戏兼具了移动便携性和良好的用户体验感等不可替代的功能和优势(Feijoo et al., 2012)。

(三) 经济模式

应用商店是开发者与消费者之间的一种特殊商业渠道,它去除了所有开发和销售环节内的中间商,使开发商能够将应用直接发布和销售给最终客户(方亮、彭清,2010)。苹果公司推出的App Store是应用商店全面上线的标志。2008年3月6日,苹果公司对外发布了针对iPhone的可免费下载的软件开发工具包(Software Development Kit,SDK)以便第三方应用开发人员开发针对iPhone的应用软件,同年7月11日,苹果公司的APP Store正式上线。此后,多个公司仿照这一模式,推出了类似的商店,如Google play、酷安、豌豆荚和小米应用商店等。在手机厂商以及移动通信运营商等的推广下,应用商店逐渐成为人们获取软件的主要渠道。

应用商店构建的经济模式优化了手机游戏产业链,有助于挖掘整个手

机游戏产业的发展潜力,对手机游戏产业产生了重要影响,具体表现在以下方面:

1. 开发过程。在第二阶段的经济模式中,移动通信运营商、服务提供商等中间环节获取了超过60%的利润(方亮、彭清,2010),压缩了手机游戏软件开发商的利润空间,致使手机游戏软件开发商的积极性较低,手机游戏产业链运转不畅。而在应用商店模式下,手机游戏软件开发商与移动通信运营商、服务提供商之间形成了公平竞争的关系,并且与用户建立了双向的沟通渠道,能够快速有效地获取用户反馈,从而激发了手机游戏软件开发商的创新活力。从这个角度来看,应用商店从源头上推动了游戏产品数量的增加和质量的提升。

2. 获取渠道(见表2-6)。前两个阶段的手机游戏获取渠道主要包括手机预装、更换游戏卡以及浏览器下载等,这些渠道存在诸多不足。例如诺基亚在推出 N-Gage 时将游戏分发渠道纳入自己的业务范围,将游戏产品通过自己的零售渠道(包括游戏的零售店和网店等)以游戏卡的方式送达用户,在这种方式下,用户常常受限于时间和地点等因素而无法及时地获取新游戏。同时,这些渠道呈现分散化的特征,不同游戏需要通过不同方式获取,增加了用户获取游戏的整体难度和成本。而应用商店为用户提供了一个固定、集中且容纳了丰富手机游戏资源的平台,他们可以通过这一平台直接搜索并下载所需的手机游戏产品,这极大提高了游戏获取的效率。

表2-6 手机游戏主要获取渠道及评价

获取渠道	评价
手机预装	手机游戏获取方便,不需要下载;手机游戏的类型单一、数量有限、画面简单,无法带给用户良好的体验
游戏卡	需要到固定地点购买;手机游戏设计复杂、画面精美,用户体验更佳
浏览器下载	用户通过搜索网站下载游戏;手机游戏分发能力弱,且存在信息安全隐患

续表

获取渠道	评价
应用商店	手机游戏集中在同一平台，获取游戏信息以及下载游戏非常便利；手机游戏类型丰富，玩家可选择的范围大

3. 推广策略。应用商店的出现对手机游戏的推广起到了一定的积极作用。首先，应用商店设置了手机游戏分区，即根据不同内容和主题等对游戏进行分类以便于用户搜索目标游戏；其次，应用商店设置了游戏排行榜单并根据游戏下载量和点击量等进行排名使得用户在浏览页面时即可获取游戏排名情况；最后，应用商店的管理者可以通过下载行为来获取用户的游戏类型偏好，以此进行个性化推荐（魏永吉、杜敏，2014）。

总的来看，iPhone上市以及应用商店模式的推出带动了手机游戏产业在技术水平和经济模式上的重大转变，也刺激了用户对手机游戏的需求，在很大程度上推动了这一时期手机游戏产业的发展。

四 第四阶段：2014年至今

2014年以后，随着4G网络技术的应用，手机游戏产业继续快速发展，具体表现为：在进入企业上，诸多游戏公司兴起，中国的腾讯游戏公司、网易游戏公司，日本的万代南宫梦（BANDAI NAMCO）公司、科乐美（KONAMI）公司、GungHo Online Entertainment公司，俄罗斯的Playrix公司，美国的Machine Zone公司、艺电（Electronic Arts）公司、暴雪娱乐（Blizzard Entertainment）公司，芬兰的超级细胞公司以及英国的King Digital Entertainment公司等成为手机游戏行业的重要参与者，在这些大型游戏公司的引领下，大量的手机游戏公司进入市场，竞争更加激烈；在增长速度上，这一阶段的手机游戏产业处于高速发展期，如日本手机游戏市场规模在2013—2016年间增长了一倍多（Statista，2020[1]）；在产业竞争力上，手机

---

[1] Statista, *Mobile Gaming in Japan-Statistics & Facts*, March 12, 2020.

游戏产业的竞争力超过了电脑游戏和主机游戏等游戏产业（Newzoo，2019[①]；Statista，2020[②]）；在地理区域上，手机游戏的辐射范围不再局限于少数国家，而是向全球范围迅速扩大。Newzoo（2019[③]）发布的数据显示，中国、美国、日本和韩国仍然牢固掌握着手机游戏市场的优势，同时澳大利亚和巴西等一些国家的手机游戏产业也正在兴起。

以下（见表2-7）是这一时期部分流行的手机游戏：

表2-7　　　　　　　　2014年至今部分流行的手机游戏

手机游戏	来源国家	游戏开发商	游戏类型
《精灵宝可梦GO》（Pokémon GO）	日本	任天堂（Nintendo）公司、宝可梦（Pokemon）公司和Niantic Labs	角色扮演类
《地铁跑酷》（Subway Surfers）	丹麦	Kiloo Games	休闲娱乐类
《糖果传奇》（Candy Crush Saga）	英国	King Digital Entertainment	休闲娱乐类
《梦幻家园》（Homescapes）	俄罗斯	Playrix	模拟经营类

资料来源：笔者整理。

这一时期影响手机游戏产业发展的因素主要包括以下方面：

（一）技术创新

2000年，国际电信联盟（International Telecommunication Union，ITU）开始着手研究4G网络技术，旨在创建能够容纳更多用户、具备更快传输速率的网络环境；2008年，国际电信联盟公开征集4G网络标准并要求4G网络在移动状态下达到100Mbps的数据传输速率；2010年，LTE（Long Term Evolution）最终被确定为国际标准（李佶、蒋雷敏、李倩，2014），此后，4G网络技术逐渐在世界各地被推广应用。

4G网络时代的到来对于手机游戏产业的发展具有革新意义。其一，4G网络有助于提升手机游戏的下载速率和质量。与蓝牙、GPRS网络和3G

[①]　Newzoo，*Global Mobile Market Report 2019*，2019.
[②]　Statista，*Mobile Gaming in Japan-Statistics & Facts*，March 12，2020.
[③]　Newzoo，*Top 100 Countries by Game Revenues*，September 2019.

网络相比，4G 网络的数据传输速率高达 100Mbps（见表 2-8），更快的网络速度意味着玩家可以享受到更精美的游戏画面、更复杂的游戏设计和更畅快的游戏体验（严翔、王明宇，2014）。其二，4G 网络推动社交类手机游戏的普及。用户定位功能使得手机能够在物理空间中定位人和物并跟踪他们的移动轨迹，并且使得用户可以获悉正在使用同一软件的其他用户及其地理位置信息并进行社交，4G 网络的出现使得这一功能更广泛地应用于手机，进一步而言，手机不再局限于简单的通话功能，它开始从固定电话和台式电脑中脱离出来，逐渐被用作社交网络设备（Silva，2008），因此，在进入 4G 网络发展阶段以后，手机游戏所依托的移动互联网社交环境更为优越，手机游戏也获得了社会化程度更高的社会关系网络的支撑，这为手机游戏产业的发展带来了新的动力和可能性（付玉辉，2014）。

表 2-8　蓝牙、GPRS 网络、3G 网络、4G 网络的差异

无线通信技术	特征	对手机游戏的意义
蓝牙	10 米以内的短程无线网络连接 数据传输速率达 2.1Mbps	本地多人手机游戏
GPRS 网络	高容量的数据服务（包括邮件、浏览器浏览、可视化通信和基于位置的服务） 数据传输速率达 171kbps	彩色图像和多人在线游戏
3G 网络	文本、声讯、视频和多媒体的传输 数据传输速率达 2.1Mbps	高质量的图像和声音、增强游戏体验 短时间内下载内存更大的游戏
4G 网络	具有更大带宽、数字元素、全局移动性、服务便携性和网络安全性的交互式多媒体服务 数据传输速率达 100Mbps	更高速度和效率的高质量多媒体手机游戏 短时间内下载内存更大的游戏 全球范围内的多个玩家游戏

资料来源：Jason，B.，"Mobile Gaming"，*Communications of the ACM*，Vol.51，No.3，2008.

（二）国际投资

产业发展会受到国际产业转移的影响，具体而言，资本、技术、人才和劳动力等生产要素的国际流动会影响进口国和出口国的产业结构（卢福财，2013）。如韩国的手机游戏产业就在国际产业转移的影响下获得了

长足发展。就要素流入而言，2014年，美国艺电公司、暴雪娱乐公司，中国的盛大游戏公司、腾讯公司和日本的软银集团（Softbank Group）均通过与韩国游戏公司合作的方式进入韩国市场，资本的注入增强了韩国游戏产业的竞争力，此外，信息和通信技术的国际直接投资持续增加，推动韩国成为新的信息和通信技术产品开发的试验地（Chung，2016），进一步带动了韩国通信技术和互联网基础设施的发展，为韩国游戏产业的发展提供了理想环境（Statista，2020①）；就要素流出而言，韩国游戏公司通过与日本、中国和美国等国家的游戏公司合作的方式进入国际市场并占据了较高的市场份额（Chung，2016），增加了游戏利润，提高了国际影响力。

总的来看，自1992年世界上第一款手机游戏 *Scramble* 面世以来，手机游戏产业历经了20多年的发展。在这一过程中，手机技术（无线通信技术和操作系统等）的变革推动了手机游戏在操作方式和画面音效等方面的优化，手机用户数量的增多奠定了手机游戏产业广阔的市场基础，经济模式的不断发展完善了手机游戏产业链，国际投资的增多刺激了手机游戏产业在全球范围内的扩张，这些因素最终共同推动了手机游戏朝着多样化、专业化与精品化的方向发展，使得手机游戏逐渐成为人们主要的休闲娱乐方式之一。

第三节　中国手机游戏产业的发展历程

中国手机游戏产业的兴起源于国外手机游戏产业的转移，最初囿于移动网络技术落后、手机制造水平低等原因，发展十分缓慢，落后于传统的手机游戏产业强国。然而经过二十余年的发展，在不断进步的游戏

---

① Statista, *Gaming industry in South Korea*, June 26, 2020.

技术和良好的市场条件等因素的推动下，中国的手机游戏产业已经在世界范围内处于领先地位。Newzoo（2019①）发布的全球手机游戏市场排名显示，中国手机游戏市场已经超过了传统的手机游戏强国（如美国、日本和韩国等），位列第一。

总的来讲，中国手机游戏产业的发展历程主要分为以下四个阶段（见图2-4）：

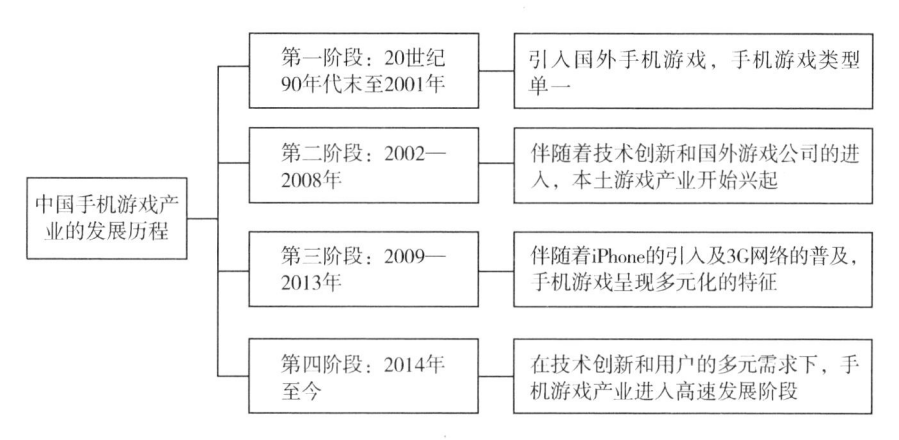

中国手机游戏产业的发展历程	第一阶段：20世纪90年代末至2001年	引入国外手机游戏，手机游戏类型单一
	第二阶段：2002—2008年	伴随着技术创新和国外游戏公司的进入，本土游戏产业开始兴起
	第三阶段：2009—2013年	伴随着iPhone的引入及3G网络的普及，手机游戏呈现多元化的特征
	第四阶段：2014年至今	在技术创新和用户的多元需求下，手机游戏产业进入高速发展阶段

图2-4 中国手机游戏产业的发展历程

一 第一阶段：20世纪90年代后期至2001年

中国手机游戏产业起步于20世纪90年代后期，随着国外手机游戏产品的引入而逐渐兴起和发展。中国第一款手机游戏是1998年诺基亚公司发布的Nokia6110型号手机中内置的游戏《贪吃蛇》，这款单人休闲游戏在进入中国市场后迅速引起了20—30岁手机用户的兴趣，并成为最受他们欢迎的手机游戏之一（Tai & Zeng，2010）。此后，大量的手机游戏如《俄罗斯方块》和《掷骰子》（*Dice*）等陆续进入中国市场。

中国的手机游戏产业起步较晚，初期的发展速度较为缓慢，在手机游戏普及度和原创性上与同时期的美国、日本和韩国等国家存在一定差距。

---

① Newzoo, *Southeast Asia Is the World's Fastest-Growing Mobile Games Market*, November 2019.

在游戏普及度方面，尽管早在 1987 年中国便引入摩托罗拉 3220 型号手机，到 20 世纪 90 年代末国产手机品牌如波导、夏新和 TCL 等纷纷进入市场（周颖、沈艳秋，2010），但由于费用高昂，手机在人们日常生活中的普及度较低，用户规模较小，因此手机游戏的普及度也比较低。另外，这一时期处于第二代移动通信技术的建设时期，虽然与第一代移动通信技术相比，这一时期手机开始使用 PHS（Personal Handy-phone System）、GSM（Global System for Mobile Communications）或者 CDMA（Code Division Multiple Access）标准，具有稳定的通话质量（吴勇毅、陈渊源，2011），但其数据传输速率较低，无法满足手机游戏复杂的技术要求，进而限制了手机游戏在中国市场的普及。在游戏原创性方面，这一时期中国玩家能接触到的少数几款手机游戏均来自于国外手机制造商和游戏开发商的溢价效应（Tai & Zeng, 2010），由于核心技术缺乏和政策重视程度不够，中国的手机游戏原创性不足，缺乏核心竞争力，发展受到限制。

总的来看，这一时期的手机游戏并没有针对中国玩家的需求和偏好进行个性化研发（Tai & Zeng, 2010），而且这些游戏大多是预装式单机游戏，类型比较单一，以休闲娱乐类为主，操作也较为简单。

二 第二阶段：2002—2008 年

自 2002 年起，中国的手机游戏产业进入第二个发展阶段。具体表现为：在进入企业上，中国众多企业（诸如空中网、天津猛犸、摩动时代、清华资讯、数位红、华娱无线和新空气等）纷纷加入到手机游戏开发行列中，行业竞争加剧；在研发投入上，手机游戏内容提供商和服务提供商都增加了对手机游戏产业的资金投入，加快了研发步伐，手机网络游戏在这一时期正式兴起；在产品供给上，中国手机游戏公司研发出诸多手机游戏产品并投入市场，这些产品种类丰富，在质量上足以与国际手机游戏相媲美（张林明，2005）。

以下（见表 2-9）是这一时期部分流行的手机游戏：

表 2-9　　　　中国 2002—2008 年部分流行的手机游戏

手机游戏	游戏开发商	游戏类型
《三界传说》	美通无线网络信息有限公司	角色扮演类
《神役》	北京掌讯公司	角色扮演类
《传奇世界》《梦幻国度》	盛大游戏公司	角色扮演类
《无限乾坤》	北京道隆科技有限公司	角色扮演类
《梦幻世界》	北京数位红软件应用技术有限公司	角色扮演类、即时战斗类
《阿曼之蛮荒法则》	猛犸科技有限公司	动作类、养成类

资料来源：笔者整理。

这一时期影响手机游戏产业发展的因素主要包括以下方面：

（一）技术创新

伴随着移动网络技术的进步，中国手机游戏产业进入了新的发展阶段。为实现从"移动通信专家"向"移动信息专家"的战略转型，2000 年 11 月 10 日，中国移动通信集团有限公司正式推出移动梦网（Mobile Internet）创业计划，并于同年 12 月 1 日正式开始推行（王磊，2008）。2003 年 2 月，移动梦网推出了集移动购物、游戏娱乐、移动聊天、导航服务、地图查询和新闻信息等服务为一体的"百宝箱"，7 个月以后，该平台的用户数量就已达到 200 万（张林明，2005）。"百宝箱"设置的游戏"百宝箱"专区为用户提供了一个可以自由下载手机游戏的渠道。无独有偶，同年 7 月，中国联合网络通信集团有限公司推出"神奇宝典"，囊括了通信类、电子商务类、多媒体类、信息类、教育类以及娱乐类等八大类应用。对于游戏用户而言，他们可以通过"神奇宝典"直接下载游戏。"百宝箱"和"神奇宝典"的推出在很大程度上丰富了用户的游戏获取渠道，刺激了手机游戏用户数量的增长。

（二）经济模式

这一时期手机制造商、手机游戏软件开发商、手机游戏内容提供商、手机游戏服务提供商以及移动通信运营商等市场主体开始连接起来，形成了一个完整的经济模式（见图2-5）。然而，这一模式也存在一些问题。一方面，移动通信运营商和手机游戏开发商的地位不平等。这一时期通信是手机的核心功能，是驱动用户使用手机的主要原因，移动通信运营商通过购买网络设备与系统、建设通信网络以及制定业务标准的方式满足了用户的通信需求，牢牢占据着产业链的核心位置（范颖、周庆山，2014）；而游戏是手机的边缘功能，这导致手机游戏软件开发商处于产业链的边缘位置，利润空间狭小，在游戏开发方面缺乏动力。另一方面，移动通信运营商与手机游戏内容提供商缺乏用户资源，因而难以满足用户的个性化游戏需求。总的来说，这一模式虽然包含多个主体，但它们之间的部分资源是割裂的（郭丽红，2004）。例如，移动梦网业务的用户资源被少数几家服务提供商瓜分，因此移动通信运营商缺乏对移动梦网业务用户的管理以及用户行为的统计掌握（沈忠阳，2003），同时，作为移动梦网服务内容的主要提供者，手机游戏内容提供商需要掌握大量的用户资源来把握市场需求，但实际上，手机游戏内容提供商与手机游戏服务提供商之间也是割裂的，手机游戏内容提供商因缺乏用户资源而无法进行市场研究、内容设计和市场营销等重要环节（王有为，2007），因而难以满足用户的个性化游戏需求。

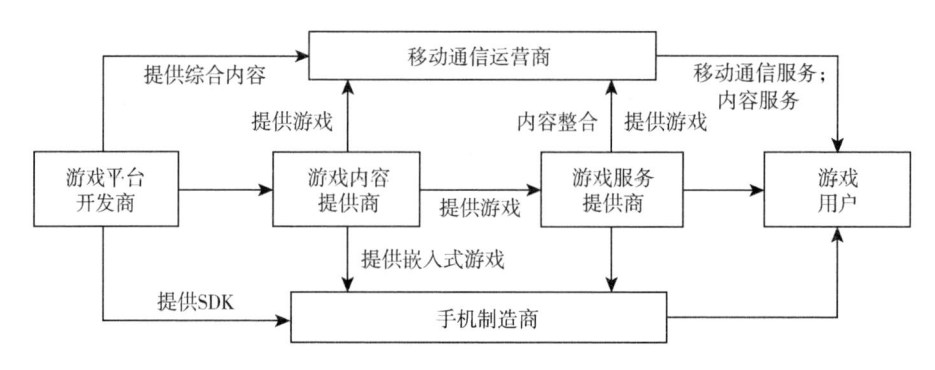

图 2-5 手机游戏产业链上各主体的合作关系

资料来源：裴广信、范芸：《手机游戏产业分析》，《通信管理与技术》2007 年第 5 期。

（三）国际投资

这一时期全球各大游戏公司开始进驻中国，进一步推动了中国手机游戏产业的崛起与壮大。在产业转移中，美国艺电公司和法国智乐软件公司是比较有代表性的游戏公司。美国艺电公司是一家跨国性的互动娱乐制作与发行公司，于2005年入驻中国，主要开展电脑游戏、游戏机游戏、网络游戏和手机游戏等的开发、出版以及销售业务；法国智乐软件公司是一家电子游戏跨国公司，业务以移动游戏的开发和发行为主，2001年开始在中国建立团队，设立有北京、成都和深圳三家分公司。这些公司在中国主要进行游戏研发投资，通过与中国公司展开合作等方式，推动国外先进手机游戏技术向中国转移。

此外，这一时期游戏开发商之间以及游戏开发商与服务提供商之间开始陆续展开合作。一方面，游戏开发商之间就游戏内容展开合作，这有助于游戏开发商深入认识不同游戏类型的用户需求，实现技术融合，从而丰富手机游戏产品类型。2005年，北京掌讯公司与XII Mobile Ware就旗下的角色扮演类游戏《神役》和棋牌类游戏《移动玩家》达成战略合作关系，力图在建立共同扶持、共同成长合作模式的基础上，满足玩家多元化的游戏需求，带给玩家全新的娱乐体验。另一方面，游戏开发商与服务提供商也陆续就游戏开发展开合作，进而在提升游戏专业化程度的同时实现资源互补。2005年1月，手机网络游戏开发商道隆公司与国内游戏渠道商晶合公司建立良好合作关系，实现了手机游戏研发技术与销售渠道的深度融合，进而推动更多高质量的游戏进入市场；同年11月，无线互联网企业美通无线网络信息有限公司与中国台湾地区领先的无线增值服务提供商EzMoBo在北京召开联合新闻发布会，宣布双方正式达成战略合作，携手促进两岸手机游戏市场的一体化发展，EzMoBo将代理美通无线网络信息有限公司《三界传说》系列手机网络游戏在中国台湾地区的运营和推广，而美通无线网络信息有限公司将承担相关平台的技术支持工作（中关村在线，2005）。总体而言，这些合作对于尚不成熟的中国手机游戏产业的发展产生了一定的积极作用，推动了国产手机游戏产品的多元化。

（四）政策支持

在一系列国家政策的推动下，中国手机游戏产业稳步发展，市场结构逐渐成熟（Tai & Hu，2017）。这一时期的游戏政策主要包括以下方面：

在产业扶持上，2003年7月，科技部正式将网络游戏纳入"863计划"（国家高技术研究发展计划）的发展范畴。这一国家科技项目旨在通过提供经济和人才帮助，实现网络游戏核心技术的国产化并保护中国游戏软件的自主知识产权。在得到科技部的认可以后，游戏产业随后又得到了文化部及工业和信息化部的进一步支持，两部门联合制定目标，欲在国家经济和政策的大力帮扶下，建立全国性的游戏产业基地（胡冯彬、邰子学，2017），在国家政策的激励下，更多企业致力于原创游戏的研发，推动了游戏产业的转型升级和健康发展。在产业规范上，2005年6月，工业和信息化部下属的中国软件行业协会游戏软件分会发布了《中国游戏行业自律公约》（以下简称《公约》），对从事游戏产品经营活动的单位、个人的权利和义务、行业经营行为规范、行业竞争行为规范、售后服务行为规范、知识产权行为规范、人才聘用及人才培训行为规范和游戏媒体宣传行为规范等方面做出了规定。这一《公约》的推行有助于保障游戏行业所有企业和广大消费者的合法权益，规范游戏行业市场环境和秩序，进一步促进了中国游戏产业的有序发展。

总的来看，在2002—2008年间，以移动梦网为代表的服务平台的推出推动了手机游戏产业链的形成，国产手机游戏的发展以及国际游戏公司的入驻推动着中国手机游戏市场的崛起，促进了中国手机游戏产业不断发展壮大。但与此同时，中国手机游戏产业的发展仍然存在不少局限。一方面，游戏开发商与移动通信运营商处于不平等的地位，游戏开发商被置于产业链的边缘，创新动力不足，而移动通信运营商在用户下载后即可确保获得利润并完全转化，这会使他们过度强调游戏的前期宣传而忽视游戏内容本身的建设，在这一背景下，"标题党"风气显露——只要游戏名称、游戏标志足够吸引用户，游戏下载量就会提高，但用户在下载后却无法获得移动通信运营商所宣传的游戏体验，久而久之他们就会放弃继续使用游戏（佚名，2017）[①]；另一方面，由于缺乏统一高效的移动支付系统，手机游戏的支付方式仍然以移动通信运营商的订阅费为主，用户需要花费较多的时间、经过较为繁杂的程序才能完成手机游戏付费，这给用户的消费带来不便。总之，在这样的背景下，用户的游戏需求无法得到很好的满足，游戏的创新性开发受到限制，从而阻碍了中国手机游戏产业的可持续发展。

三 第三阶段：2009—2013 年

尽管在上一阶段，中国游戏市场已经出现一些设计较为复杂的手机游戏，但由于技术水平的限制以及经济模式的弊端，手机游戏产品的创新活力不足，市场潜力仍未得到充分发掘。进入第三阶段，中国手机游戏产业在技术水平上不断提高，游戏产品类型不断丰富。具体表现为：在技术创新上，国内外的游戏公司展开紧密合作，推动产品和技术等要素向中国的转移；在产品供给上，休闲娱乐类、卡牌收集类和角色扮演类等多个类型手机游戏产品陆续进入中国市场。

以下（见表 2-10）是这一时期部分流行的手机游戏：

表 2-10　　中国 2009—2013 年部分流行的手机游戏

手机游戏	游戏开发商	游戏类型
《捕鱼达人》	广州希力科技电子有限公司	休闲娱乐类

[①] 佚名：《手游发展史：从贪吃蛇到王者荣耀》，2017 年 7 月 8 日，http://www.xinhuanet.com/info/2017-07/08/c_136427043.htm，2020 年 6 月 5 日。

续表

手机游戏	游戏开发商	游戏类型
《节奏大师》	腾讯旗下光速工作室	休闲娱乐类
《我叫MT Online》	北京乐动卓越科技有限公司	卡牌收集类
《三国来了》	北京乐迪通科技有限公司	卡牌收集类
《神仙道》	厦门光环信息科技有限公司	角色扮演类

资料来源：笔者整理。

这一时期影响手机游戏产业发展的因素主要包括以下方面：

（一）技术创新

这一时期手机游戏产业技术创新的驱动力主要源自iPhone的引进以及3G网络技术的发展。

就手机平台而言，2009年，iPhone与中国联合网络通信集团有限公司签署入华协议，标志着iPhone正式引入中国。iPhone手机硬件性能的提升与操作系统的不断成熟为手机终端实现多种插件连接提供了基础（朱含宇，2010），因而手机的娱乐功能越来越容易实现，同时处理器的优化提升了游戏的运行速度，因而用户的手机游戏体验也不断得到优化。可以说，iPhone及其他外资品牌智能手机的引入和普及改变了中国手机游戏市场，在满足人们基本娱乐需求的同时提高了人们对手机游戏质量的要求（胡冯彬、邰子学，2017）。

就网络技术而言，第二阶段处于第二代移动通信技术时期，数据传输速率比较慢，移动网络承载大量用户同时在线游戏的能力有限，因此用户的手机游戏体验感不佳，限制了手机游戏产业的进一步发展（钟月云、欧阳柳波，2010）。在2009年3G网络技术正式引入中国以后，移动通信运营商投入大量人力、物力、财力建设和宣传3G网络，并通过向手机厂商提供巨额资金助力3G手机的研发（夏小正，2009），推动3G网络在人们日常生活中的普及。与2.5G网络100kbps左右的数据传输速率相比，3G网络最大的优点是高速的数据下载能力，其数据传输速率能够达到300kbps—1Mbps左右，它增强了网络的承载能力，使客户端与服务器之间的交互速度更快、视频图像传送更流畅。此外，3G 网络的高速数据传输能够实现多媒体内容的实时播放，在一定程度上突破了数据传输速率对手机网络游戏发展的限制，有助于优化手机网络游戏的用户体验（清科，2009；钟月云、欧阳柳波，2010；朱含宇，2010）。总之，3G 网络的引入和普及使得中国手机游戏在数量上和质量上均得到大幅提升（Kim，2013），这对中国手机游戏产业的快速发展具有重要意义。

（二）经济模式

以苹果公司 App Store 为代表的应用商店规避了"百宝箱""神奇宝典"等模式的弊端，在其他手机厂商及移动通信运营商的效仿和推广下成为了中国手机游戏产业主要的经济模式。如前所述，应用商店采取平台提供商与游戏开发商按下载量分成的利润分配方式，因此在这一模式下，游戏开发商不再处于经济模式的边缘，其所获得的利润与游戏下载量紧密相关，这极大地刺激了他们游戏开发的积极性。另外，应用商店模式去除了原有经济模式中游戏应用上线的繁杂程序（张爱清、王建会、李宁，2012），提升了游戏从研发到进入市场的效率。

（三）市场需求

这一时期，随着手机的普及以及资费的下降，手机用户市场规模实现了稳步增长，推动着手机游戏产业的快速发展。

一方面，智能手机在全国范围内迅速普及。在 iPhone 的引入和硬件成本下降的刺激下，中国智能手机实现了功能的全面升级和大规模量产。在中国移动通信集团有限公司、中国电信集团有限公司和中国联合网络通信集团有限公司三大运营商的宣传造势和终端补贴下，国产智能手机公司开拓了新颖的销售渠道和模式，并凭借着良好的手机质量满足了众多智能手机购买者的需求，推动了国产手机用户规模的扩大，促进了国产手机行业快速增长（陈博，2013；Kantar Worldpanel ComTech，2013）。中国工业和信息化部电信研究院发布的《移动终端白皮书（2012 年）》显示，2011 年中国移动智能终端（包括智能手机和平板电脑）出货量超过 1.1 亿部，超过之前中国历年出货量的总和，在这一背景下，越来越多的人群将手机视作自己日常办公以及娱乐的重要工具之一，促进手机游戏的用户规模不断扩大。

另一方面，3G 网络的应用降低了手机资费。手机资费是影响用户使用手机应用的重要原因，随着 3G 网络时代的到来，资费进一步下调，这意味着尝试使用手机进行娱乐互动的用户数量必然会逐渐增多（马继华，2010），这为手机游戏产业的发展奠定了良好的用户基础。

（四）政策支持

随着手机游戏产业影响力的不断增强，国家政策开始逐渐向手机游戏产业倾斜，主要包括以下方面：

在研发能力方面，2007 年 3 月 5 日，文化部和信息产业部颁布《关于网络游戏发展和管理的若干意见》，明确提出支持网络游戏产业健康发展，支持民族原创网络游戏产业的发展，使内容健康向上、形式丰富多彩的网络游戏产品居于国内市场的主流，2009 年 9 月文化部发布《关于加快文化产业发展的指导意见》，强调增强游戏产业的核心竞争力，推动民族原创网络游戏的发展；在鼓励投资方面，2009 年文化部制定《文化部文化产业投资指导目录》，手机游戏开发被列入鼓励类投资指导目录；在资本投入方面，2010 年 3 月，中央宣传部等九部门联合出台《关于金融支持文化产业振兴和发展繁荣的指导意见》出台，提出"对经营游戏等业务的公司，可发放融资租赁贷款"的指导意见；在技术创新方面，2012 年 9 月 12 日，文化部发布《文化部"十二五"文化科技发展规划》，强调提高游戏业等重点产业的技术装备水平与系统软件国产化水平。

总的来看，中国手机游戏产业的发展在很大程度上受到国外技术水平更迭的影响，iPhone 的引入以及 3G 网络技术的发展提高了手机游戏产业的技术水平。此外，庞大的用户群体和不断跟进的政策支持也加快了手机游戏产业继续前进的步伐。

四 第四阶段：2014年至今

从2014年至今，中国的手机游戏产业进入了高速发展期。具体表现为：在产业竞争力上，与其他游戏产业相比，这一时期手机游戏产业占据了更大的市场份额，因而获得了更多的利润。中国游戏出版工作委员会和伽马数据（2018）发布的《2018年中国游戏产业报告》显示，在中国游戏产业总收入的分布中，以手机游戏为重要构成部分的移动游戏占比高达62.5%，大幅超过了网页游戏和家庭游戏机游戏等，显现出了较强的行业竞争力；在国际竞争力上，这一时期的中国手机游戏企业主张实施"走出去"战略，在拓展海外市场、加快游戏出口的同时与海外游戏企业展开紧密合作，这有助于中国手机游戏企业谋求新的发展机遇，扩大产业市场规模，并进一步提升全球影响力和竞争力，谷歌和伽马数据（2019）联合发布的《中国移动游戏海外市场发展报告》显示，2018年，包括手机游戏在内的中国移动游戏海外市场收入占整体海外市场的15.8%，并实现了连续多年的增长；在对相关产业的贡献上，手机游戏产业作为主要的推动力，协同带动了动漫产业、影视产业、内容创作产业和硬件支持产业等的快速发展（蔡清舟，2018）；在产品供给上，这一时期中国手机游戏的原创性较强，自主研发产品较多，类型更加多元化，除了典型的角色扮演类和休闲娱乐类外，竞技类手机游戏日益流行。

以下（见表2-11）是这一时期部分流行的手机游戏：

表2-11　　　　中国2014年至今部分流行的手机游戏

手机游戏	游戏开发商	游戏类型
《梦幻西游》	网易游戏公司	角色扮演类
《阴阳师》	网易游戏公司	角色扮演类
《斗罗大陆》	三七网络科技有限公司	角色扮演类

续表

手机游戏	游戏开发商	游戏类型
《开心消消乐》	乐元素科技（北京）股份有限公司	休闲娱乐类
《猫和老鼠》	网易游戏公司	休闲娱乐类
《自由之战》	上海逗屋网络科技有限公司	竞技类
《王者荣耀》	腾讯天美工作室	竞技类
《荒野行动》	网易游戏公司	竞技类
《绝地求生：刺激战场》	腾讯公司旗下光子工作室群、韩国蓝洞公司	竞技类

资料来源：笔者整理。

这一时期影响手机游戏产业发展的因素主要包括以下方面：

（一）技术创新

这一时期手机游戏产业发展的技术驱动力主要为4G网络在中国的应用与普及。

2013年，国家工业和信息化部正式向中国移动通信集团有限公司、中国电信集团有限公司和中国联合网络通信集团有限公司三大运营商发布了4G牌照，4G网络开始在全国普及。4G网络对于中国手机游戏产业的发展具有重要意义：一方面，4G网络提升了手机游戏的运行速度，使得更多高质量的游戏进入市场，进而优化了用户的游戏使用体验；另一方面，4G网络能够满足多人同时在线的游戏需求，推动了手机游戏新类型（如社交类手机游戏）的普及，这有助于手机游戏开发商发掘空白市场，促进手机游戏的细分化和差异化发展。

（二）市场需求

在技术创新的推动下，手机在人们日常生活中的普及率与渗透率越来越高，这为手机游戏产业的发展奠定了良好的用户基础。同时，这一时期的用户需求呈现出新特征，女性和学生等特色游戏用户群体显现出较大的增长潜力和发展空间（极光大数据，2019；张毅君，2019）：

一方面，女性玩家占比上升。在手机游戏良好发展前景以及行业激烈竞争的刺激下，游戏开发商开始通过细分游戏产品、深度挖掘游戏市场来谋求发展机遇。在这一背景下，更多针对女性用户设计的手机游戏（如《闪耀暖暖》等）投入市场，这些游戏设计了精致的游戏画面和游戏人物以及"女性向"的游戏情节，在满足女性审美需求和心理需求的同时具备了丰富、完备的社交功能，因而逐渐受到女性用户的青睐。中国互联网络信息中心（CNNIC，2015）发布的《2014—2015年中国手机游戏用户调研报告》显示，2015年女性手机游戏用户占37.3%，较2009年的6.9%显著提高（当乐网、艾瑞咨询，2009）。

另一方面，学生群体开始成为手机游戏的主要玩家之一。与电脑相比，手机的便携性特征更加契合学生群体碎片化的学习和生活场景，因而在学生群体中日益普及，这为他们使用手机游戏提供了基础平台。极光大数据（2019）的调查结果表明，学生群体占整体手机游戏用户的35.6%，超过了年轻的工作者（18.8%）和中年的白领人群（21.6%）。他们虽然面临着繁杂的学业任务，娱乐时间非常有限，但仍然将大量的闲暇时间花费在手机游戏上（极光大数据，2019），因而成为了手机游戏使用的主力军。

总的来看，女性和学生用户群体数量的增多为手机游戏产业的发展提供了潜在市场条件，一定程度上推动着手机游戏的社交化和个性化发展。

（三）政策支持

这一时期中国的手机游戏产业政策主要包括以下两个方面：

在产业扶持方面，2016年11月国家新闻出版广电总局发布《关于实施"中国原创游戏精品出版工程"的通知》，宣布国家新闻出版广电总局将建立健全扶持游戏精品出版工作机制，累计推出150款左右精品游戏，扩大精品游戏消费，落实鼓励和扶持措施，支持优秀游戏企业做大做强，也就是说，未来将有更多致力于提升手机游戏质量的企业在政策的指引、培育下获得良好的发展机遇；在产业监管方面，2016年5月国家新闻出版广电总局发布《关于移动游戏出版服务管理的通知》，宣布实施移动游戏分类审批管理，对移动游戏受理、申请出版题材内容及变更运营机构手续等做出了具体规定，而在2016年12月文化部发布的《文化部关于规范网络游戏运营加强事中事后监管工作的通知》（见附录2）中，明确了网络游戏的运营范围，提出规范网络游戏虚拟道具发行服务、加强网络游戏用户权益保护和网络游戏运营事中事后监管，这些举措有助于推进手机游戏产业的合理化和规范化发展。

总的来看，中国手机游戏产业起步较晚，最初的发展落后于美国、日本和韩国等国家。但在技术水平提升、用户数量增多、经济模式优化、国际产业转移以及政策持续支持等因素的综合作用下，中国手机游戏产业在短期内实现了快速发展。

第三章 青少年手机游戏使用

青春期是从儿童到成年的关键过渡期,在这一阶段,青少年的生理、心理以及社会行为特征会发生重大转变。对于在数字化媒介环境中成长起来的青少年而言,手机游戏的便携性、即时性以及碎片化等特点满足了他们的社交需求和娱乐需求,逐渐成为他们主要的娱乐方式之一。

本章从青少年的特征出发,整合青少年手机游戏用户的属性结构(性别差异、年龄差异以及城乡差异)和行为特征(手机游戏类型偏好、手机游戏社交以及手机游戏付费)以深入了解当前青少年手机游戏的使用情况。此外,本章将结合现有关于成瘾和游戏成瘾的研究,梳理总结手机游戏成瘾的表现和诊断。

第一节 青少年与手机游戏

青少年时期被视为个体发展的重要阶段,本节将从生理、心理以及社会行为方面解析青少年这一群体,同时结合青少年的发展需求探析他们的手机游戏使用特点。

一 青少年

(一)青少年的界定

青少年是一个复杂、多元的群体。一方面,青少年的成长经历会受到地域差异的影响，即使在同一个地缘政治国家中，他们也存在历史、经济、政治和宗教上的差异，这导致了对青少年不同的界定（胡玉坤、郑晓瑛、陈功、王曼，2011；Christie & Viner，2005），比如世界卫生组织将10—19岁界定为青少年时期，而中国青少年研究中心（2012）在对青少年的法律研究中提出，青少年在犯罪学中一般是指已满14周岁不满25周岁的人；另一方面，青少年是指处在青春期年龄段的个体，并没有离散、确切的事件来精确界定其时间界限，因而很难从年龄的角度来精准确定青春期的开始和结束（Spear，2000）。

（二）青少年的特征

青少年的特征主要体现在生理、心理和社会行为等方面。

1. 在生理上。青春期被称为个体第二个生长发育的高峰期，生理上的急剧变化标志着青春期的开始（Smetana, Campione-Barr, & Metzger, 2006），具体表现为突然性的生长以及其他器官系统的成熟化（Christie & Viner, 2005）。在这一阶段，青少年的身高和体重等形态方面，神经系统和肌肉力量等机能方面以及速度、耐力和灵敏度等身体素质方面都发生了明显的变化。生理变化的开始时间受到遗传、营养、社会经济和生活事件等因素的影响，一般而言，女性在10—12岁发生生理变化，男性在12—14岁发生生理变化（Gullotta & Adams, 2005）。

2. 在心理上。在这一阶段，青少年的认知思维朝复杂化、系统化、创造化方向发展，并尝试对自我身份进行重塑。具体而言，一方面，青少年的认知思维开始由具象思维向抽象思维转变，即他们的认知对象由代表解决问题的具体"事物"或"想法"转变为可表现现实的内在符号或形象，这使青少年能够预设未来并评估多种结果（Christie & Viner, 2005；Spear, 2000）；另一方面，青少年开始寻求并试图发现和构建自我定义的身份感，期望通过努力实现成就、建立自信与安全感，从而产生对人生目标、价值观和方向的认同以及自由意志和自我效能感等心理优势（Gullotta & Ad-

ams, 2005)。与较为固定的生理变化时间相比，青少年的心理变化受到知识结构、社会和文化等因素的影响而呈现出超前或滞后的特征。

3. 在社会行为上。在学校、家庭和邻里构成的复合环境中（Jessor, 1993），青少年与父母和同伴的关系产生了更复杂的联系，并促成了他们角色的转变。一方面，青少年与父母的分歧和冲突加剧，每代人对自身文化和历史内容的体验指导着下一代的行动，并为下一代理解世界提供基础，但由于现代社会的加速变迁，代际之间的观点呈现出差异化特征，现代社会的父母很难再为青少年的行为提供具体指导（Gullotta & Adams, 2005），另外，青少年渴望成为独立的个体，而父母往往试图了解并通过行为和心理控制子女的活动（赖雪芬、张卫、鲍振宙、王艳辉、熊庆龙，2014），因此两者之间容易产生冲突；另一方面，青少年与同伴的关系往往随着年龄的增长而变得更加紧密（Furman & Buhrmester, 1992），这种关系影响着青少年的文化取向，如品位、风格和外表等（Smetana et al., 2006）。

在青少年群体内部，青少年的生理、心理和社会行为特征呈阶段性变化，现有研究结合发展环境、发展需求以及发展状态等因素将青春期划分为三个阶段，分别为青少年早期、青少年中期和青少年末期（Smetana et al., 2006）。在生理方面，青少年生长发育的速度在青春期早期达到高峰，在青春期中期和青春期末期逐渐减缓；在心理和社会行为方面，不同阶段的青少年呈现出更复杂的特征（见表3-1）。总之，从青少年早期到青少年末期，他们的独立思维能力逐渐增强，与父母、老师以及同伴之间的关系发生了转变。

表3-1　　　　　青少年不同阶段的心理、社会行为表现

青少年阶段	心理	社会行为
青少年早期	具体的思考、较早的道德观念、性观念的发展以及身体形象的重新评估	—

续表

青少年阶段	心理	社会行为
青少年中期	抽象思维、自我保护意识、不断增强的语言能力、法律与道德认同以及狂热意识形态（宗教和政治等）的开始	与父母的情感分离、强烈的同伴认同、健康风险（如吸烟、酗酒等）的增加、异性同龄人的兴趣以及早期的职业计划
青少年末期	复杂的抽象思维、法律与道德差异的认同、冲动控制的增强、个人认同的发展以及宗教和政治意识形态的进一步发展或排斥	亲密关系的形成、社会自主的发展以及职业能力发展与经济独立

资料来源：McIntosh, N., Helms, P., & Smyth, R., *Forfar and Arneil's Textbook of Paediatrics. 6th ed*, Edinburgh: Churchill Livingstone, 2003.

综上所述，青春期并不是儿童时期的简单延续，而是个体一生中最重要的发育阶段，处在青春期阶段的个体在生理、心理以及社会行为上的表现都比较复杂。青春期作为青少年成长发展的可塑期，不仅是决定个体的体格、素质、行为、性格和智力水平的重要时期，而且也是个体世界观、人生观和价值观逐步形成的关键时期（李鹰，1996）。

二 青少年是手机游戏使用的主要群体

近年来，手机游戏逐渐在青少年群体中流行。极光大数据（2018）发布的研究报告（见图3-1）显示，在整体的手机游戏用户中，25岁及以下人群达到36.2%；中国手机游戏两大巨头腾讯和网易旗下手机游戏用户也多集中于25岁及以下人群，占比均超五成。总体来看，青少年是手机游戏用户的主要构成群体。

手机游戏的诸多要素满足了青少年的需求，推动他们成为了手机游戏使用的主要用户群体之一。在碎片化的使用需求上，由于青少年处在学校和家庭等构成的复合环境中，常受到老师和家长的管控，因而娱乐时间呈现碎片化的特点，而手机游戏借助移动通信技术的发展打破了时空限制（黄健，2019），可以满足他们碎片化的使用需求；在娱乐需求上，由于青少年正处于生理和心理的过渡期，承担着来自生活和学习等方面的诸多压力（刘荃，2005），因此，娱乐往往是他们缓解压力的方式之一，并逐渐

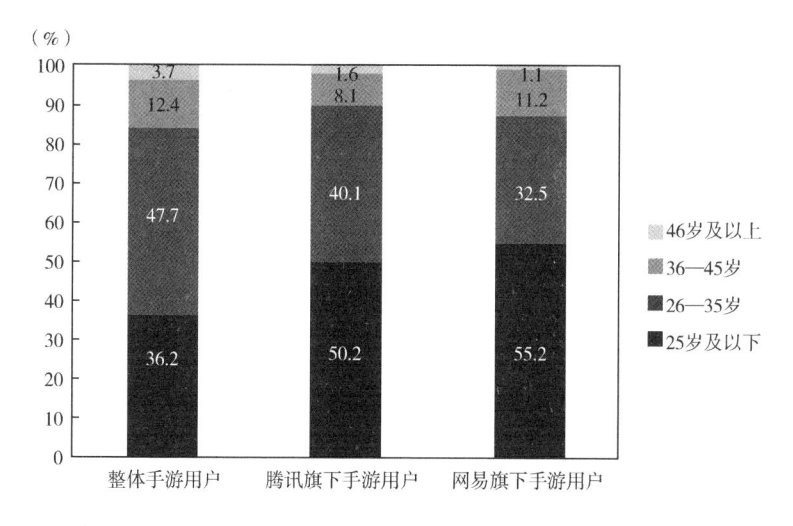

图 3-1　手机游戏用户年龄分布

成为他们生活的重要内容（王丽娟、张登舟，2010），而手机游戏在场景、音乐以及互动性等方面的设计满足了青少年的娱乐需求（祁鹏，2015），成为青少年化解日常生活中焦虑和挫折的有效途径；在社交需求上，青少年时期是一个友谊和依恋行为发生急剧变化的发展期（Ma & Huebner，2008），同伴关系是青少年人际关系的重要组成部分，甚至可能超越亲子关系和师生关系（叶艳晖、李秋琼，2015），也就是说，与同伴的沟通对青少年尤为重要，而在移动网络技术发展的背景下，手机游戏支持多人同时在线进行游戏和沟通交流，承担着重要的社交功能，在一定程度上满足了青少年的社交需求。

总的来看，与电脑游戏、主机游戏和游戏机游戏等相比，手机游戏具备操作时间碎片化和易与他人交流互动等优势（Omori & Felinto，2012），高度契合了青少年的使用需求，进而促使青少年成为了主要的手机游戏用户群体之一。

第二节 青少年手机游戏用户的属性结构

受到生理变化和所处地域环境等因素的影响,青少年群体在手机游戏使用上表现出显著的性别差异、年龄差异和城乡差异,其群体内部呈现出高度分化的特征。

一 性别差异

性别是影响个体互联网使用的重要因素(Wang et al., 2019),已有研究证实了用户在网络游戏使用方面存在一定的性别差异。具体而言,在游戏的获取渠道上,Newzoo(2019①)通过对美、英、法、德受访者的调查发现,男性玩家更多通过传统的游戏资讯频道等搜寻游戏,而女性玩家往往会通过社交网络(如向朋友咨询等)搜寻游戏;在游戏类型偏好上,男性更倾向于暴力类和战斗类游戏,而女性则更倾向于社交类游戏(Seo & Lee, 2016);在玩游戏的频率(Trinkaus, 1983)以及时间(Morahan-Martin & Schumacher, 2000)上,男性玩家均普遍高于女性玩家。

总体而言,青少年的手机游戏使用特征与网络游戏使用特征具有相似性,他们在手机游戏使用方面的性别差异主要表现在以下方面:

在手机游戏使用动机上。游戏中包含的竞争性、挑战性、多样性、新颖性和设计美学等要素满足了玩家自我肯定、竞争、挑战、消遣、逃避、幻想以及社会互动等动机(Bulduklu, 2017)。例如游戏中设计的目标满足了用户幻想的动机,他们通过幻想角色以及与角色相关的故事情节达到共鸣(Merikivi, Tuunainen, & Nguyen, 2016)。具体而言,男性青少年玩手机游戏多出于自我肯定,获取竞争感和兴奋感的动机,而女性青少年玩手

---

① Newzoo, *How Men and Women Discover and Choose Games in the West: Similarities and Differences*, November 7, 2019.

机游戏则多是为了逃避现状，如克服孤独感、忘记当前困难等（Bulduklu，2017；Lee，Suh，Park，& Lee，2018）。

在手机游戏类型偏好上。男性青少年更偏好即时战略类和射击类游戏，这些对抗性元素突出的游戏满足了他们渴望获得竞争感、兴奋感和成功感的游戏需求（Hsiao & Chen，2016）；女性青少年更偏好休闲娱乐类和模拟经营类游戏（Hsiao & Chen，2016；Seok & DaCosta，2015），这些操作简单和娱乐性强的游戏更符合她们消遣的生活需求。

在手机游戏参与度上。男性青少年的参与度总体上高于女性青少年（Eleftherios，Nicolau，& Lisa，2017），这主要归因于青少年手机游戏认知的性别差异。通常而言，男性青少年在手机游戏感知易用性、感知有用性方面的评价高于女性青少年（Hu & Liu，2010），换言之，与女性青少年相比，男性青少年更倾向于认为手机游戏易操作、有价值，这会使他们产生更加积极的使用态度和更高的参与热情。但当前越来越多的游戏开发商开始推出针对女性偏好类型和使用习惯的手机游戏，这使得女性青少年与男性青少年在手机游戏参与度上的差异日益缩小。

综上所述，青少年在手机游戏使用动机、类型偏好以及参与度方面存在性别差异，这些差异不仅体现了青少年发展特征的差异，也意味着游戏开发商和移动通信运营商在手机游戏设计以及管理上需要更具针对性。

二 年龄差异

青少年群体内部的网络游戏使用存在年龄差异。具体而言，在游戏接触年龄上，青少年首次接触网络游戏的年龄呈低龄化趋势（腾讯研究院安全研究中心、DCCI互联网数据中心，2017）；在游戏使用频率上，荷兰乌得勒支大学（Utrecht University）、提姆布斯研究所（Trimbos Institute）和社会文化规划局（2018）联合发布的报告显示，在12—16岁的青少年群体中，每天玩游戏的个体比例会随着年龄的增长而逐渐降低；在游戏使用时间上，德国西南媒体教育研究协会（2020）对德国青少年的调查表明，与高龄青少年相比，低龄青少年将更多的上网时间花费在游戏使用上；在网络游戏的问题性使用上，低龄青少年失去自我控制的频率更高，出现网络游戏问题性使用的情况也更多（Sendurur & Sendurur, 2018）。

同样地，在生理、心理特征的内部分化以及社会环境等外部因素的影响下，青少年手机游戏使用也表现出年龄差异：

在手机游戏使用动机上。个体使用手机游戏的动机往往随着他们的基本需求和社会环境的变化而呈现出年龄差异（Bulduklu, 2017）。在青少年群体中，自我实现、个人满足、获取竞争感和兴奋感等使用动机随着他们年龄的增长以及受教育水平的提升而逐渐减弱（孙子越，2018；Bulduklu, 2017），但不同年龄青少年的社会交往使用动机并没有显著差异（Bulduklu, 2017；Sherry, Greenberg, Lucas, & Lachlan, 2006），这可能与手机游戏可以实现玩家之间的即时互动，满足青少年社会交往这一普遍需求有关。

在手机游戏使用时间上。手机在青少年群体中日益普及，越来越多的低龄青少年可以接触到手机及手机游戏。与此同时，较之高龄青少年繁重的学业任务，低龄青少年的学业安排比较灵活，可支配时间更多，这意味着他们可以在手机游戏上投入更多的时间。

在手机游戏问题性使用上。与网络游戏的问题性使用类似，研究表明，低龄青少年手机游戏问题性使用倾向更明显，更容易表现出烦躁、易怒的情绪以及强迫性使用、耐受性和戒断反应等症状（Pan, Chiu, & Lin, 2019；Žufić & Kiralj, 2013），这与青少年自我控制能力的阶段性特征有关。自我控制是青少年发展的重要方面，是个体基于特定目的而控制某些方面行为（如冲动和诱惑等）的可抑制性能力（Jang & Ryu, 2016）。随着年龄的增长以及性格的逐渐成熟，与低龄青少年相比，高龄青少年的自我控制能力水平更高，这使得他们较少出现手机游戏的问题性使用行为（Jang &

Ryu，2016）。

综上所述，各年龄段青少年在手机游戏使用动机、使用时间以及问题性使用上均存在差异。

三 城乡差异

受经济水平和互联网环境差异的影响，青少年的网络游戏使用呈现出城乡差异。其一，在游戏设备使用方面，CNNIC（2016）发现，由于价格和适用性等原因，农村地区青少年网民各类上网设备的使用率均低于城镇青少年网民，其中笔记本电脑的使用率差距（16.1%）最大，因此农村青少年网民游戏设备的使用率往往低于城镇青少年网民；其二，在网络游戏使用方面，CNNIC（2016）发现，青少年网民中农村青少年网民占比（27.6%）明显低于城镇青少年网民占比（72.4%），因此农村青少年的网络游戏使用率往往低于城镇青少年。

与网络游戏类似，手机游戏作为新兴的娱乐方式在青少年群体中日益普及，但受到智能手机普及率、移动互联网覆盖率以及家庭环境等因素的影响，青少年的手机游戏使用呈现出城乡差异，主要表现在以下方面：

在手机游戏使用率上。如前所述，总体上农村地区青少年网民的各类上网设备的使用率均与城镇青少年网民存在一定差距（CNNIC，2016），手机也不例外。但随着时间的推移，这种设备缺失带来的青少年手机游戏使用率的城乡差异在一定程度上有缩小的趋势。一方面，就青少年内部特征而言，作为包含手机游戏应用能力在内的网络应用能力在城乡青少年之间的差距缩小（姚伟宁，2017）；另一方面，就外部环境而言，手机和移动互联网技术在农村地区实现了广泛普及和应用，蔺玉红、邓建高和齐佳音（2018）的调研结果表明，即使在贵州、江西这些欠发达的地区，3G、4G网络也基本实现了全覆盖，农村青少年拥有手机已成为普遍的现象。再加上与电脑相比,手机价格更低、使用更加便捷且更适用于碎片化的使用场景(Jang & Ryu, 2016),因此大量的农村青少年开始通过手机游戏来丰富自己的娱乐生活。在这样的背景下,手机游戏在农村青少年中的使用率有所提高,缩小了传统的网络接入设备(如笔记本电脑等)造成的游戏使用率的城乡差异(Kam, Rudraraju, Tewari, & Canny, 2007)。

在手机游戏问题性使用上。家庭是青少年生活、学习以及身心发展的重要场所,亲子关系与家长管理行为直接影响甚至决定了青少年的发展,因此,青少年手机游戏的问题性使用与家庭环境密切相关。一般而言,在亲子观念上,农村和城镇家长存在着较大差异,农村家长普遍缺乏对子女的情感关怀与理解(徐慊、郑日昌,2006;张文新,1997),因而农村青少年更有可能产生孤独感等负面情绪,并试图通过沉迷于手机游戏来寻求内心的满足。此外,Jang 和 Ryu(2016)对 600 名高中生的问卷调查结果表明,家长对孩子动态的掌握程度与孩子手机游戏问题性使用呈负相关关系,即家长对孩子的了解程度不足有可能导致他们沉迷于手机游戏。在家长管理行为上由于受教育水平以及教育观念的不同,农村家长可能会疏于对孩子的管理,导致农村青少年缺乏家庭的监管和指导,由此他们更容易形成不当的手机游戏使用习惯,进而沉迷于手机游戏。

综上所述,城乡青少年在手机游戏使用率上的差异有缩小的趋势,然而他们在手机游戏问题性使用方面的差异仍较为明显。

第三节　青少年手机游戏用户的行为特征

随着游戏技术的发展,手机游戏类型变得更加丰富,与此同时,手机游戏逐渐衍生出新的功能,如便于用户在游戏中实时交流的社交功能、便捷游戏产品消费的支付程序等。在此背景下,青少年手机游戏用户在类型偏好、游戏社交和游戏付费等方面表现出了新的特征。

一 青少年手机游戏类型偏好

有调查表明,角色扮演类游戏、模拟类游戏、多人在线竞技类游戏以及冒险类游戏等是青少年主要偏好的游戏类型(Jang & Ryu, 2016)。不同类型的游戏给青少年带来了不同的体验,分别表现如下:

角色扮演类游戏。其一,角色扮演类游戏通过画面、音效和文字等塑造了丰富的角色性格,设计了完整的角色故事和经历,在游戏进行过程中,玩家通过自我代入虚拟游戏世界中的角色,体验其故事和经历(Allison, Wahlde, Shockley, & Gabbard, 2006; Billieux, Deleuze, Griffiths, & Kuss, 2015),因而青少年能够从中获得较高水平的沉浸体验;其二,角色扮演类游戏在设计上强调合作、扮演等元素(Rooij, 2011),具有高度的社会性,青少年通过对话和协同作战等方式与游戏世界中的同伴维持着深入而持久的社交互动,在这个过程中,他们能够掌握沟通技巧和技能,进一步巩固自我意识并促进心理平衡(Allison et al., 2006; Sourmelis, Ioannou, & Zaphiris, 2017);其三,角色扮演类游戏具备竞争性的特点,玩家需要通过提升攻击能力来打败敌人、获取胜利,这满足了青少年渴望胜利和自我实现的使用动机。

模拟类游戏。其一,模拟类游戏在很大程度上还原了真实场景,玩家需要代入虚拟角色进行游戏(Žufić & Kiralj, 2013),因而模拟类游戏与角色扮演类游戏一样能够为青少年带来较高程度的沉浸体验(马颖峰、胡若楠,2016);其二,模拟类游戏画面与现实的相似性使得玩家能更好地在游戏和现实之间建立联系(Tanes & Cemalcilar, 2010),他们可以在虚拟游戏中体验现实中存在或可能存在的对象或事件(Han, Jeong, Jo, Son, & Yim, 2020),换言之,青少年可以通过模拟类游戏更好地理解现实生活;其三,模拟类游戏给青少年提供了学习机会,与其他游戏类型相比,模拟类游戏强调更多的智力思考(包括注意力集中度和记忆力等),并且能够唤起青少年的思维和联想过程（Han et al.，2020；Žufić & Kiralj，2013）。

多人在线竞技类游戏。其一，多人在线竞技类游戏强调竞争性，主要表现为两个或多个团队之间的竞争和对抗，并以此为玩家不断提供挑战（Nuyens et al.，2016；Tyack，Wyeth，& Johnson，2016），因此包括青少年在内的玩家需要经常练习以帮助团队获得胜利；其二，多人在线竞技类游戏强调玩家的社交互动，与角色扮演类游戏强调单个玩家之间的合作不同，它是多名玩家的实时对抗，强调团队内的沟通，也就是说，队友需要通过不断的沟通和合作才能实现团队的协调（Tyack et al.，2016）；其三，多人在线竞技类游戏强调团队合作中玩家的个人领导力，这在一定程度上能够锻炼、提升青少年的协调能力与领导能力。

冒险类游戏。其一，冒险类游戏满足了青少年获取竞争感、兴奋感的使用动机，玩家通常在冒险类游戏中扮演一个面临困惑和障碍的角色，在克服前一个困惑和障碍之后才能进入下一阶段（Žufić & Kiralj，2013），在这一过程中，游戏产生了竞争性并带给青少年兴奋感；其二，冒险类游戏包含各种各样的挑战，比如解码信息、寻找和使用物品以及探索新的地点等，玩家需要对这些故事线索进行深入思考才能达到游戏设置的目标，在这一过程中青少年在空间和视觉方面的思维能力不断得到锻炼。

综上所述，不同游戏类型在内容设计和操作要求等多个维度上有所不同，这一方面满足了青少年的多样化需求，另一方面也由此形成了他们不同的游戏使用类型偏好。

二 青少年手机游戏社交

社交是青少年使用游戏的主要动机之一，手机的便携性和伴身性为青少年在手机游戏平台上进行社交提供了基础，手机游戏实时的通信功能和移动性进一步满足了青少年的社交需要，这使得他们通过手机游戏参与社交的行为趋于普遍（北京大学心理与认知科学学院，2019）。

青少年手机游戏社交主要表现出以下几方面的特征:

社交贯穿于手机游戏使用的全过程。在游戏获知渠道上,社交是青少年获取手机游戏信息的主要渠道之一(极光大数据,2019),他们通常从朋友的推荐中获知手机游戏的名称、规则等信息,并同朋友交流游戏使用体验。在游戏参与意向上,朋友的游戏选择是影响青少年决定是否参与某一游戏的重要因素(极光大数据,2019),游戏设计方也正是利用这一因素将游戏平台和社交软件结合,即玩家可以向他们的联系人发送"邀请"信息(Seo & Lee,2016),包括青少年在内的玩家在收到联系人的"邀请"信息后可选择通过点击信息链接等方式成为游戏新用户。在游戏参与过程中,手机游戏设计了诸多要素以建立玩家之间的联系。具体而言,一方面,手机游戏通常包含竞争要素,如玩家可以在社交平台上分享他们的游戏分数排名,游戏后台也会将这一排名推送给同一游戏的玩家及其联系人以刺激他们之间的竞争(Chen & Leung,2015;Chen,Rong,Ma,Qu,& Xiong,2017;Seo & Lee,2016),这不仅能够增强青少年之间的社交黏性,还能使他们获得更多的社交存在感;另一方面,很多手机游戏设计强调玩家之间的合作,如游戏中设置玩家分享礼物的形式(Chen et al.,2017),这不仅有助于增强游戏的趣味性,还可以构建青少年之间更紧密的联系。总的来看,手机游戏鼓励青少年玩家的参与和互动,而青少年玩家也在游戏提供的竞争和合作中,建立了社交关系并产生友谊(Krotoski,2004)。

手机游戏中不同类型社交关系的强度不同。一方面社交网络的发展将全球的青少年用户连接起来,他们得以通过游戏组队和对战的方式结交新朋友、建立新的社交关系。具体而言,游戏设计方为了提高玩家的参与度在游戏中设计了"回报"机制,即玩家与联系人建立社交关系后即可获得一定的游戏奖励,玩家出于获得更多回报的目的会尝试接触更多的群体以扩大人际网络圈,但由于这类关系的重要构建基础是获取奖励,缺乏长期稳定的沟通，因此这类社交关系强度较低（Seo & Lee，2016）。皮尤研究中心（Pew Research Center，2015）对美国年轻人线上交友方式的调查显示，通过在线游戏所建立的关系大部分都维持在网络环境中，只有20%的年轻人在线下见过面，可见通过在线游戏建立的关系并不紧密。另一方面青少年也可以与现实世界中的朋友共同参与游戏，进而延续和巩固已经建立的社交关系。与在手机游戏中建立的新社交关系不同，构建在原有联系基础上的社交关系更为紧密、强度也更高，也就是说，手机游戏提供了一个新的社交平台，青少年可以通过在游戏中的交流巩固原有关系。

手机游戏社交功能偏好程度因性别差异而有所不同。以往研究表明，与男性相比，女性更注重手机游戏的社交功能，当她们感知到玩游戏的同伴越多时，就越有可能参与到游戏中（Lee et al.，2018），同样地，在青少年群体中，社交优势也是手机游戏吸引女性玩家的关键因素，Seo 和 Lee（2016）认为，女性青少年更多出于社交目的与朋友玩游戏，若手机游戏不再提供与朋友的互动功能，她们对手机游戏的兴趣会大大降低。

综上所述，手机游戏中的诸多要素（如竞争和回报等）吸引了越来越多的青少年参与其中，他们逐渐将手机游戏视为建立和巩固社交关系的新方式。

三 青少年手机游戏付费

近年来，随着移动支付的便利化、快捷化和手机游戏类型的多样化发展，手机游戏付费兴起，付费项目主要包括购买人物或英雄，获取抽卡或抽奖机会，购买提升能力的道具、装备，付费开启游戏和关卡等（极光大数据，2019；Hsiao & Chen，2016）。一方面，青少年玩家为获取满足感和成就感而频繁购买游戏内的人物、皮肤和高级装备；另一方面，在部分游戏平台的诱导消费机制下，政府管理和法律应对机制的漏洞以及家长监管的缺位使得青少年付费行为缺乏合理有效的管控，青少年手机游戏付费的现象越来越普遍。

青少年手机游戏付费行为主要表现出以下几方面的特征：

付费行为非常普遍。极光大数据（2018）的调查结果显示，95 后和 00 后的手机游戏玩家付费率均超过了 75%。究其原因，一方面，手机游戏通过提供情感价值（游戏性）、成本价值（奖励）和性能价值（使用灵活性）增强了对青少年的吸引力，与此同时，青少年可能会出于与同伴建立、维持和巩固社交关系的目的持续使用手机游戏，也就是说，在手机游戏特性和功能的综合影响下，青少年对手机游戏的忠诚度不断提高，相应地，他们对手机游戏的付费意愿也不断提高（Balakrishnan & Griffiths, 2018；Hsiao & Chen, 2016；Su, Chiang, Lee, & Chang, 2016），进而发展成付费行为；另一方面，随着互联网行业正版化的发展，用户付费意识逐渐增强，用户在音乐、视频和在线阅读工具等行业内的付费意识已经培养起来（极光大数据，2019），这也在一定程度上推动青少年养成付费习惯，促成了他们的手机游戏付费行为。

容易出现非理性消费行为。在手机游戏的使用过程中，部分青少年存在冲动消费高额手机游戏产品的行为。近年来此类新闻频繁见诸媒体，据中国新闻网（白皓，2016）报道，贵阳市民贺女士把手机给 14 岁的儿子青青（化名）使用一个月后，发现其手机绑定的银行卡内存款少了 13 万余元，在警方的调查下，青青承认，"在拿到妈妈手机后，（我）很快下载了三款游戏。几天后，为了追求更厉害的游戏角色，（我）开始花钱购买游戏装备。"为避免被家长发现，青青在每次充值后都会将手机收到的验证码和消费短信删除，在短短的一个月内，充值了 120 余次，消费金额达到了 13 万余元。另据大河报（田育臣，2017）报道，郑州市的李女士偶然间发现银行卡内丢失了 1 万多元，在查证后发现，这笔钱全部支付给一款名为《王者荣耀》的手机游戏。在其询问下，12 岁的儿子承认这笔钱是他在购买游戏皮肤和装备时消费掉的。这些报道在一定程度上说明非理性手机游戏产品消费行为在青少年群体中并非个例。

付费行为与游戏成瘾相关。极光大数据（2019）发现，那些非常喜欢玩手机游戏，使用频率和时间双高的重度青少年用户的付费率和付费金额都比较高，这一现象的背后透露出在青少年群体中存在手机游戏成瘾性消费的问题（李赫、武翰涛、李施洁、黄犟，2019）。通常而言，青少年的付费行为与游戏成瘾紧密联系，即青少年对游戏上瘾可能作用于他们的游戏付费。其中，忠诚度是构成两者关系的中介因素（Balakrishnan & Griffiths, 2018），即个体对某事物上瘾可能会增强其对该事物的忠诚度（Lu & Wang, 2008），而这种忠诚度将直接影响青少年的消费选择，激发青少年购买游戏产品的欲望，最终促成他们的游戏付费行为（Balakrishnan & Griffiths, 2018）。

综上所述，当前青少年手机游戏付费行为非常普遍，甚至出现了成瘾性消费的问题，消费易演变成青少年满足"瘾"的载体，完全超出了其本身的意义（张思宁，2013），长此以往会导致他们形成不当的消费观念和行为习惯。

第四节　青少年与手机游戏成瘾

随着游戏产业的飞速发展，青少年游戏成瘾的案例越来越频繁地见诸媒体，不少青少年因沉迷于游戏而打架斗殴、荒废学业，甚至付出生命的代价。青少年是手机游戏的主要用户群体之一，手机游戏成瘾也已经成为影响青少年健康成长的主要障碍之一。因此，本节主要在文献回顾的基础上，归纳总结手机游戏成瘾的相关概念、表现以及诊断，以期为后文探讨青少年手机游戏成瘾的影响因素、影响效应以及干预体系提供理论依据。

一 手机游戏成瘾的概念

目前，不少青少年无节制地使用互联网和电子游戏，对其产生了极强的心理依赖和反复操作的渴望，出现烦躁、抑郁等戒断症状，这与物质成瘾极其相似，对青少年的身体健康、心理健康、社会适应和日常生活造成了不良影响。这种现象已经引起相关研究人员的关注，并将其定性为"成瘾"（Davis，2001）。

"成瘾"是人类活动中一种复杂的行为模式，在古希腊和古罗马时代，已有人们滥用酒精和其他药物造成的不良后果的相关记载（闫宏微，2013），而对"成瘾"这一专业术语的界定则经历了较长时间的争议。1987年，在《精神疾病诊断与统计手册》（第三版）（*The Diagnostic and Statistical Manual of Mental Disorders*，*DSM-III*）物质相关障碍部分的修订中，研究人员把这样一种行为障碍界定为：强迫性的、不受控制的药物戒断行为，并推出了一系列的界定标准。在对上述行为术语的界定中，临床研究人员和非临床研究人员就"成瘾"（addiction）、"成瘾障碍"（addictive disorder）和"依赖性"（dependence）产生了争议，最终研究人员在这次修订中将这一行为定义为"依赖性"，这一术语延续至1994年的《精神疾病诊断与统计手册》（第四版）。

事实上，"依赖性"一词的使用一直存在争议，在《精神疾病诊断与统计手册》（第三版）出现之前，"依赖性"已经长期运用到现实生活中，它是指由药物与机体相互作用造成的一种精神或身体状态，表现出一种强迫性地连续或定期使用某种药物的行为和其他反应。如果将"依赖性"一词指代强迫性的、不受控制的药物戒断行为，则不可避免地产生争议，因为病人表现出正常的耐受性和戒断反应，不符合《精神疾病诊断与统计手册》（第三版）中任何相关的依赖性诊断标准，如滥用和异常行为等。因此，在《精神疾病诊断与统计手册》（第五版）（*The Diagnostic and Statistical Manual of*

Mental Disorders, *DSM-V*) 中出现了术语的变化,"依赖性"转向了"成瘾以及相关的障碍"(addiction and related disorders)(O'Brien, 2011)。

总的来看,"瘾"是指人体中枢神经受到某事物反复刺激所产生的一种习惯性行为,常见的有烟瘾、毒瘾等。"成瘾"的概念最初来自于药物依赖,即由于重复使用某些药物而导致的周期性中毒状态,后来这一概念又延伸至其他物质,如上瘾者对酒精和尼古丁等化学物质的依赖(肖彬,1994)。现有研究(杨彦春、祝卓宏,1999;冯志颖,2006)则普遍认为"成瘾"在大多数情况下是一种双向因素作用的结果,成瘾者首先要有主动接触某项事物的意愿,而且该事物又拥有某些使人产生依赖的特质,这种特质可能是物质上的,也可能是行为上的,如赌博、电子游戏、购物等引起的行为成瘾。目前已有多项研究表明,行为成瘾和物质成瘾在症状上有很多相似之处,比如二者都存在渴求、耐受和戒断症状,也都可以引起和造成患者内心的苦恼以及社会功能的受损,脑影像的研究也揭示了游戏成瘾和物质成瘾的脑机制相似(胡岱梅、刘炳伦、李仁军,2010;张一望、朱一、董大伟、罗焕敏,2008)。具体来说,"成瘾"有六个标准:(一)突显性,即某种行为在患者的生活中最为显著;(二)耐受性,一旦对某种特定行为成瘾,可以引起患者体内分泌多巴胺,使其处于愉悦的状态,这可以被定义为一种"刺激",长期作用下,这种"刺激"会使大脑对多巴胺分泌产生耐受性,以至于需要不断寻求更多、更高强度的"刺激"来获得愉悦感、满足感;(三)冲突性,即自身感受到痛苦,能认识到自身的非正常行为,想停止却无法抵挡心理的渴求,丧失了选择停止或者继续下去的自由;(四)复发性,成瘾性疾病的复发率非常高,比如青少年在生活中一旦遇到人际关系、工作压力等问题时,便会出现退缩行为,一再选择网络以逃避现实中的冲突,以至于再次成瘾;(五)戒断性,成瘾行为一旦形成,如果暂时脱离该行为方式则会出现焦虑、不安、易激惹、情绪低落、行为障碍、身体不适等戒断反应;(六)兴奋性,成瘾行为带来的高兴奋度，超越了正常人生活中所能想象的高峰体验（胡誉怀、田乃伟，2018）。

随着互联网的兴起以及网络信息技术的普及，在各类行为成瘾中，网络成瘾逐渐发展成为了人们特别是青少年群体主要的行为成瘾类型之一。目前对网络成瘾的描述基本上可以概括为三类：（一）网络成瘾或网络成瘾障碍（Goldberg，1995）；（二）病理性互联网使用（Young，1998[①]）；（三）适应不良网络使用、过度网络使用和问题性网络使用等（Shapira et al.，2003）。网络游戏成瘾是网络成瘾的亚型，指玩家为追求生理和心理上的快感而沉迷于游戏，对其产生依赖，并且增加玩游戏的时间和强度，网络游戏成瘾容易造成玩家身心及社会功能的损害（李欢欢、王力、王嘉琦，2008）。目前，网络游戏多指电脑游戏，但也有文献将手机游戏与电脑游戏均称之为网络游戏（周治金、杨文娇，2006）。

手机游戏成瘾属于行为成瘾，是指对手机游戏的长期依赖，通常被归类为冲动控制障碍（冯君凤、曹贵康，2017；Bianchi & Phillips，2005）。手机游戏成瘾和网络游戏成瘾的对象均为游戏，因此，从本质上来讲，手机游戏成瘾和网络游戏成瘾是相同的。换句话说，无论是手机游戏成瘾还是网络游戏成瘾，成瘾游戏玩家都会遇到一些行为和心理上的问题，在行为方面表现为，在游戏上投入过多的时间与精力，形成一种在游戏使用时间和强度上不加节制的状态；在心理方面表现为，在情感、认知方面有偏差，使用者因长期过度使用游戏而对现实生活产生严重的不适应感，包括悲观、沮丧、社交恐惧、容易紧张等。因此，参照网络游戏成瘾的定义，手机游戏成瘾指因过度使用而产生对手机游戏的心理迷恋，追求虚拟快乐的一种冲动和控制失序行为，同时会伴随产生与手机游戏使用相关的耐受性、戒断、强迫等症状，并明显导致个体社会、心理功能受损（张碧，2019）。

[①] Young, K. S., *Caught in the Net: How to Recognize the Signs of Internet Addcition and a Winning Strategy for Recovery*, New York: John Wiley and Sons, 1998.

二 手机游戏成瘾的测量及诊断

现阶段手机游戏成瘾的测量尚未形成一致认同的标准,但手机游戏成瘾与网络成瘾、手机成瘾和游戏成瘾等在很多症状上类似,因此,本部分主要通过梳理相关量表,了解现阶段成瘾的主要测量指标。目前,网络成瘾问卷的编制大多根据美国精神病协会(American Psychiatric Association,1995)出版的《美国精神疾病分类与诊断手册》(第四版)中的物质成瘾或赌博成瘾的测量指标,Young(1996[①])编制的有关网络使用的诊断问卷(Diagnostic Questionnaire)和陈淑惠、翁俪祯、苏逸人、吴和懋和杨品凤(2003)编制的《中文网络成瘾量表》(Chen Internet Addiction Scale,CIAS)是被采用最多的测量工具,后者主要流行于中国大陆及台湾地区。此外还有一些中文量表也被一些研究者采用(李波、尹华站、刘建银,2015;马庆国、戴珅懿,2011;张碧,2019)。表3-2列举了部分成瘾量表及其测量维度。

表 3-2　　　　　　　　　部分成瘾测量量表及维度

地区	量表及维度
国外评估工具	Young(1996[②])编制的网络成瘾量表包括8个条目:突显性、过度使用、戒断反应、控制失败、情绪调节、分心、隐瞒和忽视社交生活,如果被试者对其中的5个项目给予肯定回答,就被界定为网络成瘾; Griffiths(2009)依据《精神疾病诊断与统计手册》(第三版修订版)(*The Diagnostic and Statistical Manual of Mental Disorders,DSM-III-R*)中的病态赌博诊断标准提出电子游戏成瘾的8条判断准则:显著性、耐受性、情绪体验、挑战欲望、复发、戒断情况、生活冲突和社交影响; Jeroen、Patti和Jochen(2009)编制的青少年游戏成瘾量表包括7个维度:突显性、忍受性、情绪改变、复发、戒断反应、冲突和成瘾引发的问题

[①] Young, K. S., "Internet Addiction: The Emergence of a New Clinical Disorder", paper delivered to the 104th annual meeting of the American Psychological Association, Toronto, Canada, August 20, 1996.

[②] Young, K. S., "Internet Addiction: The Emergence of a New Clinical Disorder", paper delivered to the 104th annual meeting of the American Psychological Association, Toronto, Canada, August 20, 1996.

续表

地区	量表及维度
中国台湾地区评估工具	陈淑惠等（2003）编制的网络游戏成瘾量表中，网络游戏成瘾的核心症状包括网络成瘾耐受性、强迫性上网行为、网络戒断退瘾反应三个维度，网络成瘾相关问题包括家居与社交生活的损害、工作与学业的损害、掩饰上网行为和身体不适反应 4 个维度
中国大陆评估工具	刘惠军、李洋和李亚莉（2007）编制的大学生电脑游戏成瘾问卷包括 24 个项目，可聚合为情绪体验、时间管理、生活冲突、牺牲社交和戒断困难 5 个因子； 王苏和李欢欢（2009）编制的青少年网络游戏认知偏差量表，共有 17 个条目，涵盖沉湎、全或无思维、在线安慰和短期思维 4 个维度； 雷雳和杨洋（2007）编制的青少年病理性互联网使用量表，共有 38 个条目，包括 6 个维度：突显性、耐受性、强迫性上网/戒断症状、心境改变、社交抚慰和消极后果； 熊婕、周宗奎、陈武、游志麒和翟紫艳（2012）编制的大学生手机成瘾倾向量表拥有 16 个条目，由 4 个因子组成，分别为戒断症状、突显性、社会偏好和情绪改变； 谭潇和王怿恒（2016）编制的手机游戏成瘾量表包含 5 个维度：对日常生活的影响、戒断症状、无法自控、过度游戏/失控以及愉悦和社交

在上述网络成瘾、手机成瘾和游戏成瘾量表中，对成瘾和非成瘾的判断主要基于"得分越高，成瘾倾向越高"的标准，但在实际筛选中这一标准并不能区分成瘾与非成瘾玩家。少数量表提出了成瘾诊断的标准化判断（池桂波等，2001；冯砚国等，2010；Griffiths，2009），虽然对成瘾程度不能作出准确判定，但有助于筛选成瘾者（张碧，2019）。

2013 年，网络游戏成瘾的诊断标准取得突破性进展。在《精神疾病诊断与统计手册》（第五版）中，网络游戏成瘾正式被纳入精神障碍诊断范畴。2018 年 6 月，世界卫生组织将游戏障碍添加到《国际疾病分类》（第 11 版）预先预览版，位列"成瘾性疾患"（Disorders due to addictive behaviours）章节。根据《国际疾病分类》（第 11 版），游戏障碍被定义为由成瘾行为引起的疾病，是可识别的和临床意义重大的综合征（recognizable and clinically significant syndromes），与产生痛苦或干扰个人功能相关，这些症状是由于使用产生依赖物质以外的重复奖励行为而引发的。如前所述，根据世界卫生组织发布的《国际疾病分类》（第 11 版）预先预览版，确诊"游戏障碍"往往需要相关症状持续至少 12 个月，如果症状严重，观察期也可缩短。在现行标准中一共列出了以下 9 种症状，一般要满足其中 5 项，才可考虑后续判断：（一）完全专注游戏；（二）停止游戏时，出现难受、焦虑、易怒等症状；（三）玩游戏时间逐渐增多；（四）无法减少游戏时间，无法戒掉游戏；（五）放弃其他活动，对之前的其他爱好失去兴趣；（六）即使了解游戏对自己造成的影响，仍然专注游戏；（七）向家人或他人隐瞒自己玩游戏的时间；（八）通过玩游戏缓解负面情绪，如罪恶感、绝望感等；（九）因为游戏而丧失或可能丧失工作和社交。

综上，国内外有关成瘾的评估及诊断多种多样，但我们通过分析各量表的维度，发现成瘾症状具有很多相似性，因此，我们认为，手机游戏成瘾的主要表现可以归纳为以下几个方面：

（一）突显性。玩手机游戏成为日常生活中非常重要的一件事情，具体表现为当个体处在学习、工作或者其他状态时，玩手机游戏的念头仍然浮现在其脑海中。

（二）耐受性。个体不满足于现有的使用时长，期望进一步增加玩手机游戏的频率或者时间，以追求更高强度的刺激与满足感，并且实际玩游戏的频率往往比计划更高，时间也更长。

（三）情绪调节。当在现实生活中遭遇到难以解决的困难或无法逾越的障碍时，个体会选择将使用手机游戏作为逃避的行为方式，并将在玩手机游戏中体验到的兴奋和刺激等高峰体验作为一种压力应对策略。

（四）复发。重复行为的倾向导致成瘾行为再发生，甚至在个体控制或戒除成瘾行为多年以后，仍然可以快速地回复到典型成瘾症状所呈现的极端状态。

（五）戒断。当个体减少或停止玩手机游戏时，会产生心理上的不适（如焦虑、紧张、易怒）或身体上的副作用（如胸闷、颤抖、坐立不安或失眠）等戒断反应。

（六）冲突。由于对手机游戏的投入过多，个体与其周围的人或事物经常产生冲突，或与自己内心想法/自身其他行为发生矛盾，能认识到自身行为异常，想停止却无法抵挡心理的渴求，从而丧失了选择停止的自主性。

（七）挑战欲望。个体出于自我挑战心理，试图在游戏中获得更好的纪录与排名，因而不断加大对游戏的时间、精力甚至金钱的投入。

（八）社交影响。个体玩手机游戏的活动严重影响到日常社交，如为了玩游戏而牺牲社交时间，为了获得更多的机会和时间玩游戏，不惜隐瞒实情、说谎等，全然忽视了现实生活中与他人的交往或交流。

总而言之，青少年玩游戏的初衷可能只是消遣，游戏世界和现实世界原本是可以并行存在的，但当游戏世界在其心目中超越甚至取代了现实世界时，游戏成瘾问题就可能会出现。如今在一些国家，游戏成瘾已经被正式列为精神障碍，我们在对它的认识过程中必须清楚，青少年手机游戏成瘾是一个动态且复杂的社会现象，如果简单地把游戏成瘾等同于物质成瘾（比如尼古丁、酒精成瘾），而忽略了心理和人格等内部因素以及家庭、学校和社会等外部因素对作为游戏主体的青少年的作用，这只会简化情况，反而不利于真正解决手机游戏成瘾问题。

第四章　青少年手机游戏成瘾的影响因素

青少年手机游戏成瘾日益成为一个普遍的社会问题，对青少年身体健康、心理健康、社会适应和日常生活造成了一定的负面影响。深入分析青少年手机游戏成瘾的影响因素有助于揭示青少年手机游戏成瘾的特点和规律，寻找引导青少年理性使用手机游戏的有效路径，为政府、学校和家庭的管理与干预以及青少年的自我矫正提供理论参考。

本章将综合心理学、社会学、传播学以及教育学等多学科视角探讨青少年手机游戏成瘾的影响因素。从系统论的角度来看，影响青少年手机游戏成瘾的因素主要包括内部因素和外部因素。其中，内部因素包括心理障碍、人格特质、自我控制、参与动机和自我效能感，而外部因素包括游戏特征、家庭功能、同伴关系和社会环境。正是在这些因素的多重组合与共同作用下，手机游戏成瘾这一社会问题在青少年群体中愈发普遍。

第一节　青少年手机游戏成瘾的内部因素

青少年手机游戏成瘾的内部因素，是指从个体角度出发的能够引发青少年手机游戏成瘾的影响因素，换言之，青少年在心理、性格、认知以及需求等方面的特征会在不同程度上影响其手机游戏成瘾行为的形成。

一 心理障碍

心理障碍是指由生理、心理或社会因素导致的个体的各种异常心理过程，具体表现为个体无法按照社会认可的适宜方式行动，以致于对本人或社会造成不良的行为后果（Ruddy & House，2005）。最常见的心理障碍包括焦虑、恐怖、幻觉、妄想、兴奋、抑郁、神经衰弱以及社会环境适应能力差等（郭爱鸽，2010）。

心理障碍在给人们带来无助与痛苦的同时，也常常会使人产生一系列与互联网使用相关的病态行为，如病理性互联网使用。Davis（2001）将病理性互联网使用分为一般性的 PIU 和特殊性的 PIU。一般性的 PIU 是普通的多维度上网过度，如沉迷于网络聊天和电子邮件等，或是漫无目的地在网上打发时间的行为；特殊性的 PIU 指个体为了某种特殊的目的而过量进行的互联网使用行为，如在线游戏和在线色情行为等。为此 Davis（2001）提出"认知—行为模型"（见图 4-1），用于区分并解释这两种 PIU 行为的发生、发展和维持。该模型指出，影响网络成瘾的因素可分为远端因素（如抑郁、焦虑等精神病理学因素）和近端因素（非适应性认知），远端因素通过近端因素影响网络成瘾。

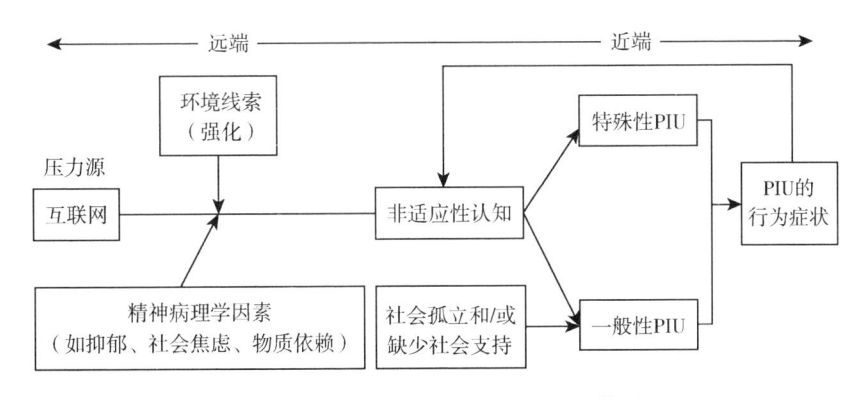

图 4-1 戴维斯的 PIU 认知—行为模型

认知—行为模型较为完整地解释了网络成瘾的形成原因。个体网络成瘾行为往往会受到个体不良倾向（个体的易患素质）和生活事件（压力源）的影响。"个体的易患素质"指个体更易在出现抑郁、社会焦虑以及物质依赖等诸多心理障碍时产生病理性互联网使用行为的倾向，而"压力源"即为持续化深层次推进的互联网技术（Davis，2001）。由此可见，以心理学为基础的精神病理学因素是网络成瘾形成的重要因素。

根据认知—行为模型，精神病理学认为心理障碍是个体网络游戏成瘾行为形成的重要因素，网络游戏成瘾与心理障碍的相关性已经得到证明（Andreassen, Griffiths, Sinha, Hetland, & Pallesen, 2016）。例如，抑郁症患者会将网络游戏作为调节情绪状态和缓解抑郁症状的主要手段（陈双艺、巫静怡、张丁柠、侯娟，2018）；社交焦虑症患者会通过沉迷于游戏来摆脱现实生活中的社交困难（Vanzoelen & Caltabiano, 2016）；与抑郁症和社交焦虑症患者类似，网络游戏也被认为是注意缺陷多动障碍者（attention deficit hyperactivity disorder, ADHD）获得成就支持和改善情绪的方式（Kuss & Griffiths, 2012）。事实上，在网络游戏中，一方面，游戏玩家对对手或者障碍物的攻击行为可以视作一种情绪的表达，他们的心理抑郁、焦躁、不满等情绪能够在游戏中得到有效释放；另一方面，游戏胜利所带来的短暂快感非常具有吸引力，玩家完成挑战后心理产生的成就感与愉悦感会不断促使他们开始下一场游戏。

网络游戏能够带给用户安全感、成功感、社交成就感、充实感和愉悦感，而游戏成瘾者往往是在现实世界中缺乏这些正向情感的人（熊婕，2018；张燕贞等，2016）。李孟甲、栗新燕和侯建昌（2017）将症状自评量表SCL-90（Symptom Check List-90）作为心理健康评估标准，分析了网络游戏成瘾程度与SCL-90各因子之间的相关关系，结果表明，网络游戏成瘾程度与SCL-90中的强迫症状、精神病性因子存在显著正相关关系，即网络游戏成瘾程度越重，强迫症状、精神病性因子的得分越高。这说明具备这些心理特质的人，对游戏的依赖越强，其成瘾的可能性也越高。

青少年往往具有较强的自我意识、迫切的自尊需求以及较低的心理承受能力，这使得他们较易卷入危险行为并为此承担各类风险（郭少聃，2010）。因此，当他们需要适应周围环境，面对人际关系、学习等方面的压力，或意识到某种威胁现状的因素存在时，就会产生强烈的不安、焦虑和恐惧；当他们的自尊心受到伤害时，就会生气、愤怒、敏感和多疑；当他们长时间承受这些压抑情绪又难以自我调节时，就会产生心理障碍，如偏执、交往障碍、抑郁、情绪波动、躯体症状、过于敏感等（熊婕，2018；Andreassen et al.，2016）。目前在全球12亿10—19岁的青少年群体中，约20%存在心理健康问题，而在其遭受的疾病和伤害中，约16%由心理健康问题引发（中国新闻网，2019）。中国青少年研究中心和团中央国际联络部课题组（2005）的报告显示，在中国17岁以下的儿童青少年中，约有3000万人受到各种情绪障碍和行为问题的困扰。一方面，青少年群体在现实世界中难以应对自己面临的压力与心理冲突，另一方面，游戏的使用能够促使其多巴胺的分泌，以此有效缓解抑郁、焦虑和情绪低落等心理问题（王洋、朱广思，2016；周宁，2018）。因此，我们认为，心理障碍越严重的人，越能在手机游戏中得到情绪的缓解和补偿体验，这将会促使他们不断强化心理需求与手机游戏之间的连接，进而形成手机游戏成瘾行为。

二 人格特质

人格特质是指个体在不同的时间与不同的情境中保持相对一致的行为方式的倾向，能引发并主动引导个体的行为，使个体面对不同刺激时都能做出相同反应的心理结构（刘佼，2014）。这些特质越是稳定，在不同情况下出现的频率越高，那么在描述个体行为时就显得越重要。因此，人格特质是决定个体选择和从事某种网上活动的重要因素之一。

人格特质作为个体态度和行为的影响因素，很大程度上影响着用户的互联网使用行为。Niemz、Griffiths 和 Banyard（2005）与 Young（1998）的研究指出，PIU 用户具有低自尊、不善于社交、缺乏支持、孤独、抑郁等特点；Beard 和 Wolf（2001）的研究发现，PIU 用户具有逃避现实、缺乏自我约束力的特点；Lin 和 Tsai（2002）的研究表明，与正常用户相比，PIU 用户具有更高的感觉寻求特质，即更喜欢追求变化、新奇、复杂与刺激的感觉和体验；根据 Yang、Choe、Baity、Lee 和 Cho（2005）的研究，PIU 用户在情绪稳定性上弱于正常用户，并且更富有想象力，更倾向于空想和幻想。由此看来，网络成瘾者往往具备某些相同的人格特质，具有这些人格特质的个体更容易出现高频率的互联网使用行为（马圆超，2018）。

对于人格的分类，不同学者的看法不同。九型人格学说是最早的人格分类工具，它将人格按照活跃程度、规律性、感兴趣的范围、反应强度、心理素质、分心程度和专注力范围等维度进行分类（汪庭弘，2012）。20世纪初期，美国心理学家 Briggs 和 Myers 提出 MBTI（Myers Briggs Type Indicator）理论，并编制了《迈尔斯—布里格斯类型指标》，MBTI 人格理论认为可以从驱动力的来源、接受信息的方式、决策的方式、对待不确定性的态度四个角度分析个人的性格，该理论后来被广泛运用于职业性格测试（许明月，2009）。20 世纪 80 年代以来，人格研究者们在人格描述模式上达成了比较一致的认识，他们通过词汇学的方法，发现大约有五种特质可以涵盖人格描述的所有方面，并称其为"大五人格"（见表 4-1），分别为开放性、尽责性、外倾性、宜人性和神经质。目前学界对于人格特质与网络游戏成瘾关系的研究大部分基于这一理论模式（Peters & Malesky，2008；Servidio，2014）。

表 4-1 大五人格理论

人格	特点	高分典型描述
开放性（Openness）	幻想、变化、自主	刨根问底、兴趣广泛　不拘一格、开拓创新
尽责性（Conscientiousness）	有序、细心、自律	有条有理、勤奋自律　准时细心、锲而不舍
外倾性（Extraversion）	外向、娱乐、激情	喜好社交、活跃健谈　乐观好玩、重情重义
宜人性（Agreeableness）	热情、信赖、宽容	诚实信任、乐于助人　宽宏大量、个性直率
神经质（Neuroticism）	烦恼、紧张、犹豫	焦虑压抑、自我冲动　脆弱紧张、忧郁悲伤

开放性，表现为个体社会交往的数量和强度，与社交性呈正相关关系，与网络游戏成瘾呈负相关关系，即个体的开放性水平越高，越倾向于建立新的社会关系，网络游戏成瘾的几率越低（Durak & Senol-Durak，2014；Servidio，2014）；尽责性，意味着个体具备计划性、有组织、有纪律、谨慎、遵守原则和规则、果断、克制等特质（Costa & McCrae，1980），尽责性与网络游戏成瘾呈负相关关系（Randler，Horzum，& Vollmer，2014；Samarein et al.，2013；Servidio，2014）且与网络游戏成瘾的效应值最大（Kayis et al.，2016），有较高水平尽责性的个体能够表现出结构化且有条理的行为，因此其网络游戏成瘾的可能性较低；外倾性，意味着个体往往具有冲动、好奇等特性，具备该特质的个体通常喜欢追求并探索新兴事物，有研究认为人格的外倾性与网络游戏成瘾呈负相关关系（Durak & Senol-Durak，2014；Servidio，2014），但也有研究发现二者呈正相关关系（马圆超，2018；Kuss et al.，2018；Rahmani & Lavasani，2011）；宜人性，意味着个体具备信任、合作、利他、移情、诚实等特质（McCrae & Costa，1987），宜人性水平低者更容易表现出敌意和攻击行为，并陷入冲突中，从而给他们带来一些潜在的消极影响，宜人性与网络游戏成瘾呈负相关关系（Hwang et al.，2014；Rahmani & Lavasani，2011；Samarein et al.，2013；Servidio，2014）；神经质，表明情绪不稳定的人往往带有更多的消极情绪，具有焦虑、敌对、压抑、冲动等特质，为了应对这些负面情绪，情绪不稳定的个体倾向于采取不当的应对策略，如延迟和否认（Carver & Connor-

Smith, 2010), 而网络则成为了个体逃避与缓解消极情绪的手段 (Butt & Phillips, 2008; Durak & Senol-Durak, 2014; Pearcy, Mcevoy, & Roberts, 2017; Tsai, Cheng, Yeh, & Shih, 2009), 目前较为一致的结论是神经质与网络游戏成瘾呈正相关关系 (Kayis et al., 2016)。

为了探究上述各类人格对青少年网络成瘾的影响, 侯娟、樊宁、秦欢和方晓义 (2018) 对 973 名中学生进行了问卷调查, 分析结果表明, 神经质、尽责性、宜人性与网络成瘾之间的相关性具有统计学意义。其中, 神经质与网络成瘾呈正相关关系, 是网络成瘾的危险性因素, 即神经质水平越高, 越容易网络成瘾; 尽责性、宜人性与网络成瘾呈负相关关系, 是网络成瘾的保护性因素, 即尽责性、宜人性水平越高, 越不容易网络成瘾。另外, 李静娴、唐文清、武慧多和杨健 (2016) 对 2001—2016 年间中国知网和万方等中文数据库关于大、中学生网络成瘾与艾森克人格问卷 (Eysenck Personality Questionnaire, EPQ) 和卡特尔 16 种人格因素问卷 (Sixteen Personality Factor Questionnaire, 16PF) 的关系的文献进行元分析, 其研究结果同样表明, 网络成瘾玩家比非成瘾玩家具有更低的宜人性、外倾性、尽责性以及更高的神经质水平。也就是说, 与非成瘾者相比, 网络成瘾的青少年在人格因子的消极成分如神经质上表现更多; 在人格因子的积极成分如尽责性、宜人性、外倾性和开放性上表现更少。

一般而言, 高神经质的青少年个体本身就存在较多的心理不适问题, 如睡眠障碍、社交恐惧、神经紧张等, 容易出现抑郁、焦虑、敏感等不稳定情绪, 网络应用的多元化恰给这类群体提供了宣泄负面情绪的平台, 比如手机游戏就极有可能成为这类群体自我治疗的"药物"。同样, 低尽责性的青少年更容易表现出无条理、冲动的行为, 喜欢处于网络提供的不加约束的虚拟环境中, 因此更容易产生手机游戏成瘾行为; 低宜人性以及内向的个体在现实社交方面经常出现困难, 他们更倾向于在网络上进行社交活动, 从而更容易沉迷于手机游戏中的虚拟世界。而人格的积极成分如高尽责性可以帮助个体进行有效的自我监督，高宜人性与高外倾性可以帮助个体积极主动地与他人建立良好的关系、掌握合理使用网络的方法，因此，具备这类特质的青少年较少将手机游戏作为满足需求的手段（李静娴等，2016；Servidio，2014；Zhou，Li，Li，Wang，& Zhao，2017）。

由此可见，人格对青少年手机游戏成瘾可能具有直接影响。根据以往有关人格和青少年网络成瘾关系的研究（侯娟等，2018；Kuss et al.，2018；Servidio，2014；Zamani，Abedini，& Kheradmand，2011），我们推测，不同人格对手机游戏成瘾的影响程度不同，按照大五人格的分类，神经质人格可能与较强的手机游戏成瘾倾向有关，即具有容易焦虑压抑、脆弱紧张等特质的人，更容易产生负面的心理行为，并更多地试图在手机游戏中获得心理慰藉，最终导致游戏成瘾，而开放性、尽责性、外倾性以及宜人性人格由于具备待人热情和充满自信等特质，往往是不易导致手机游戏成瘾的人格。

三 自我控制

自我控制是指使自身行为与个人价值观和社会期望相匹配的自主调节行为，它可以引发或制止特定的行为，如制定和完成行为计划、采取适应社会情境的行为方式、延迟满足、抑制冲动以及抵制诱惑等（Kopp，1982）。

目前关于自我控制的理论模型主要有资源有限理论、两阶段理论和双系统理论。

资源有限论，又称有限自制力理论，该理论主要包含三层含义（谭树华、郭永玉，2008）：（一）个体的自我控制需要消耗自身的自我控制资源（如意志力、约束力等），而在一定时间内的个体自我控制资源是有限的；（二）自我控制资源与个体的自我控制行为表现呈正相关关系，成功的自我控制行为依赖于可用的自我控制资源，自我控制资源愈充足，自我控制任务表现便愈好;(三)所有形式的自我控制行为使用相同的自我控制资源,即使前后具体任务分属于不同领域,个体先前的自我控制行为也一定会造成随后的自我控制行为水平的下降。该理论认为自我控制资源类似于肌肉力量,是一种有限的能量,个体在应对压力时会消耗自制力,而自制力的消退可能会导致酗酒和抽烟等不良行为的产生。

两阶段理论(见图4-2)认为成功的自我控制依赖于两个阶段的加工。阶段一为识别出与自我控制有关的矛盾,阶段二为调用有效的自我控制策略(李琼、黄希庭,2012;Myrseth & Fishbach,2009)。具体来说,当面对诱惑时,个体首先要鉴别当前的放纵和高阶目标的追寻之间是否存在矛盾(阶段一),如果认为二者之间存在矛盾,个体将会采取自我控制策略,越过当前的诱惑,追寻高阶目标(阶段二);相反,如果无法识别出矛盾,即个体认为当前目标和长远目标之间不存在矛盾,就无法实现成功的自我控制。

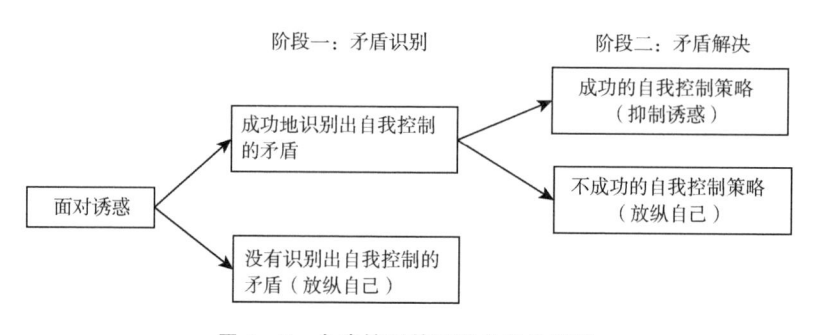

图4-2 自我控制的两阶段理论模型

双系统理论(Hofmann, Friese, & Strack, 2009)认为一个完整的自我控制模型(见图4-3)包括:(一)冲动系统,该系统是冲动行为产生的原因,个体在面对诱惑时会通过该系统自动产生一个相应的冲动行为,这种自动反应包括正向的归因于诱惑刺激的享乐评价以及接近诱惑的行为图式,即自动情感反应和自动接近—回避反应(李琼、黄希庭,2012);(二)自我控制系统,该系统使个体在面对诱惑时产生更高阶的心理活动,包括深思熟虑的评价和抑制标准,已有研究证实了深思熟虑的评价和抑制标准都依赖于自我控制加工(Friese、Hofmann、& Wanke,2008),且均通过基于符号表征的相对缓慢的控制加工来完成,但二者是两种不同的决定行为的心理加工方式(李琼、黄希庭,2012);(三)状态或者特质调节变量,状态(或特质)对自我控制和冲动力量的行为结果产生调节作用,当前发现的调节变量主要包括自我调节资源、认知能力等,具体而言,在低自我调节资源条件下,冲动加工的权重会增大,自我控制加工的权重会减少,在高自我调节资源条件下,冲动加工的权重会减少,自我控制加工的权重会增大(Ostafin、Marlatt、& Greenwald,2008),而认知能力可以调节冲动和自我控制加工对行为选择的影响(Friese、Hofmann、& Wanke,2008)。

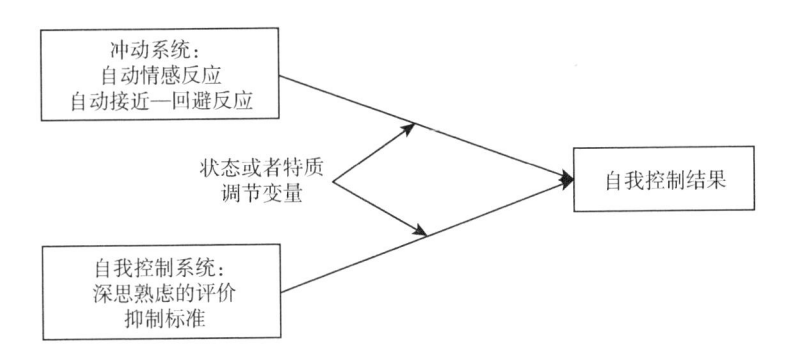

图 4-3 自我控制的双系统理论模型

从已有的研究来看,资源有限论主要应用于自我控制的理论性研究(董蕊、倪士光,2017;孙拥军,2007),两阶段模型多用于实证研究且大多集中在饮食健康方面,两者是否适用于其他研究领域(如攻击性、成瘾和冲动性购买等)仍需进一步验证,而双系统理论被广泛应用于解释网络游戏成瘾行为以及技术成瘾行为形成原因的研究(李琼、黄希庭,2012)。

近年来的大量研究聚焦于网络游戏成瘾者的自我控制能力,研究者普遍认为网络游戏成瘾者的核心问题是对游戏行为的低自我控制(隋扬帆,2015)。梁虹、王利刚、樊春雷、陶婷和高文斌(2016)的研究结果显示,在双系统理论中，控制系统与网络成瘾呈负相关关系，冲动系统与网络成瘾呈正相关关系，由此得出结论，青少年自我控制水平越低，网络成瘾倾向越高；冲动性越高，网络成瘾倾向越高，且与自我控制水平相比，青少年的冲动性对网络成瘾的影响更大。胡谏萍（2012）基于双系统理论的研究结果发现，个体对网络游戏的自动情感反应和反应抑制能力均正向影响青少年网络游戏成瘾，而自动情感反应与网络游戏成瘾的关系又受到反应抑制能力的调节。具体而言，在低反应抑制能力组和高反应抑制能力组中，自动情感反应都能显著正向影响青少年网络游戏成瘾，但在反应抑制能力低的个体中，自动情感反应对网络游戏成瘾的消极影响更为明显。同时，该研究结果表明，可以通过提高青少年的自我控制能力来预防和矫治他们的网络游戏成瘾问题。

手机游戏产业作为文化创意产业中游戏产业的一个分支，具有网络游戏的娱乐性和社群性等共性（李惠，2009；谢美红，2010）。因此，基于双系统理论模型，并结合上述研究，我们可以推断，青少年手机游戏成瘾行为主要受两种机制驱动。第一种机制是行为冲动系统，即青少年使用手机游戏是为了寻求手机游戏所带来的奖励的正强化过程和逃避手机游戏所带来的惩罚的负强化过程，在正强化和负强化的双重作用下，青少年可能会体验到强烈的行为冲动，加之青少年无意识、习惯性地使用手机游戏的行为过程不断重复，最终可能导致青少年手机游戏成瘾；第二种机制是行为抑制系统，即由青少年的自我监控能力、自我判断能力以及自我反应能力决定的自我控制能力的缺失也会导致手机游戏成瘾。在行为冲动系统中，感知娱乐性和感知逃避性正向影响行为冲动，进而导致游戏成瘾行为。在行为抑制系统中，自我监控能力、自我判断能力以及自我反应能力正向影响自我控制能力，从而降低游戏成瘾行为形成的可能性。同时，适当的自我控制可以降低行为冲动对游戏成瘾行为的影响。总之，这两种行为机制相互作用，对青少年的手机游戏成瘾问题产生影响（宫翔，2019）。

因此，从理论上讲，低自我控制是引发青少年手机游戏成瘾行为的重要因素之一，自我控制水平越低，越容易成瘾。

四 参与动机

动机是行为的先导，参与动机是影响使用者决定是否使用某一系统的重要因素（常静、杨建梅，2009）。动机包含了情感和认知的成分，它具有引发功能、激励功能和指引功能。动机在需求的基础上产生，当个体的某种需求没有得到满足时，它会推动个体去寻找满足需求的对象，从而产生活动的动机（林崇德、杨治良、黄希庭，2003）。

Katz、Blumler 和 Gurevitch（1974）将媒介接触行为概括为一个"社会因素＋心理因素—媒介期待—媒介接触—需求满足"的因果连锁过程，提出了"使用与满足"（uses and gratifications）过程的基本模式（见图 4-4）。使用与满足理论站在受众的立场上，通过分析受众对媒介的使用动机和获得需求满足来考察大众传播对受众心理和行为的影响。该理论认为受众通过对媒介的积极使用影响着媒介传播的过程，并指出受众的媒介使用完全基于个人的需求和愿望（林雅萍，2009）。依据该理论，在大众传播过程中，重点不是媒介做了什么，而是受众根据自己的需要选择媒介及内容（罗杰·迪金森、拉马斯瓦米·哈里德拉纳斯、奥尔加·林耐，2006；Katz et al.，1974）。

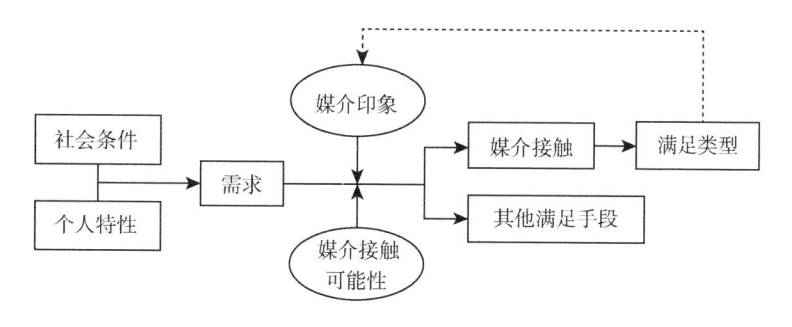

图 4-4 使用与满足理论模型

青少年手机游戏成瘾的过程可以用使用与满足理论来解释。从微观上来看，手机游戏通过营造虚拟人际交流场景实现了玩家之间的互动；从宏观上来看，手机游戏也是一种大众传播媒介，青少年参与手机游戏的过程实际上是以手机游戏软件开发商、移动通信运营商及客服人员为传播者，手机游戏为传播媒介，青少年游戏玩家作为受众接受传播内容的传播过程。青少年偏爱某类手机游戏的原因之一在于其满足了自我需求的心理动机，而这些需求或动机的满足会反过来增强青少年对该手机游戏的信念或期望价值，这样就形成了一个使用与满足的循环过程，这会促使青少年反复参与某类手机游戏，最终引发成瘾行为（李晓君，2010；衣学勇、李文杰，2006）。

在使用与满足理论模型中，我们可以看出人们接触并使用大众传媒的目的是为了满足自己的动机需求，游戏也不例外。在心理学研究领域，动机需求主要分为四大派别（刘娟娟，2004；张爱卿，1998）：（一）驱力理论，该理论是指当有机体的需求得不到满足时，有机体的内部就会产生所谓的内驱力刺激，这种内驱力的刺激会引起反应，而反应的最终结果是使个体的需求得到满足，如弗洛伊德的性驱力和攻击驱力的理论、行为主义的刺激—反应学习理论；（二）诱因理论，该理论强调外部刺激是引起动机的重要因素，认为诱因能够唤起并指导行为；（三）认知理论，认知具有动机功能，人的认知变量如期待、注意和评价等在行为决策中起着重要作用；（四）自我实现的动机理论，该理论指出成长、潜能和体验同样是激励和指引个体行为的变量。对于个体的动机需求，美国心理学家马斯洛于1943年提出了需求层次理论（见图4-5）。马斯洛认为，人类价值体系存在两类不同的需求，一类是沿生物谱系上升方向逐渐变弱的本能或冲动，称为低级需求，包括生理需求和安全需求；另一类是随生物进化而逐渐显现的潜能或需要，称为中高级需求，包括社交需求、尊重需求以及自我实现需求。每个人都潜藏着这五种不同层次的需求，但在不同时期表现出来的各种需求的迫切程度不同,最迫切的需求是刺激个体行动的主要原因和动力(马斯洛,1987)。

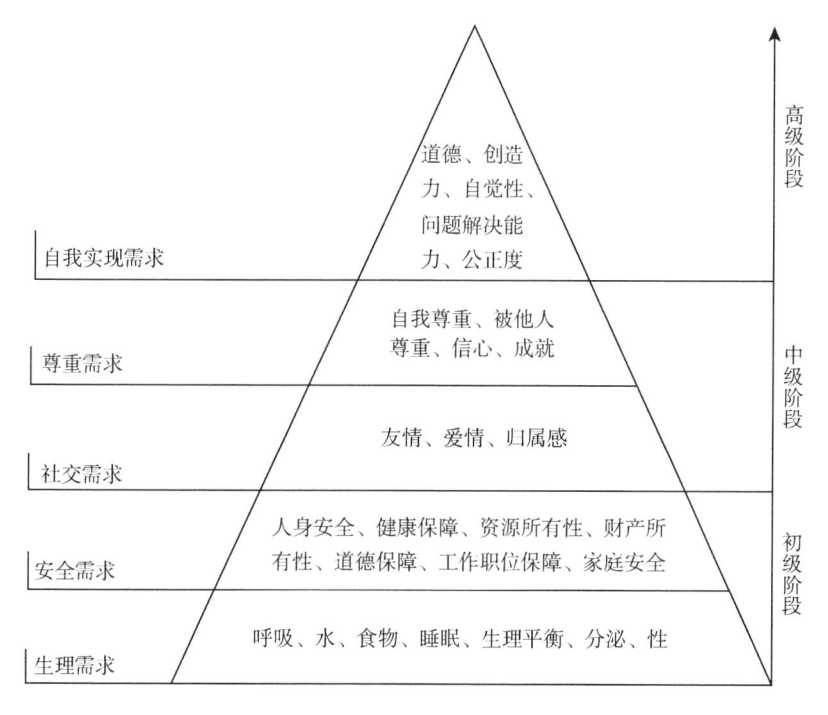

```
                    高
                    级
                    阶
                    段
自我实现需求  道德、创造
              力、自觉性、
              问题解决能
              力、公正度
                    中
尊重需求    自我尊重、被他人  级
            尊重、信心、成就   阶
                    段
社交需求    友情、爱情、归属感
                    初
安全需求  人身安全、健康保障、资源所有性、财产所  级
          有性、道德保障、工作职位保障、家庭安全   阶
                    段
生理需求  呼吸、水、食物、睡眠、生理平衡、分泌、性
```

图 4-5 马斯洛需求层次理论模型

依据马斯洛的需求层次论,Rosengren(1974)认为与低层次需求(生理与安全需求)相比,高层次需求(社交、尊重及自我实现需求)和使用与满足模式中自我需求满足的心理动机具有高度相似性。因此,基于马斯洛的需求层次理论,我们可以把青少年使用手机游戏的动机大致归纳如下:

(一)社交的需要。对社交和友谊的追求是人类生存的天然需求,在这个手机成瘾的时代,游戏或许能够增进人们的友谊(Kotaku,2019)。手机游戏中的社会关系与现实的社会关系具有相似性。一方面,组队、副本、团战以及个体所扮演的各职业角色间的配合等元素奠定了游戏中社会关系的基础,游戏内置的互赞系统也进一步加深了队友之间的关系;另一

方面，游戏中生活技能和经济系统的设置进一步促进了社会关系的发展，某些游戏甚至加入了夫妻、亲子等现实社会关系。在手机游戏中，青少年可以放下原有的戒备，结识更多的朋友，获得现实生活中较为渴望的友情或爱情，这会使他们逐渐对游戏产生归属感。

（二）尊重的需要。尊重的需要主要指玩家在游戏中被其他玩家尊重的需求，包括个人以及所属团队在游戏中拥有一定的社会地位或受到他人的推崇等。手机游戏的仿真性能够使玩家从中获得至高的荣耀与尊重，满足他们对权力和地位的渴望。青少年是游戏成瘾的高危人群，他们大多正处于叛逆期，有时会和同辈、父母、老师产生矛盾，同时又极度渴望得到他人的认同（赵敏，2018）。在游戏中，他们对自己的生活拥有绝对的控制权，可以凭借高游戏级别、高等级装备等获得其他玩家的尊重，而这种对尊重的需要也会反过来促使青少年在游戏中花费更多的时间和金钱以获取更高的等级或者装备。

（三）自我实现的需要。自我实现的需要是个体的最高人性动机和欲望，它的本质就是人的天赋、潜能和才能等人性力量的充分实现（范彦彬、廖宏建、李贤，2006）。青少年对手机游戏的沉迷在很大程度上是以一种虚拟而快速的方式去满足自我实现的需要。在虚拟、想象的自我建构中，青少年玩家建立了另一个新的"自我"身份，这个身份或许能使他们通过拥有极品的装备、一流的切磋技术、绝版的时装等获得其他玩家的赞同或钦佩，因此使他们更加容易达到"自我实现"的目的。也就是说，数字技术的发展以及互联网天生的虚拟性，使得手机游戏将更多的权力赋予了玩家，而这彻底再造了玩家的社会身份。手机游戏不设障碍地为玩家提供了一个过滤现实身份的净化网，玩家们有足够的自由能够创造编码来实现崭新的自我赋值和需要满足（商宇，2006）。在游戏中升到最高级数、获得顶级的装备、向其他玩家展示高超的技术等都是自我价值实现的方式，在这里，青少年自我实现的需要得到了更大程度的满足。

人的需要会从外部得到的满足逐渐向内在得到的满足转化，而手机游戏作为一种具有很多现实社会要素的网络虚拟空间，会使得某些用户，尤其是人生观和价值观还没有形成的低龄用户混淆现实社会和虚拟社会的需求，进而造成手机游戏成瘾（张弦，2012）。总体而言，大多数手机游戏用户，尤其是青少年群体沉迷于游戏的重要原因往往是他们在现实生活中某些极度渴望的需求（如社交、尊重、成就感、掌控感和团队感等）得不到满足，而手机游戏这种进入门槛较低、等级升级较为轻松且可利用消费实现目标的形式，可以使他们以较低的成本获得需求的满足。从满足其交往需求和好奇心以及缓解和发泄不良情绪这些方面来讲，手机游戏具有一定的积极作用，但是手机游戏也往往容易成为青少年逃避现实的消极应对方式，过分依恋手机游戏中虚拟的团队归属感和自我实现感，都可能造成手机游戏使用行为的不可控制性，导致青少年手机游戏成瘾（范彦彬等，2006；邱致燕、王小洁、张斌、王叶飞，2016；薛倩莲，2018；Samaha & Hawi，2016）。

五　自我效能感

自我效能感由美国著名心理学家阿尔伯特·班杜拉（Albert Bandura）于1977年首次提出。作为主体因素的一个方面，自我效能感是指个体对自己是否有能力完成某一行为所进行的推测与判断，即个人对自己完成某方面工作的能力的主观评估（Bandura，1977）。由此可知，一个人如果对自己在某项任务中的能力及表现结果具有高度的自我效能感，他不仅更愿意投入时间和精力参与该项任务，而且更能持续不懈地专注于完成该项任务，最终取得较好的成就表现。

自我效能感（见图4-6）不只是个体对自己即将执行活动的未来状态的一种事先预估，而且还会通过若干中介过程对活动的实际执行过程及执行后的实际状态产生影响（高申春，2000；周文霞、郭桂萍，2006）。当个体面对一个新的任务时，他首先会对该任务的价值和难易要求等进行分析，并根据以往经验进行归因活动，如将成功归因为足够的能力和努力，失败归因为技能的缺乏或努力的不足，最后再结合个体实际情况对自我效能感进行评估。受自我效能感的影响，个体若坚信自己的活动效能，则会倾向于想象成功的活动场面并体会与活动成功有关的身体状态的微妙变化，从而有助于支持并改善活动的物理执行过程；否则，他将担心自己能力不足，进而更多想象到的是失败的活动场面，并将心理资源主要地投注于活动中可能出现的失误，从而对活动的实际成就产生消极影响（郭本禹、姜飞月，2008）。由此可见，自我效能感直接影响着个体在动力心理过程中的功能发挥，进而成为一种影响个体行为的内部因素。

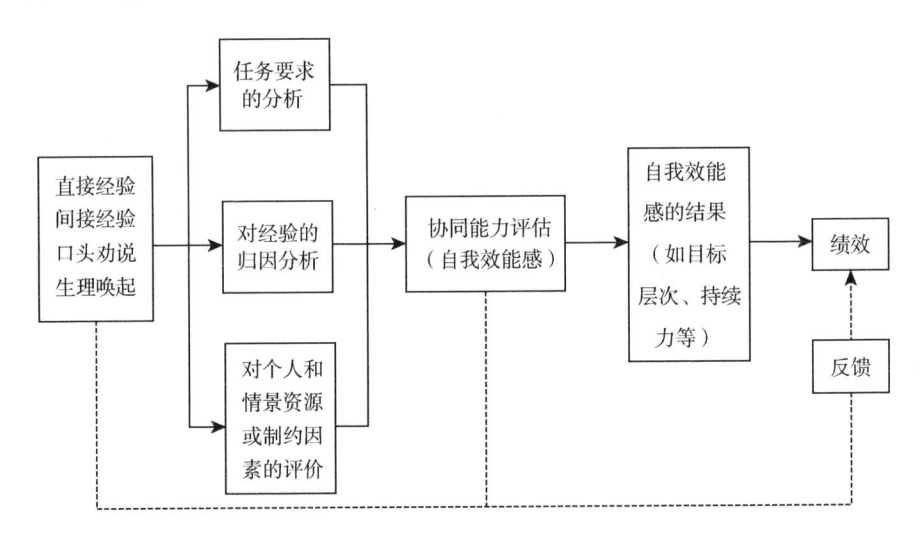

图 4-6　自我效能感理论模型

自我效能感对网络游戏成瘾也具有一定影响。Jeong 和 Kim（2011）考察了青少年线下（现实世界）和线上（虚拟世界）自我效能感与网络游戏成瘾程度的关系。结果发现，线下的自我效能感与游戏成瘾程度呈负相关关系，线上的自我效能感与游戏成瘾程度呈正相关关系。其中，游戏自我效能感作为线上自我效能感的重要组成部分，主要指游戏者对自己完成游戏活动所具有的能力判断、信念或主体自我把握与感受（李孟甲等，2017）。个体的游戏自我效能感越高，就越倾向于参与游戏，因此，游戏自我效能感不但会影响个体参与游戏行为的信念、动机以及自我能力的判断，还会引起个体参与游戏行为的心理反应。对此，陈东龙（2004）的研究表明，游戏自我效能感又分为积极的游戏自我效能感与消极的游戏自我效能感，积极的游戏自我效能感对于用户持续参与网络游戏的意愿有直接影响；消极的游戏自我效能感则对于用户线上游戏娱乐和持续参与意愿均无影响。可见，青少年对自己玩网络游戏能力的评估是决定其是否投入游戏以及投入多少时间的重要因素之一。这似乎与人们对玩网络游戏的青少年的常见看法相吻合（卢志铭、王国强，2010；祁吉晓，2011）：他们可能是因为在现实生活中的重要领域遭受挫败而产生现实世界的低自我效能感，进而借由投入网络游戏以弥补落差或逃避现实，并从中获取游戏自我效能感，其中，积极的游戏自我效能感能帮助游戏者获得心理慰藉与成就感。总而言之，自我效能感与网络成瘾程度密切相关（傅晋斌，2009；张宏如，2003），游戏带来的精神满足提升了用户在虚拟世界中的自我效能感，同时降低了用户在现实世界中的自我效能感，而虚拟世界的自我效能感越高，用户投入游戏的动机就会越强烈，在游戏上所花费的时间就会越多，如此反复，最终沉迷于网络游戏而难以自拔（陶炜、冯强，2019）。

理论上讲，青少年更容易沉迷于手机游戏也与自我效能感有关。一方面，现实世界的自我效能感反映了个体在面对问题情境时对自身行为成功的信念，在面对日常生活与学习的问题时，手机游戏成瘾倾向者成功的信念可能不高，惧怕失败，从而逃避现实生活。因此，现实世界自我效能感低的青少年往往无法很好地适应现实环境，比如不能积极参加学校的各项活动，进而对其人际交往、学习生活都会造成负面影响。对于这些在现实中无法获得成功的青少年而言，在手机游戏营造的虚拟世界中，他们可以通过投入大量时间与金钱成为一个游戏自我效能感比较高的人，进而对手机游戏的依赖程度不断提高，最终达到成瘾的状态。另一方面，长时间沉迷于手机游戏，势必会影响青少年正常的社会生活，如缺乏与现实中同学、老师、父母的沟通，学业成绩下降等。手机游戏中所提供的虚拟的社交范围变大，但这实际上可能缩小了个体在现实中的交往圈，使他们更少地参加各种现实社交活动，降低了他们在现实世界中的认同感与信任感，从而影响到他们在现实世界中的自我效能感。虚拟世界带来的高自我效能感和现实世界产生的低自我效能感相互作用使得青少年手机游戏成瘾与现实世界的自我效能感存在显著的负相关关系，与虚拟世界的自我效能感存在显著的正相关关系（李孟甲等，2017；祁吉晓，2011）。

综上所述，自我效能感是导致青少年手机游戏成瘾的重要因素之一。积极的游戏自我效能感是青少年参与手机游戏后获得愉悦感的主要来源，根据使用与满足理论，青少年参与手机游戏后感到愉悦，会提升其对手机游戏的好感度，进而增加其参与行为。但玩家在手机游戏中达成的目标和成就是虚拟的，游戏后所获得的愉悦感也是转瞬即逝的，无论在游戏中实现多少成就，达成多少目标，都无法准确地衡量现实中凭借自身技能去完成某项工作的自信程度。而青少年为了在手机游戏中达成更多的目标，获得更高的荣誉，往往会将更多的时间和精力投入到手机游戏中，这会相应地减少他们在现实中应该付出的时间和努力，导致他们在现实中的成就感或满足感处于较低水平，进而形成恶性循环，对他们现实世界自我效能感的提升和自我价值的实现产生消极影响。

第二节　青少年手机游戏成瘾的外部因素

青少年手机游戏成瘾的外部因素主要指不受个体控制的影响个体游戏习惯形成的因素。个体的发展是个体与周围环境不断相互作用的结果，因此，除了内部因素，游戏特征、家庭功能、同伴关系和社会环境等外部因素也会对青少年手机游戏成瘾造成一定影响。

一 游戏特征

游戏特征包括不同的游戏场景和时间单位，游戏者的数目、适应能力和以游戏者为中心的游戏控制，即时的相互作用、匿名性、幻想性和公开的结局等（陈柳、周勤，2003）。

现今手机游戏的趣味性和娱乐性等特征更加突出，对青少年的吸引力大大增强，青少年沉迷其中的可能性也随之增大。已有研究发现，游戏具有的挑战性、匿名性等特征对游戏成瘾具有重要影响（邓公明，2003；王景芝，2005）。因此，手机游戏本身的特征是影响青少年手机游戏成瘾的重要因素之一。

美国马里兰大学（University of Maryland）治理学兼心理学教授洛克和休斯在研究中发现，外来的刺激（如奖励、工作反馈和监督的压力）都是通过设定目标来影响动机的。目标能引导活动指向与目标有关的行为，使人们根据目标难度大小来调整努力的程度，并影响行为的持久性。于是，在一系列科学研究的基础上，洛克于1967年最先提出了目标设定理论，该理论认为目标本身具有激励作用，它能把人的需要转变为动机，使个人朝着一定的方向努力，并将自己的行为结果与既定的目标相对照以及时调整行为来最终实现目标（Locke & Latham，1990）。在目标设定与绩效之间还有一些其他重要的因素产生影响，这些因素包括对目标的承诺、反馈、自我效能感、任务策略和满意度等（张美兰、车宏生，1999）。部分青少年之所以对手机游戏如此着迷，也是因为游戏自身的目标设定对他们具有足够的吸引力。因此，本部分将从目标设定理论的视角来探讨手机游戏自身的游戏机制对青少年手机游戏成瘾的影响：

（一）反馈机制。即时反馈是游戏设计中最简单且最有效的心理控制手段，在游戏里，玩家的操作能够迅速可视化、数据化地显示出来，比如使用游戏技能给对手造成的伤害值、消耗的血量值，或者因更换了外观而增加的魅力值……这些直观化的数据给了玩家即时且实在的反馈。在游戏中，只要保证玩家的操作都有相应的奖赏或者惩罚等即时后果，比如击杀怪物就能获得经验值，完成任务就有金币奖励，被其他玩家击倒就会掉落装备等，就能让玩家产生一种可控感，从而使玩家对很多简单、重复的游戏操作上瘾。

（二）竞争排名机制。人类天生就有竞争、掠夺的本能（戴维·巴斯，2007），而很多游戏往往利用这一本能使玩家沉迷其中。手机游戏从不同维度（如时间、空间）对玩家的能力、成果等进行排名，并生成实时排行榜，玩家会在本能的驱使下想要跻身排行榜前列以证明自己的能力、获得大家的敬佩，而为了维持竞争排名所带来的满足感，他们往往会在游戏中投入越来越多的时间、精力甚至是金钱。

（三）任务策略机制。很多手机游戏都包含日常任务机制，比如《梦幻西游》《仙道》等游戏里的师门、跑环任务，这些任务奖励丰厚，玩家需要按时按量完成才不会落后于其他玩家。为了将玩家牢牢拴在游戏里，游戏总会设置更多的任务机制，而玩家为了获得完成任务时的成就感或者为了得到累积的奖励，不得不开始又一轮任务循环。

（四）成就机制。虚拟头衔、虚拟等级和虚拟荣誉是手机游戏设计元素中不可或缺的一部分，游戏设计者正是抓住了玩家渴望这些虚拟成就的虚荣心理，由浅入深，一步一步吸引玩家上瘾。玩家在玩游戏的过程中可以在无需承担任何现实风险的基础上，通过层层递进的成就机制成为虚拟世界的"大人物""榜首"，在获得成就的同时得到自我认可与他人认可，从而实现了他们在现实生活中无法满足的愿望。比如《封仙域》《热血传奇》这样的大型多人在线角色扮演类游戏（Massive Multiplayer Online Role-Playing Game，MMORPG）中的成就系统，《王者荣耀》中的英雄熟练度和排位系统等,都能通过成就机制不断提高玩家的游戏自我效能感,进而给他们带来成就感。

(五)随机性机制。随机性是驱使人类进行探索的一个原始内驱力,也是当今游戏设计中的一大杀手锏。在游戏设计者将随机性引入到游戏中以后,玩家会在好奇心的驱使下不断探索游戏中的情境,这正是诸如《阴阳师》等抽卡游戏让玩家上瘾的重要原因之一。同样地,在其他游戏的"开宝箱""抽奖"等玩法中,无不隐藏着随机性机制,这也是不少青少年沉迷于手机游戏的原因之一。

游戏的设计者正是充分利用这些机制,不断为青少年玩家设定新的游戏目标,使他们处于心理学的一种积极情绪体验——心流(mental flow)中,即一种将个人精神注意力完全投注在某种活动上的感觉。心流的产生能使玩家体验到高度的兴奋感与充实感,并透过对环境的操控产生控制感,而且只对该活动的具体目标和明确的回馈有反应。心流体验与激情、快乐、喜悦和满足感等积极情绪的触发有内在关联(Kaye,2011),作为一定程度的心流体验,这些积极的情绪对于游戏参与者具有重要影响,在游戏中获得高度心流体验的参与者更有可能对游戏产生积极评价。但是,游戏中产生的心流体验通常是短暂的,且这种短期享乐是一种不良感知,它会使参与者体会到现实中难以获得的满足感和成就感,沉浸于游戏情境中所感受到的积极情绪,诱导其通过继续体验手机游戏中的情境来逃避现实中的压力和困难等,最终使青少年玩家一步步沉迷于游戏而不能自拔(张碧,2019)。

二 家庭功能

家庭功能是指家庭在人类生活和社会发展方面所能起到的作用,即家庭对于人类的功用和效能,包括社会化教育功能、情感交流功能和休息娱乐功能等。当一个家庭系统的秩序或结构被扰乱时,家庭成员就会自动去维持家庭系统的平衡，出现各种补位及代偿，甚至出现偏差行为、成瘾、生病、死亡等症状（张胜康，1996；张志学，1990）。

家庭系统理论由美国著名心理治疗专家默里·波文（Murray Bowen）于20世纪40年代末50年代初提出，作为一种关于人类情绪活动与交往行为的理论，该理论较为完整地阐释了家庭系统的功能以及家庭关系的调试。具体来讲，这一理论将整个家庭看作一个情绪单位来考察，将个人看作家庭结构中相互关联的要素，而不是自主的精神实体。从家庭系统理论的角度来看，在家庭系统中，个体之间的相互作用和相互关系对个体有着重要影响（张志学，1990）。一般来说，任何个体的问题行为都是家庭系统内部问题的折射和表现，同样，青少年游戏沉迷行为也与其运行不良的家庭系统息息相关。

家庭系统理论的重点之一就是关系，任何家庭系统都由连接家人之间的关系构成（张志学，1990）。每两个家庭成员之间就有关系存在，如婚姻关系、亲子关系、手足关系等，而与青少年游戏成瘾密切相关的主要是亲子关系。多数游戏或网络成瘾的孩子对父母有敌对情绪，这种敌对情绪不仅体现在父母禁止孩子玩游戏而引起的争执中，也出现在孩子迷恋游戏或网络之前的很长一段时间内的亲子互动中（李阿盈、孟庆恩，2007）。根据环状模型理论（circumplex model theory），家庭沟通在促进家庭成员之间的亲密关系和加强家庭的适应性等方面有着重要作用，良好的亲子沟通是网络成瘾的保护性因素（Kim, Jeong, & Zhong, 2010）；而父母与孩子之间消极的沟通模式、较差的亲密度则是网络成瘾的危险性因素（Liu, Fang, Deng, & Zhang, 2012; Liu, Fang, Zhou, Zhang, & Deng, 2013）。与此同时，亲子依恋理论（adult-child attachment theory）也认为，良好的依恋关系包含着更多温暖和安全的亲子互动，情感卷入程度越高，青少年能感知到的温暖与安全就越多（刘海娇、张文新、Doran C. French、田录梅，2009），而不安全的依恋关系则会产生更多的问题行为，如网络游戏成瘾（邓林园、方晓义、伍明明、张锦涛、刘勤学，2013；蒲晓磊，2019①）。中国青少年研究中心（2019）发布的《中小学生及其家长网络游戏认知与态度研究报告》显示，在亲子关系很好和比较好的家庭中，孩子网络游戏成瘾的比例合计为4.3%，而在亲子关系很不好和不太好的家庭中，孩子网络游戏成瘾的比例合计为14.8%，两者相差10.5个百分点。良好的亲子关系有助于孩子合理使用网络游戏，形成良好的网络使用习惯。因此，家长对孩子的网络游戏管理要建立在和谐的亲子关系基础上，这样才能更好地引导孩子形成健康的休闲习惯，让孩子既享受娱乐的权利又不伤害他们的身心健康与成长发展（蒲晓磊，2019②）。由此，我们认为青少年游戏沉迷行为与亲子关系密切相关，父母与孩子的亲密度越高，越关爱孩子，青少年越不会沉迷于游戏；反之，亲子关系越差，对孩子的关爱越少，青少年越容易沉迷于游戏。

此外，父母之间存在问题的婚姻关系也可能成为青少年游戏成瘾的催化剂。大量已有研究表明，父母的婚姻状态会对青少年的情绪、学业等多个方面产生重要影响，并且在青少年社会化的过程中发挥关键性作用（邓林园、方晓义、阎静，2013；刘一萱，2019；Barrett & Turner, 2006；Yen et al., 2008）。其中，父母婚姻冲突对青少年网络游戏成瘾具有显著的正向预测作用（田云龙、喻承甫、刘毅、路红，2017）。在日常生活中，因父母婚姻冲突导致青少年游戏成瘾的案例屡见不鲜。据《中国青年报》（林洁，2020）报道，原本成绩优异、爱好广泛的小林（化名）自上中学后开始沉迷于游戏，并且患有抑郁症，多次试图自杀。医生发现，小林的问题和他与父母糟糕的关系密切相关。原来，小林不愿意看到父母关系不

---

① 蒲晓磊：《研究报告显示：亲子关系越差 孩子越易沉迷网游》，2019年2月26日，https://www.sohu.com/a/297664633_119725，2020年5月26日。

② 蒲晓磊：《研究报告显示：亲子关系越差 孩子越易沉迷网游》，2019年2月26日，https://www.sohu.com/a/297664633_119725，2020年5月26日。

好，害怕他们离婚，因此希望通过做出出格行为引起父母的注意，以消耗父母争吵的精力，却在不经意间成为了"问题少年"。家庭系统理论的溢出假说（spillover hypothesis）认为，家庭中因婚姻关系引起的父母情绪变化会影响亲子关系的建立，良好的婚姻关系会促成父母形成积极的情绪，进而使他们能够更敏感地察觉到孩子的心理需要和行为问题，从而及时给予引导和支持（周子涵、刘学兰、赖晓璐、金雯雯、黄友强，2018）；反之，父母婚姻冲突所引发的负性情绪容易使父母忽略孩子的需求，从而疏于对孩子的引导或以严格的方式约束子女（王明珠等，2015；周子涵等，2018）。因此，父母的争吵和不融洽的关系在很大程度上影响着青少年的心理健康，长期生活在存在婚姻冲突的家庭环境中，会显著增加青少年游戏成瘾的风险。

家庭系统理论认为，家庭系统功能不良，可能是因为家庭成员彼此之间传达信息的方式不恰当，或是因为他们采取了不妥当的行为、制定了不妥当的规则以及出现了不妥当的回馈（Guerin & Chabot，1997）。家庭通常要制定许多管理的规则，包括经济的、家事分工的、节日庆祝方式的、教育的、情感的、身体的（包括生病和健康）以及教养的规则，而不合理的规则会使子女形成有偏差的社会认知，削弱其人际交往和社会适应能力，并可能使其产生心理错位和行为失调的问题，游戏成瘾便是问题行为中的一种。多项研究表明，粗暴养育是诱发青少年违法犯罪和物质滥用等行为的家庭风险因素（Kim-Spoon，Cicchetti，& Rogosch，2013；Wang & Wang，2018），正向预测中学生的网络游戏成瘾（王盼、甘怡群、李敏，2006；辛璐，2019；张燕贞、喻承甫、张卫，2017）。这种暴力式养育的家庭规则容易使青少年长期处于焦虑、不安、警惕和恐惧之中，形成富有攻击性的社会认知偏差（Fite et al.，2008），并产生情绪失调、过度反应、冲动易怒等心理障碍（Shields & Cicchetti，2001）。除此之外，一些父母由于忙于工作，可能在孩子的成长过程中所发挥的监管作用比较小，导致家庭缺乏规则界限或者难以执行规则。据《中国青年报》（邱晨辉，2018）报道，在玩游戏的时间方面，留守儿童显著高于非留守儿童，尤其是在"每天玩4—5小时"以及"每天玩6小时以上"这两个较长时间段，留守儿童的比例均为18.8%，而非留守儿童的比例分别为8.8%和8.2%。由此可见，如果父母的角色功能缺失，孩子的规则意识（如情绪自控力和行为控制力等）就可能出现问题，由此便可能会使其陷入游戏成瘾的泥淖。

与所有的社会系统一样，家庭也包含基本需求，这些需求包括：价值感、安全感、成就感、亲密感、挑战、刺激以及精神上的寄托等。当青少年无法在家庭中获得这些基本需求时，他们便会寻求新的满足方式，游戏便成为了青少年满足家庭需求的替代场所，特别是具有获取方式便捷和操作方法简单等优势的手机游戏受到了越来越多青少年的青睐。根据Runciman（1966）提出的满足相对剥夺感理论的四个条件（即个体自身没有X，发现周围其他人拥有X，期望拥有X，这种期望是合理可行的），我们不难得出结论：从小缺乏父母的温暖关爱、被粗暴养育的青少年，在与家庭幸福的同伴的比较中，会意识到自己没有享受到原本应该拥有的被爱和被尊重的权利，由此会产生更多不公平的信念和愤怒的情绪，这可能促使他们在游戏的虚拟世界中寻求满足，或在游戏中发泄对现实不公的不满情绪，以此缓解内心的不平衡，进而产生手机游戏成瘾问题。

三 同伴关系

同伴关系是个体与同龄人或心理发展水平相当的个体在交往过程中建立和发展起来的一种平行和平等的人际关系，而非与家长或与年长个体间的垂直关系。同伴交往是青少年人际关系中至关重要的一部分（彭英杰，2003），研究表明，同伴关系在青少年的认知、情感和社会性发展等方面起着至关重要的作用。例如同伴接纳水平会影响青少年自我概念的发展（黄玉芬、李伟健，2010），同伴拒绝和同伴侵害与青少年抑郁显著相关（纪林芹等，2018）等。

青春期是同伴对个体影响最显著的时期，同伴选择是导致青少年手机游戏成瘾的重要因素之一。一方面，相似吸引理论（similarity attraction theory）认为，人与人之间存在一种选择具有相似观点、价值观和行为的人进行互动的倾向（Byrne，1997），群体内成员的相似性影响相互吸引的程度。因此，同伴关系在青少年第一次接触手机游戏以及持续使用游戏方面起到重要作用。甄霜菊等（2017）的研究结果表明，同伴使用游戏的比例对个体的游戏成瘾倾向有正向预测作用，即同伴玩游戏的比例越大，个体越可能在社会交往过程中讨论游戏并从中获得"正性"体验，从而越容易对游戏产生过褒评价，导致其产生比较强的游戏成瘾倾向。另一方面，根据同伴规范影响理论，青少年同伴群体的态度和行为会形成一种团体标准，这样的标准会以压力的形式约束身处其中且具有强烈归属感的青少年（Blanton & Burkley，2008）。因此，青少年会通过观察、模仿同伴的游戏行为而表现出类似行为，并且会因受到群体的奖赏或强化而保持或发展类似行为，这最终导致青少年与其周遭同伴共同沉迷于手机游戏。

除了同伴选择这一风险因素之外，青少年在遭遇同伴侵害后也可能会选择沉迷游戏这一消极应对方式来释放压力和缓解负面情绪。同伴侵害泛指青少年所遭受的来自同龄人的任何形式的攻击（Card & Hodges，2008；Finkelhor & Leatherman，1994），例如身体侵害（如击打、侵犯等）、语言侵害（如嘲笑、辱骂等）和关系侵害（如社交攻击、群体疏离等）。Lazarus 和 Folkman（1984）提出的压力应对理论（stress coping theory）表明，个体在面对压力情境（如同伴侵害等）时可能会选择消极的方式应对不利处境，进而出现不同程度的问题行为（Kliewer，Dibble，& Goodman，2012；Sullivan，Farrell，& Kliewer，2006），有过同伴侵害经历的青少年常常会选择滥用药物、暴力反击、沉迷网络等消极应对方式缓解压力（Sullivan et al.，2006），因此，同伴侵害与青少年手机游戏成瘾同样具有密切关系（陈圆圆等，2016）。

具体而言，一方面，同伴侵害使青少年无法满足其发展过程中的基本心理需要（如安全需要和关系需要），而弥补这些缺失的心理需要恰恰是青少年游戏使用的重要动机（Ryan，Rigby，& Przybylski，2006；Young，Fursa，Byrket，& Sly，2014），当被侵害的青少年参与到手机游戏之中时，他们不仅能够回避现实生活中的同伴侵害（周莎莎、喻承甫、许倩、魏昶、林枝，2014），还能够在虚拟的游戏世界中通过"建立帮派""组队"等特有方式寻求社会联结，并构建起新的同伴关系，在逃避现实与享受快乐的同时有效获得亲密、安全等心理需要的补偿（Swickert，Hittner，Harris，& Herring，2002），而这种补偿可能会进一步强化个体的游戏使用行为；另一方面，同伴侵害事件的广泛发生会形成一种校园暴力氛围，青少年在遭受同伴侵害后不仅会产生焦虑、孤独等心理问题，还会出现以自我否定、自我价值感缺失、无助等为代表的自我认同危机（Graham & Juvonen，1998；Steca et al.，2014；Thijs & Verkuyten，2008），这种危机进一步表现为青少年对自身学业行为能力的过低评价、学业自我效能感大打折扣以及无法适应学校环境等（Flook，Repetti，& Ullman，2005）。低迷的学业表现可能促使青少年将时间和精力投入学习以外的其他方面，其中之一就是通过游戏获取虚拟世界的满足感和成就感来缓解自己在学业上的挫败感，这样的恶性循环增加了青少年手机游戏成瘾的发生风险。不仅如此，学业自我效能感低的青少年可能向外界寻求支持，结交大量越轨同伴（Simons，Whitbeck，Conger，& Conger，1991），并对越轨同伴的过度游戏使用行为进行模仿学习，从而加剧了这部分青少年手机游戏成瘾的风险（周莎莎等，2014；Zhu，Zhang，Yu，& Bao，2015）。

四 社会环境

社会环境即个体生存和发展的具体环境（陶应虎、顾晓燕，2006），青少年正处于社会化的关键时期,这一阶段的技术环境、社会文化环境以及法制环境对其发展具有重要影响。因此,社会环境也是造成青少年手机游戏成瘾的外部因素之一。

从技术及社会文化的角度来看。一方面,移动宽带基础设施建设的完善、移动互联网的发展以及手机等智能终端价格的降低,使得全球手机用户数量迅速增长,手机网民人数的增长为手机游戏的发展提供了庞大的用户基础,此外,电子信息技术的进步为手机游戏的发展提供了有力的技术支撑,推动了游戏行业的进步与发展;另一方面,随着现阶段人们生活节奏加快,娱乐需求增多,方便快捷且表现形式多样的手机游戏越来越受到游戏用户的青睐。腾讯和伽马数据(2019)联合发布的报告显示,在智能手机普及率不断攀升的背景下,人们使用手机的时间越来越长,使用台式电脑以及笔记本电脑的时间越来越短。人们对于休闲娱乐的需求,特别是在碎片化时间对于娱乐游戏的取舍上,更加趋向于使用便携式终端而非电脑等体积较大、对操作环境要求较高的设备。相对于电脑游戏和主机游戏,以智能手机等为载体的手机游戏,具备移动化的设计理念,能够充分满足游戏用户对碎片化时间的利用要求,同时,与便携式游戏机游戏相比,手机游戏往往具有互动性强的特点,因此,手机游戏对人们的吸引力日益增强,并逐渐成为人们主流的游戏方式,进而产生了规模庞大的手机游戏产业。在这样的社会背景下,越来越多的青少年从小便有机会、有条件接触到手机游戏,其手机游戏成瘾的概率也随之上升,而类似《3 岁男孩因玩〈王者荣耀〉被骂跳下 4 楼　刚醒又想登录游戏》(陆玫、邓峰豪、王雪飞,2017)、《小学生为玩〈王者荣耀〉"偷"光家里积蓄　沉迷游戏有何心理原因》(陈明明,2017)、《10 岁男孩迷上〈王者荣耀〉　偷用妈妈微信充值万余元》(陈培培,2017)等新闻也频频出现在人们视野中。

从法律监管的角度来看。行为经济学将酒精、香烟和网络游戏视为有害的"致瘾性商品",而理性成瘾理论认为,当致瘾性商品出现外部性并导致市场失灵,即市场本身无法实现自我调节的时候,公共政策必须予以干预(周鸿钧,2018)。换言之,青少年游戏成瘾行为同样需要国家相关机构进行规范与监管,但在现实社会中我们发现,中国从国家层面出台的一系列政策法规仍不够完善。例如,中国《未成年人保护法》第三十三条和《网络安全法》第十三条均规定,国家采取措施预防未成年人沉迷网络,国家鼓励研究开发有利于未成年人健康成长的网络产品,推广用于阻止未成年人沉迷网络的新技术,为未成年人提供安全、健康的网络环境。但是,由于缺乏更加具体的规定和举措,这些内容在实践中无法有效落地。另外,目前中国对网络游戏的管理更多地把提示和指引用户的权力交给游戏运营商,弱化了规定的"强制色彩",导致游戏运营商获得了过大的管理自主权。近年来,一些游戏运营商在监管和舆论压力下,推出了实名认证的防沉迷系统,但有的系统形同虚设,比如一些实名认证后的游戏账号可以交易,未成年人可以很方便地购买到实名认证账号继续玩游戏(蒋理,2019)。桂从路(2018)认为,为了解决未成年人网络沉迷问题,近年来,国家多次出台相关规定,但就目前来看,面对不断发展的互联网产品形态和屡见不鲜的青少年网络游戏成瘾诱导行为,政府监管力度仍需加强。

除此之外,学校对青少年手机游戏成瘾同样具有较大的影响。学校在青少年的成长和社会化过程中发挥着重要作用,学校的教化和监督能够引导青少年合理有效地处理学习与游戏的关系。已有研究显示,良好的师生关系可以刺激青少年的学习行为并满足其部分需求;反之,不良的师生关系会导致学生缺乏安全感,干扰和阻碍学生在学校获得愉悦感和成就感(Roorda, Koomen, & Oort, 2009)。因此,对于青少年来说,在良好的师生关系下,他们会更喜欢学校,而且更愿意将自己的精力投入到学校的活动或学习中,减少手机游戏成瘾的可能性(张晓琳、叶诗敏、喻承甫、路红,2018)。

综上所述,青少年手机游戏成瘾是心理、性格、自我控制、参与动机、自我效能感、游戏特征、家庭、同伴以及社会环境等多重因素综合作用的结果。从内部因素来看,青少年解决问题能力较弱、难以缓解现实压力、对新事物敏感且缺乏有效的自我控制能力、渴望友谊并努力寻求自我认同等自身特征使他们很容易满足于游戏带来的愉悦感和成就感;从外部因素来看,游戏的匿名性、互动性和随机性设置,家庭关怀的缺失,同伴的吸引或侵害以及社会监管的不完善等也往往是导致青少年手机游戏成瘾的重要因素。

第五章 青少年手机游戏成瘾的影响效应

智能手机在方便人们生活的同时也引发了令人担忧的社会问题,其中备受关注的是青少年手机游戏成瘾问题。青少年处于社会化的重要时期,手机游戏成瘾会对其身体健康、心理健康、社会适应以及日常生活方面造成严重危害,正视手机游戏成瘾对青少年的危害,有助于提升家长、学校以及社会对青少年手机游戏成瘾问题的关注度,促进对青少年手机游戏成瘾的早期诊断、及时预防和有效治疗。

第一节 手机游戏成瘾对青少年身体健康的影响

随着科学技术的迅猛发展以及人们生活水平的日益提高,手机已经成为当今社会人们不可缺少的通信与娱乐工具之一,但其在为人们带来便捷的同时也引发了诸多问题。一方面,手机自带的低能级射频辐射会对人体健康造成一定危害,易引发某些生理功能减弱或者变种(李江波、赵丽、谢凌、吴晓兰,2010;庞越,2011);另一方面,手机的长时间使用会造成头晕、四肢乏力、疲劳感增加、视力下降等生理功能劳损的问题(杨昊翔,2015),特别地,当青少年沉迷于手机游戏后,他们使用手机的时间将大幅增加,这无疑会对青少年身体健康造成更多的负面影响。

长期玩手机游戏对身体造成的危害之一就是视力的急剧下降。调查显示，2013年，53%的移动设备用户在移动平台上花费的游戏时间较2011年大幅增长，其中年龄在12岁至17岁的用户在移动平台上花费的游戏时间增长最多。在2011年时，该年龄段的用户平均每周在移动平台上花费的游戏时间为5小时，而到2013年时，则增长到7小时（中国青年网，2013）。长时间使用手机游戏或将危害青少年视力健康，且不少初高中学生由于家长监管较严，经常在私下甚至深夜偷偷玩游戏，长此以往，会导致其患上眼睛暗适应能力降低、视力下降以及视觉疲劳等眼部疾病，严重者甚至会视网膜脱落（梁维科，2011）。北京大学中国健康发展研究中心（2016）发布的全球首份《国民健康视觉报告》显示，我国高中生近视患病率超过70%，视力不良检出率呈上升趋势，其中电子产品的普遍使用使得他们面临的视觉健康威胁更为突出。黄冬梅等（2018）的研究同样显示，每日接触手机游戏时长超过1小时者近视的检出率达到90.2%，且重度近视的检出率最高为45.5%，远高于不接触手机游戏者。

在身体其他方面，手机游戏的过度使用会引发肌肉劳损、脊椎弯曲等问题。在较长时间静态的坐姿或者站姿下支撑手机和点击手机屏幕等动作具有频率高、单调重复和持续时间长等特点，易引起肌肉骨骼疾患（郭伏、王天博、宁作江、吕伟，2017；Ariens, Mechelen, Bongers, Bouter, & Wal, 2000；Berolo, Wells, & Rd, 2011）。调查显示，虽然不同手机游戏的具体操作方式（点触式或摇杆式）不同，但手部、手臂和肩部的疲劳累积状态趋势大致相同，它们的疲劳程度均随着时间的延长而逐渐加深（Ali, Asim, Danish, & Hasan, 2014）。青少年正处于成长发育期，手机游戏操作高频、单一等特点，会使他们在玩游戏时长时间维持一个动作且保持高度的紧张状态，久而久之容易出现肩颈肌肉损伤、颈椎病等疾病，从而阻碍他们身体的健康发育以及良好身体素质的形成。

手机游戏成瘾会对青少年的身体健康造成负面影响，不少与此相关的新闻报道也为我们敲响了警钟。此前《南方日报》（朱晓枫，2017）报道了广东一名17岁中学男生因为长时间使用《王者荣耀》，遭遇突发性脑梗死，险些丧命的事件。据了解，这名学生为了晋级排位，在宿舍床上持续了近40小时的高强度游戏战斗，中途只闭眼休息了3小时，依靠吃外卖应付了一餐。当他终于结束游戏准备外出就餐时，却发现自己头疼得厉害，进食困难，甚至连走路都跟跟跄跄。到医院进行诊断才发现，因为精神长期处于高度紧张状态，他遭遇了突发性脑梗死这一常见于中老年人群的疾病。另外，据《法制日报》（马岳君、刘青、梁成栋，2019）报道，"十二三岁正是小孩儿活蹦乱跳的时候，可我家孩子上四楼都得我扶着。"河北省保定市的汪旭（化名）这样形容自己的孩子，"身体还不如六七十岁的老人。"汪旭的儿子今年12岁，刚上初一，痴迷于手机游戏。"他以前学习还挺好的，也很听话，可在上四年级时，我给他买了一部手机，之后他就变了一个人。"汪旭说，"尤其是小升初的暑假，没有作业，（他）整天就是玩游戏，不给手机就发脾气，还砸家里的东西。"汪旭还表示，自从儿子沉迷于游戏后，就丧失了对其他事情的兴趣，身体也变得越来越虚弱，"是否耽误学习都是次要的了，现在主要是担心他的身体。"

此类新闻报道层出不穷，由此可见，对于正处在身体发育关键定型阶段的青少年而言，长时间玩手机游戏甚至手机游戏成瘾必将会对他们的身体造成不可挽救的危害。

第二节 手机游戏成瘾对青少年心理健康的影响

手机游戏成瘾不仅会造成青少年部分生理功能受损，同时也对青少年的心理健康产生了严重的负面影响。一方面，手机游戏中包含的暴力、色情等元素容易引发青少年的负面心理倾向，手机游戏的虚拟性也容易导致他们变得孤独、焦虑，并形成心理障碍，影响其树立正确的世界观、人生观和价值观；另一方面，由于青少年对法律缺乏深刻的认识和理解，沉溺于手机游戏可能会导致他们的法律观念淡化、版权意识缺失，甚至引发非理性消费行为，形成错误的消费观。

首先，青少年正处于世界观、人生观和价值观的形成期，他们自控能力弱、辨别能力差，容易受到不良因素的影响，因此，长期接触含有不良内容的手机游戏会对其心理发展产生诸多负面影响。各大游戏开发商往往通过设计新奇、刺激的游戏内容来吸引玩家。目前中国市场上90%以上的网络游戏都以暴力和打斗等刺激性内容为主，有些游戏的暴力场面甚至出现了赤裸裸的厮杀、虐待、色情成分，还有些游戏以"益智"为名，实质上却具有明显的赌博性质（凤凰网，2018）。在身心发育以及是非观念尚未成熟的青春期，这些不良内容很容易让青少年迷失自我，形成扭曲的世界观、人生观和价值观（蒲晓磊，2018）。加之由于中国游戏分级制度缺失、盗版游戏泛滥、相关部门监管困难和对应立法不完善等，手机游戏市场中一些充斥着暴力、性内容的游戏软件很容易进入到青少年的手机中（梁维科，2011；赵文东，2019）。虽然中国游戏产业发展一再强调健康游戏和严肃游戏的重要性，即在保证满足用户娱乐体验的同时，兼顾知识性、益智性和教育性等功能，并且要充分体现本国文化特色，然而，目前部分国内外非法游戏产品在没有得到政府审查的情况下仍然可以在相关软件平台上上线并被用户下载。以色情类游戏为例，这类游戏的出现使手机游戏成为青少年获取淫秽色情内容的新渠道，其负面影响不可小觑。与传统色情信息载体（如书刊杂志、光碟和电脑等）相比，通过手机游戏获取淫秽内容更快速、更隐蔽，所获取的内容和形式也更新奇。例如，在日本苹果的应用商店下载排名长期居第一位的手机娱乐游戏《软件吹裙子》（*Blowing Skirt*），其游戏机制为：游戏玩家向屏幕吹气，手机就会发出女子的呻吟声并且能使屏幕中女子的裙子掀起来。这类色情互动式手机游戏日益成为玩家新的"淫秽玩具"，并使一些青少年玩家在潜移默化中逐渐认同了这些腐朽和污秽的价值观念，进而导致其人生观和价值观发生严重扭曲（梁维科，2011；王志锋，2014；张秀玲、郑世英，2015）。据中国新闻网（佚名，2013）报道，某中学生小李最近沉迷于一款名为《美女脱衣》的手机游戏，小李承认，他对该游戏已经上瘾，上课时总想着快点下课，表示"想再脱一遍美女的衣服"，在接触该游戏后，小李无法再集中精力听课，放学后经常与同学比赛，看谁先把美女的衣服脱光，晚上常常打着手电筒玩到半夜。其父亲也觉得儿子没有以前活泼了，"（小李）总是一个人待在屋子里，有事叫他要喊好几遍才应声。"如今手机已经日渐成为中学生甚至小学生的日常通信工具，一旦带有色情、暴力等内容的游戏在手机平台上蔓延，这些懵懂而又缺乏自制力的青少年往往首当其冲。因此，个别带有色情和暴力内容的手机游戏对青少年心理健康的影响不得不引起全社会的高度重视。

其次，沉迷于手机游戏的青少年由于长期缺乏社会沟通和人际交流，往往会把虚拟的网络世界当成现实生活，其思想和情感都会与现实生活脱节，在心理上表现出自我封闭、不愿意与他人交流，甚至出现人格分裂等症状，形成在游戏世界和现实世界中的双重人格，产生逃避现实、社交恐惧等心理偏差和心理疾病（李铭，2008）。据《钱江晚报》（蓝震，2018）报道，家住浙江宁波岙底村的小林于 2018 年 11 月 13 日离家出走，直至 2018 年 11 月 24 日才在山上被村民发现，发现时小林已出现精神恍惚的症状。据了解，在离家出走的这 12 天，小林一直是靠吃野果子和喝泥浆水支撑度过的。至于为何要离家出走，小林的堂哥认为很大可能是由于小林"游戏过度，产生幻觉"。"我问他为什么要离家出走，他说他看到满山遍野都是被枪扫射的人。"在交流过程中，堂哥发现小林的大脑永远走不出被游戏中的敌人追杀的情景。记者在采访中了解到，小林是家中的独生子，父母对其比较溺爱，要什么给什么，平时又与外界交流不多，便经常沉溺在自己的游戏世界中。据小林身边人透露，小林有 6 部手机，还有一台手提电脑，上面装了好几款暴力游戏。

未来，随着虚拟现实技术的发展与应用，部分手机游戏将更具真实感和沉浸感。虚拟现实技术在游戏设计中可以通过模拟环境与感知技能构建立体动态场景，玩家可以通过交互界面或穿戴设备，直接和游戏中的环境和人物进行互动与沟通，获得更加多维、立体的游戏体验，但是这或将使青少年进一步混淆虚拟与现实，加深其游戏成瘾的程度，对身心健康带来更多危害。

与此同时，部分手机游戏还会扭曲青少年的恋爱观和婚姻观。由于传统的家庭及学校教育很少给予青少年正确的性观念引导，加之缺乏社会及道德的约束，处于青春期阶段的他们可能会更加沉迷于能够与异性交往甚至带有恋人标志的手机游戏。他们在游戏中随意"求爱""结婚""离婚"，这会潜移默化地影响青少年的恋爱观和婚姻观，使其婚恋观呈现出"开放式""畸形式""功利化""游戏化"等特点，不利于纯洁和忠诚的爱情道德品质的形成。

再者，一些盗版泛滥的手机游戏和缺乏监管的游戏环境可能导致青少年版权意识与法律意识的淡化。一方面，长期下载并使用盗版游戏可能会淡化青少年的版权意识（方晓彤，2018；梁维科，2011；赵文东，2019）。手机游戏本身的制作成本相对较低，下载平台的便捷性又进一步节约了宣传和发行成本，因此与电脑游戏相比，手机游戏的价格非常低廉，但即便如此，一些手机用户仍然想获得免费的优质手机游戏软件，所以苹果手机的"越狱"功能、各手机平台收费游戏的"破解版"等应运而生。通过互联网下载"破解版""已付费版"的游戏软件这种侵犯知识产权的行为在中国手机游戏领域已经非常普遍。青少年会在享受免费的手机游戏大餐的同时，日益淡化支持正版软件和保护知识产权的意识（梁维科，2011）。另一方面，游戏中出现的非法、不健康内容可能会淡化青少年的法律意识。目前中国对手机游戏的内容缺乏动态化和持续化的监管，因此，手机游戏的环境中经常充斥着污言秽语及暴力厮杀等内容，如 2016 年 12 月 Suda 发售的成人暴力游戏《让它死去》(Let It Die)，在该游戏中主角可采用勒脖、火烧、弩射和棒打等多种方式攻击敌人，血腥和暴力色彩十分浓烈。青少年沉迷于此类游戏中很容易模糊他们的法律意识，扭曲个人的道德观念，从而产生一些违反社会公序良俗甚至违反法律的行为。《半月谈》(佚名，2018①) 发文称，一项针对 518 名中学生的抽样调查结果显示，以暴力题材为主的网络游戏大受青少年欢迎，他们对暴力网络游戏接触量越大，就越倾向于认为世界是丑恶的、他人是不值得信任的，同时对暴力的赞同度也越高，倾向于采取暴力行为解决矛盾冲突。对沉迷此类游戏的青少年而言，由于他们是非辨别能力弱、学习模仿能力强，游戏中的暴力元素往往会潜移默化地渗透进他们的意识深处，从而导致他们走上暴力犯罪的道路。据红星新闻（陈卿媛，2019）报道，14 岁的刘洋（化名）初一辍学后，常与一些"社会青年"结交，并迷上了一款暴力游戏，他因不满父母管教，曾多次勒母亲脖子，还多次产生过弑父的念头。2018 年 6 月 21 日晚 23 点左右，刘洋在太原一亲戚家，拿起一把水果刀刺向了熟睡的父母。父亲右侧颈内静脉被刺破致大失血死亡，母亲脖子等处也被刺伤，经鉴定为轻伤二级。对此，心理咨询师马荣认为，"那天晚上他（刘洋）像游戏打斗的方式一样去了断别人，他不是以真正杀死他们为目的，他只是想否定一些东西，人不在了，他可能受到的限制就少了，否定是防御模式里面的最后一道防御机制。"此类恶性犯罪事件中的青少年往往由于无法区分虚拟世界与现实生活而容易产生无边界规则、无道德约束、无内疚感等意识，在一些语言或行为的刺激下便极有可能将游戏行为"现实化"，产生暴力犯罪行为。

事实上，不只是暴力游戏能够诱发青少年犯罪行为，游戏成瘾的青少

---

① 佚名：《低龄化边缘化：成瘾性电子游戏正摧毁我们的新生代》，2018 年 6 月 6 日，http://www.banyuetan.org/dyp/detail/20180606/1000200033134991528246741044899491_1.html，2020 年 6 月 20 日。

年随时都有可能冲破理性的防线。黄岳和马海林（2018）的研究表明，手机游戏成瘾的青少年表现出更多的冲动性行为，而冲动性行为往往伴随着行为决策缺陷、控制不良行为能力差的弊端，由此给当事人带来消极的后果，甚至发展成为犯罪行为（李东，2013）。据正义网（林修猛、徐松惠、欧新蕊，2018）报道，家住贵州的24岁何某举家在福建省龙海市打工，何某从小就喜欢玩游戏，打工赚钱了更是整天玩游戏。2018年3月28日，何某玩手机游戏到凌晨4点多，需购置一个装备才能继续进行游戏，手头没钱的他立即跑到表哥的出租屋借钱。因表哥上夜班，扑了个空的何某只好回宿舍。当天上午8点多，何某再次找表哥借钱，见其已经睡着，何某打算回去，转身退出时看到隔壁宿舍的桌上有两部手机在充电，这一刻，游戏成瘾的他觉得游戏装备更重要，就趁周围没人将手机偷走想换钱。经鉴定，两部手机共价值4960元，最终何某因犯盗窃罪被法院一审判处拘役三个月。何某为自己的荒唐行为付出了代价，但其走上犯罪道路的历程值得所有人警醒。当前，由游戏成瘾引发的犯罪案件逐渐增多，其危害性需要引起全社会的高度重视。

最后，在没有形成理性消费观的情况下，手机游戏很容易导致青少年产生过度消费行为。一方面，手机游戏内的消费陷阱层出不穷，手机用户无论是通过浏览器，还是通过电子软件市场，都有可能下载并安装捆绑了恶意程序的游戏，其中一些软件打着免费游戏的旗号诱使用户下载安装，却在游戏运行过程中提示用户需要购买收费道具才能继续进行游戏；另一方面，还有一些手机游戏将结果与消费直接挂钩，在这样的手机游戏场景中，青少年则显得更消费无度，比如经常花钱购买游戏装备、更换游戏角色、更新角色皮肤等，这会对他们未来的消费观产生消极影响（梁维科，2011）。据搜狐网（佚名，2017）[①] 报道，2017年4月，常州市武进区一

---

① 佚名：《10岁熊孩子玩王者荣耀，13天内竟花掉2.3万！》，2017年5月26日，https：//www.sohu.com/a/143533409_339466？_f=v2-index-feeds，2020年6月10日。

名 10 岁小学生，用其家长绑定银行卡的手机玩《王者荣耀》，在短短 13 天时间里，将银行卡内的两万三千多元通过网络支付 57 次，充值到游戏账户里。对此，家长表示，此前孩子的成绩一直非常优秀，自从去年接触了手机游戏以后，成绩有所下滑，如今又偷偷将家中的积蓄拿来玩游戏。有类似遭遇的还有韩先生，他向东北网（于群健，2016）记者倾诉，自己上周六到银行办理业务时，意外发现储蓄卡中莫名支出了 9 笔交易款项，共计 7562.5 元。"通过查找支付交易我才得知，'罪魁祸首'竟然是 10 岁的儿子。儿子告诉我，最近喜欢玩一款手机游戏，为了尽快升级而多次购买了虚拟金币。"韩先生无奈说道。《民法通则》第十二条规定：十周岁以上的未成年人是限制民事行为能力人，可以进行与他的年龄、智力相适应的民事活动；其他民事活动由他的法定代理人代理，或者征得他的法定代理人的同意。不满十周岁的未成年人是无民事行为能力人，由他的法定代理人代理民事活动。因此，这两类人群如果独立完成了大额消费合同，其法定监护人在一年内具有可撤销合同权，但在是否由这两类人群独立完成大额消费合同的真实性取证上却存在很大的难度，更重要的是青少年在手机游戏中的过度消费行为导致他们形成了错误的消费观，不利于其健康成长。

第三节　手机游戏成瘾对青少年社会适应的影响

手机游戏成瘾对青少年社会功能的影响同样不容忽视。青少年过度沉迷于手机游戏所营造的"群体性狂欢"中，或将置自己的现实生活活动于一个相对封闭的环境中，进一步阻碍现实中的交往行为。另外，他们观察和理解现实世界的能力也将被无形地削弱，导致其出现社会适应不良等问题。

手机的便携性使得用户可以随时随地进行游戏，这在无形中增加了青少年对手机的依赖，进而对他们的社会适应产生负面影响。研究表明，手机依赖与孤独感呈显著正相关关系，手机或互联网依赖正是通过孤独感这一中介变量对青少年的人际适应性产生影响（张岩、周炎根、裴涛，2015）。青少年对手机的依赖使其借助手机游戏、网络社交软件等来逃避现实世界的人际交往，这会导致他们无法在现实中建立起亲密稳定的人际关系，并经常感觉到自己被他人孤立，从而内心产生较多的孤独感，并常常伴有个人不被接纳的痛苦体验（刘珍珍，2017）。青少年沉迷于手机游戏的时间越长，他们在现实生活中与他人互动的机会就会越少，长此以往，"人—机—人"的交流模式就会逐渐取代"人—人"面对面的交往模式（卞文龙，2016）。对于游戏成瘾的青少年而言，人与人之间的交流往往以机器为中介，人与人之间的依赖关系被人对网络和计算机的依赖所取代，这极大地减少了人际直接交往的机会。长此以往，成瘾者就会产生认知失调和社会适应不良等问题，很难区分虚拟世界和现实世界（Caplan，2010；Ihlwan，2006）。例如，据中央电视台财经频道（佚名，2018①）报道，手机游戏催生出了越来越多的"宅童"，这些孩子喜欢宅在家里，跟网络中的虚拟人物做朋友。今年四年级的小杨就是其中之一，一到周末，玩网络游戏就是他最喜欢的事情。小杨称，"基本上一天（都）把自己关在自己的房间里玩（游戏）。""即使是休息也不愿意出去跟朋友聊天。"究其原因，小杨认为，"我觉得外面没什么好玩的，而且又累，太阳又晒，我比较懒。"在小杨看来，游戏有社交功能，比起现实世界的社交，他更喜欢虚拟世界里的朋友，对此，小杨表示，"在游戏里面认识了很多聊得来的朋友。游戏就像社交平台一样可以加很多好友，没事的时候就可以在游戏中探讨（游戏）技能如何使用，或者聊一聊游戏更新时间，以及哪些（英雄）更厉害等等。很多次就是他们发个信息给我，我只要有时间就跟他们一起上线打游戏。"对于青少年来说，手机游戏的聊天交往功能能

---

① 佚名：《今天要跟年轻爸爸妈妈们聊聊这个问题》，2018年6月11日，http://news.cnr.cn/native/gd/20180601/t20180601_524255025.shtml，2020年6月5日。

够在一定程度上提高他们的虚拟社交能力，但也容易使他们忽视和弱化现实社交关系的维系。

与此同时，许多手机游戏都含有紧张与刺激的环节，需要玩家精神高度集中，突然的打扰或打断很有可能迫使他们重新开始游戏或者造成游戏中的经验、道具丧失等后果。因此，游戏突然结束后玩家经常出现焦虑不安、莫名其妙地发脾气、无法集中精力等状况，从而无心参加社交活动。加之玩家在游戏所营造的虚拟世界中可以通过扮演与现实世界截然不同的身份进行相应的活动，比如在闲暇时间可以采药、钓鱼、做饭、饲养宠物、与他人交易所需物品等，游戏中的这些活动与现实生活具有较高的相似性，且以自我期望塑造的全新身份进行游戏活动对青少年更具吸引力，如果他们长期沉溺其中，往往会导致他们在现实生活中的人际交往和沟通能力下降（梁维科，2011；马薇薇，2007）。

另外，在手机游戏所营造的高度自由的虚拟世界中，一些意志薄弱的青少年很容易放纵自己的行为。在虚构的手机游戏场景中，玩家不必为说过的任何话、做过的任何事承担相应的责任，他们甚至可以进入一个为所欲为的虚拟世界，这不利于青少年社会责任感的培养，并容易导致他们在现实生活中出现性格孤僻、不愿与人交流、社交能力下降等社会功能不断弱化的问题（马薇薇，2007；赵文东，2019）。手机游戏成瘾的青少年很可能将不再重视现实人际关系的建构，班集体、社团和学生会等组织对于青少年的积极影响也被无形弱化，这或将在一定程度上淡化他们的大局意识和协作精神。而当手机游戏成瘾的青少年踏入社会时，工作单位所注重的团队协作和互利共赢精神也会让他们无法适应（赵文东，2019）。

第四节　手机游戏成瘾对青少年日常生活的影响

对游戏成瘾的青少年而言，游戏已不单是休闲消遣，而是他们日常生活中不可缺少的一种文化娱乐乃至生活方式，他们日常活动的优先顺序以及权重也会随之产生变化。因此，手机游戏成瘾会对青少年的日常生活造成多方面的负面影响。

在学业上，学习兴趣是影响青少年学业成绩的积极因素之一，而手机游戏精美的制作、获得成功的快乐以及不受约束的自由感对青少年有着极大的吸引力（方晓彤，2018），这使得他们对逻辑性强、内容较为枯燥的学习课程的兴趣日益减少。青少年沉迷手机游戏后，会把大量的时间耗费在游戏上，在课堂上不听老师讲课，低头玩游戏，这不仅会扰乱正常的课堂秩序，破坏良好的教学氛围，甚至会对其他同学的课堂学习造成负面影响。部分青少年甚至连正常的学习活动都不愿意参加，经常迟到、早退，甚至逃课，严重扰乱学习计划，致使学习成绩每况愈下，最终荒废学业（王玉，2010；赵文东，2019）。梁洁（2018①）对某医学高等专科学校的238名在校生手机游戏的使用情况进行调查，结果显示，手机游戏成瘾表现得分越高的学生，其学习动机表现得分越低，即手机游戏成瘾倾向越高的学生越专注于游戏，越容易对学习产生倦怠感与疲惫感，导致其对学习的兴趣与信心逐渐减少，常常沉浸在自己的游戏世界中，进而影响其他方面能力和素质的发展。

据河北新闻网（马利，2017）报道，石家庄市民李楠的孩子正在上小学，英语、语文老师每天的朗读作业需要通过手机语音上传，每到此时，李楠都要盯着孩子来完成。"不是看他读得怎么样，是怕他玩游戏。"李楠说，"近一个多月，孩子一回家就埋头玩手机游戏，学习成绩直线下降。"一怒之下，李楠没收了儿子王路曼（化名）的手机。然而，王路曼并没有就此罢休，不仅借同学的手机玩，还让同学帮他打段位，怎么都放不下游戏。王路曼表示，"在游戏中能得到其他玩家的赞扬和认同，有一种满足

---

① 梁洁：《医专生手机游戏成瘾与学习动机的关联性研究》，《吉林省教育学院学报》2018年第3期。

感。"而这种满足感，不仅来自于游戏本身，还来自于一种从众心理。"平时大家聊的内容都是（手机游戏）这些，如果你不玩，嘴都插不上，会感到孤单。"王路曼说，之前他和小伙伴们玩过《天天飞车》《奇迹暖暖》《天天酷跑》《雷霆战机》等手机游戏，现在他主要玩《王者荣耀》。他们班有32个男生，除了几个"学霸"，几乎都在玩《王者荣耀》。与传统网络游戏相比，青少年更容易对手机游戏成瘾。石家庄市长征街小学校长杜忠诚表示，"一部智能手机在手，中小学生几乎能在任何时间、任何地点上网玩游戏，学校和家长很难进行有效监管，有些学生因课余时间玩手机游戏导致经常上课注意力不集中，跟不上班级的学习进度，很容易在学习上形成恶性循环。""一些孩子的学习热情让手机游戏给冲淡了。"王路曼的班主任周晓晴（化名）非常着急，她表示道，"如果不加以控制，时间一长，孩子就会对学习失去信心与兴趣，甚至会影响整个班级的学习氛围。"

不仅如此，近年来，屡次出现一些青少年因严重沉迷手机游戏而学习成绩大幅下滑的现象，甚至出现由于没有按时修够学分、学习成绩太差而不得不休学、退学的情况（赵文东，2019）。年仅13岁的小睿接触网络游戏的时间长达四五年，在接触游戏之前，小睿在班上的成绩属于中上等水平。两年前，他接触手机游戏《王者荣耀》后便逐渐沉迷其中，每天至少要玩4个小时，最长的一次持续玩了12个小时，用他自己的话说，一不让他打游戏，他就浑身不舒服，而且脾气变得越来越暴躁，成绩也严重下滑。在接受治疗前，小睿因为沉迷于游戏已经无法继续上学了（张树波、徐珊，2019）。无独有偶，《半月谈》（佚名，2018[①]）发文称，2018年3月3日，年仅14岁的湖南初中生小韦（化名）离家出走后投河溺亡。小韦母亲在微信朋友圈写道："孩子们要从电子游戏中走出来，（否

[①] 佚名：《低龄化边缘化：成瘾性电子游戏正摧毁我们的新生代》，2018年6月6日，http://www.banyuetan.org/dyp/detail/20180606/1000200033134991528246741044899491_1.html，2020年6月20日。

则）虚拟的世界将会摧毁你们这一代。"沉迷于游戏后，小韦变得不想读书，甚至连饭都可以不吃。小韦母亲称其"就像抽大烟过瘾，打完后就高兴了。"因为成绩下滑，又缺乏有效的现实沟通，沉迷于游戏让小韦的压力不断累加，终致轻生。

与此同时，手机游戏中的信息泄露也日渐成为令人担忧的问题之一。近四成的手机游戏存在调用过多权限的情况，这容易导致用户的通讯录、短信内容等私密的数据被随意读取（王晓映，2014）。《水果忍者（中国版）》和微信朋友圈算命测试等手机游戏都曾被曝出存在泄露用户隐私的隐患。2016 年 9 月，广东警方就通过对移动互联网应用安全检测发现了 17 款 APP 存在问题，其中，《会跳的汤姆猫》《暴力摩托狂暴版》和《彩虹泡泡龙》等游戏均存在隐私安全问题（乌梦达、叶前、刘硕，2017）。由于青少年缺乏个人隐私保护意识，他们的个人信息资料更容易被窃取，更容易遭受证件、电话和地址信息泄露等侵犯隐私的问题带来的危害（郑江，2016）。

总而言之，随着智能手机的普及与功能的完善，手机游戏作为互联网时代发展的新兴产业，在促进经济发展，满足人们娱乐需求的同时，也带来了一些负面影响。特别是手机游戏自身具备的虚拟性及社交性很容易让缺乏自制力和判断力的青少年深陷其中，造成游戏成瘾和其他危害身心健康的问题，比如长期玩手机游戏会造成视力下降、颈椎病等身体健康问题，也会导致一些心理疾病和人格障碍，甚至对其人生观和价值观造成负面影响（黄岳、马海林，2018；刘晓虎、童建民、董众鸣，2018）。另外，由于家长和青少年对于手机游戏的态度反差极大，因此很容易导致不和谐的家庭关系，游戏中精美的装备或时装等也容易引起青少年的过度消费行为等（梁维科，2011）。除此之外，大多数手机游戏虽以传统历史为文化背景，却有扭曲历史、消解传统文化的嫌疑，如腾讯旗下游戏产品《王者荣耀》将多位历史人物的故事进行了曲解乃至改编，使得一些心智尚未成熟的青少年容易受到游戏中传播的错误历史内容的影响，这或将影响他们对历史的认识，进而造成历史观的扭曲（赵文东，2019）。因此，我们应及时发现手机游戏中存在的问题，运用合理的方法对青少年的手机游戏使用行为进行约束与监督，从而为青少年的健康成长营造良好的社会环境。

第六章 青少年手机游戏成瘾的干预体系

手机游戏作为人们学习和工作之余重要的娱乐产品,受到了越来越多青少年玩家的喜爱,但同时也对他们的身心健康等方面产生了消极影响。因此,我们需要对青少年的手机游戏使用特别是成瘾行为进行干预。

本章将在介绍现有成瘾相关干预理论、方法以及与成瘾相关的干预支持体系的基础上,借鉴多个游戏产业强国的游戏分级经验以为中国制定相应的游戏分级标准提供参考,进而构建并完善中国青少年手机游戏成瘾的干预体系。

第一节 成瘾干预的理论与方法

随着互联网的迅速发展,网络成瘾问题在青少年群体中日趋严重,引起了社会的普遍关注。国外的大量研究表明,网络成瘾会给人们的生理、心理、工作和学习等方面造成严重的负面影响(Chou, Condron, & Belland, 2005),如损害身体健康、影响正常的工作学习(Young, 1996[①]),增加人们孤独感和抑郁的可能性、降低人们的幸福感和社会卷入度(Kraut,

---

[①] Young, K. S., "Internet Addiction: The Emergence of a New Clinical Disorder", paper delivered to the 104th annual meeting of the American Psychological Association, Toronto, Canada, August 20, 1996.

Patterson, Lundmark, Kiesler, & Scherlis, 1998), 导致社交孤立和社交焦虑 (Turkle, 1996), 还可能导致经济问题 (Shapira et al., 2003)。国内的研究也发现, 网络成瘾使个体具有较高水平的神经质和孤独感、较为消极的自我意识和较高的外控性 (唐志红、周世杰, 2009), 容易导致学生怠慢学习 (魏萍、杨爽、于海滨, 2007) 等。在这样的背景下, 如何对网络成瘾进行积极的干预和治疗逐渐被提上研究日程。

干预是指通过某些方法或渠道促使个体改变原有的态度和观念, 以减少或停止个体的问题行为, 从而控制问题行为的负面影响。顾名思义, 网络成瘾干预、网络游戏成瘾干预以及手机游戏成瘾干预, 是指通过某些手段或对策, 减少或停止个体的网络使用行为、网络游戏使用行为或手机游戏使用行为, 并控制这些行为给个体造成的负面影响。本节将主要介绍心理学、社会学、临床医学和其他学科角度的网络成瘾及网络游戏成瘾干预方法和案例, 以期为青少年手机游戏成瘾干预提供借鉴和参考。

一 心理学角度的干预方法

从心理学角度出发的网络成瘾以及网络游戏成瘾干预方法主要包括认知行为干预、焦点解决短期疗法、团体心理辅导、箱庭疗法以及叙事疗法。

(一) 认知行为干预

认知干预是美国心理学家 Beck 于 20 世纪 70 年代创立的一种心理治疗方法, 他认为患者的错误认知观念是引起其心理紊乱的主要原因, 改变患者的错误认知观念能够改善其情绪和行为 (Beck, 2001)。认知干预主要包括: 1. 认知重建。引导患者理性认识成瘾带来的负面后果, 改变其固有的错误认知观念; 2. 自我提醒。要求患者将成瘾的利弊写在纸上, 每天定时查看; 3. 想象法。让患者想象摆脱成瘾问题之后的理想状态, 进行"理想自我"与"现实自我"的辩论, 增强戒除成瘾问题的动机; 4. 自我暗示。

主要让患者通过自言自语以及写提示语等方式提醒和鞭策自己（冯维、裴佩，2007）。

已有研究证实了认知疗法对解决青少年网络成瘾问题的有效作用。如张朝和于宗福（2003）采用认知干预疗法对网络成瘾患者进行治疗，成功使患者认识到了过度上网的严重后果，并帮助其建立了新的认知观念；高磊和李振涛（2005）的研究则通过对比网络成瘾患者干预前后的状态，发现经过7天的认知干预治疗后，患者的网瘾问题明显有所改善；吴绍兰、郑振宝、杨永信和陈希（2006）的研究发现，采用联合认知干预疗法治疗青少年网络成瘾的效果比单纯使用药物的治疗效果要好。

行为干预是指以经典条件反射和操作性条件反射为基础，把人的行为和外在的环境视作考察对象，介入并人为中断某行为发生和发展的自然过程（姜金乾，2003）。行为干预主要包括：1. 强化法。基于操作性条件反射理论，通过奖励和惩罚措施来巩固患者的良性行为和减少患者的不良行为；2. 行为契约法。同患者签订戒除成瘾问题的行为契约以规范患者的日常行为，帮助其增强自我约束力；3. 厌恶疗法。把要戒除的目标行为与某种惩罚性刺激联系在一起，通过厌恶型条件的反射作用，最终使患者减少目标行为；4. 松弛疗法。让患者进行肌肉放松、呼吸放松、想象放松以及骨骼肌放松等训练，以应对戒除目标行为时出现的紧张、焦虑、不安等不良情绪；5. 自我管理法。激发患者的能动性，让患者通过规范生活法、计划时间法、日记法等方法进行自我管理（冯维、裴佩，2007）。

已有研究发现，行为干预对于解决青少年的网络成瘾问题具有一定效果。如张红英和张程赪（2007）的研究通过对比干预前后青少年网络成瘾患者在网络成瘾量表上的得分发现，行为干预能够有效提升患者对网络成瘾问题和理性使用网络的正确认识；陈志恩和宋清海（2017）通过对各40名的网瘾患者和非网瘾患者的对照实验发现，干预后，青少年网瘾患者的心理健康水平有所提高，行为干预对于改善青少年心理健康状况是有效的。

认知行为干预则是指将认知干预和行为干预相结合的干预方法（王博群，2008）。相较于认知干预或行为干预，更多研究者在研究成瘾问题治疗方法时采用了认知行为干预疗法。Young（1999）基于认知行为疗法，借鉴他人对成瘾症状的研究以及对网络成瘾的治疗效果，提出如下治疗方法：1. 反向实践。打破患者原有的行为习惯定势；2. 外部阻止物。将患者必须要做的事情作为戒除目标行为的督促者；3. 制定时间表。要求患者制定时间表，逐步减少目标行为，直到达到一个合适的水平；4. 节制。控制患者尽量少进行目标行为；5. 提醒卡。让患者随身携带提醒卡，写明成瘾的负面后果和戒除后的变化，以时刻提醒患者减少目标行为；6. 个人目录。让患者列出自己因成瘾问题而忽视的现实活动，以提高他们对现实生活的向往；7. 支持小组。根据患者的不同背景让其参与到不同的社会团体中去，使其得到来自现实生活的帮助；8. 解决现实问题和困难。找出并解决成瘾背后的潜在问题。

Davis（2001）基于认知行为疗法，结合病理性互联网使用的认知行为模型提出了相应的治疗方法，他将治疗过程分为 7 个阶段：1. 定向。让患者了解成瘾的性质以及原因等，列出戒除目标行为要达到的具体要求；2. 规则。患者在治疗期间必须遵循一定的基本规则，包括一些具体的行为要求；3. 等级。帮助患者制定计划以消除与目标行为相联系的条件强化物；4. 认知重组。重新构建对因目标行为而产生愉快感受的认知评价；5. 离线社会化。让患者在现实生活中与他人进行交流；6. 整合。引导患者意识到自己在上线状态和离线状态的不同之处，帮助患者整合两者形成完整的自我；7. 通告。与患者共同回顾整个治疗过程，同他们讨论在治疗过程中达到的具体目标以及戒除目标行为的程度。

Hall 和 Parsons（2001）也曾在个案研究中详细阐述了认知行为疗法的过程：1. 找出患者当前面对的主要问题；2. 找出患者与问题相关的想

法、情绪以及行为等；3. 找出患者不合理的认知；4. 找出患者不合理的观念；5. 帮助患者掌握认知能力、问题解决能力和人际交往能力，逐渐减少网络使用时间。

李赓和戴秀英（2009）采用认知行为疗法对青少年网络成瘾患者进行干预，并且使用中文网络成瘾量表、症状自评量表以及应对方式问卷（Coping Style Questionnaire，CSQ）对干预前后的效果进行测量。结果发现，干预后，实验组患者在这些量表上的得分均显著下降，这表明认知行为疗法能够有效解决青少年的网络成瘾问题。

认知行为干预疗法案例（张莎，2001）：

患者基本情况：高考结束后，父母为小峰配备了电脑，由于暂时没有学业任务，他几乎在家玩了一个暑期的游戏。他在进入大学后，由于生活较为自由，缺乏约束，加之自身不善交流，情感需求得不到满足，便经常玩游戏麻痹自己。近半年来，他经常出入网吧，通宵玩游戏，甚至经常旷课，错过了多门科目的考试，这严重影响了他的正常学业。总之，在沉迷于网络游戏后，小峰作息时间混乱、学习成绩下降，性格从温顺变得暴躁，动辄就发脾气。

认知行为干预过程：1. 第一阶段：（1）让小峰填写信息登记表，了解其基本情况，向他介绍心理咨询的相关规则；（2）采用网络成瘾量表和症状自评量表测量小峰的心理状况，确定其为网络游戏成瘾，并伴有较高水平的焦虑；（3）与小峰及其家人进行交流，了解其家庭生活状况、成长经历以及具体的改变意愿；（4）对问题进行初步分析，发现小峰父母对他的期望很高，但是不善引导，且小峰本身不善交际，在进入大学后，他与同学交流不多，得不到周围人的关注和理解，内心感受无人倾诉，由此缺乏心理满足，但是其发现在网络游戏中能够释放自己的情绪，获得心理满足感。治疗师将此结果反馈给家长，并商讨确立相应的治疗目标，短期目标为与小峰建立较好的沟通关系，帮助其去除内心不合理的观念，建立对网络游戏的正确认知，引导其摆脱对网络游戏的依赖；长期目标为培养和增强小峰的自我情绪调节能力和控制能力，帮助其形成积极健康的生活态度。2. 第二阶段：（1）引导小峰进行深入的自我思考和阐释，了解其内心具体的想法和观念，如对网络游戏的认知、沉迷于网络游戏的原因、与同学和家长之间的关系等；（2）向小峰及其家长介绍认知行为疗法的原理，帮助和引导其进行自我反省以逐渐改变不良情绪和错误观念；（3）布置治疗作业，让小峰记录、总结自己的不良情绪和自动化想法以及错误认知，并在实际生活中进行验证。3. 第三阶段：（1）检查治疗作业，同小峰一起分析他自己记录的内容，帮助其重新建立正确的认知和观念；（2）布置治疗作业，让小峰给父母写信，并让其认真阅读关于过度玩网络游戏的危害等资料。4. 第四阶段：（1）检查治疗作业，发现小峰通过写信与其父母之间的关系变得更加紧密；（2）在小峰认识并改正自己的错误观念后，与他一起商讨矫治网络游戏成瘾的具体方法，如随身携带卡片以进行自我提醒、自我暗示以抵御网络游戏的诱惑，制定时间表以逐渐减少电脑使用时间、每天与同学一起进行运动等以转移自己的注意力。5. 第五阶段：（1）充分肯定小峰取得的进步，鼓励其进一步加强与家长、同学和老师的交流，并向其强调自身的意志力和自控力是能彻底戒除网瘾的关键；（2）引导小峰回忆自己的成功经验，激发其学习动机，帮助其制定后续的学习计划。

治疗结果：1. 小峰的自我评估：这个治疗过程让自己收获很多，自己上网和玩游戏的时间都有所减少，作息时间也变得正常了很多，此外，自己与父母和同学的关系得到了改善；2. 同学及其父母的评价：小峰的精神面貌改善了很多，会主动与人交流，在学习方面也变得积极主动了；3. 治疗师的评估：小峰基本形成了正确、合理的认知以及适应性行为，摒弃了将网络游戏作为逃避现实的方式的错误想法，提高了情绪的自我调节和控制能力，此外，如要彻底戒除网瘾，还需要继续坚持和努力。

(二) 焦点解决短期疗法

焦点解决短期疗法（solution-focused brief therapy，SFBT）是由以 Steve 和 Kim 为核心的工作小组提出的一种以寻找解决问题的方法为核心的短期心理治疗技术（Shazer & Berg，1992）。传统的治疗将治疗师视为专家角色，聚焦于寻找个案的病症与缺失，深入探讨个案固有的问题形态，并且追溯问题的成因。与传统的以问题为导向的（problem-focused）治疗不同，焦点解决短期疗法是以解决为导向的（solution-focused）治疗，它将个案视为专家，聚焦于个案的改变及其可能性，探讨个案的目标、意愿以及未来等，从而可以有效解决个案问题以达到效益与效率的并重（戴艳、高翔、郑日昌，2004）。换言之，两者之间最大的区别在于传统的治疗方法倾向于以治疗师为中心，着重探讨个案的问题及其成因，以此来推动问题的解决；而焦点解决短期疗法促使患者个人成为改变自己行为的主导者，并帮助患者充分发掘自身的资源和潜能来解决问题。

具体而言，焦点解决短期疗法的基本理念如下：1. 事出不一定有定因。许多问题的因果关系是难以确定的，问题往往是多重因素作用下的结果，在治疗过程中，若一味地进行因果分析，就会过度耗费时间和精力，因此不如直接以解决为导向，寻找解决问题的办法，帮助个案向好的方向转变；2. 问题的正向功能。焦点解决短期疗法认为，一个问题除了呈现出病态或弱点等负向功能之外，还存在某些正向功能，这些正向功能会帮助个体寻找更好的方法解决问题行为，因此治疗师的重要任务之一就是让个案感到其状况有所改善（James & Bill，1997）；3. 合作与沟通。这是解决问题的关键，焦点解决短期疗法认为，个案和治疗师之间是一种合作关系，治疗师一定要配合个案（Wright，2001），换言之，治疗师是解决问题的专家，个案是最了解问题的专家，两者合作才能有效解决问题（戴艳等，2004）；4. 不当的解决方法是造成问题的根本。人们在试图解决问题的过程中会很容易因方法不当而形成不好的行为习惯（Stalker，Levene，& Coady，

1999），问题通常是由不当的解决方法造成的，因此焦点解决短期疗法强调解决发展（solution development）导向，并且认为在解决问题时要考虑问题的多面性、特殊性以及发展弹性等；5. 患者是解决自身问题的专家。焦点解决短期疗法认为患者自身具备解决问题的能力，治疗应从患者自身的优点、资源和特性等出发，因人而异（Marcheta, Albert, Shaun, & Vicki, 2002），治疗师的任务是引导患者发挥自身的能力解决问题；6. 从正向意义出发。焦点解决短期疗法强调要重视并增强个案的优势，而不是其缺陷（Frankli & Bolton, 2007），引导个案看到自身的优势在扩大，使其转向积极的治疗（James & Bill, 1997）；7. 骨牌效应。焦点解决短期疗法认为小的成功的开始能够激发和增强患者解决问题的信心和动机，因此，该疗法通常通过强化患者已有的改善问题的成功经验来帮助患者意识到其本身具有解决问题的能力（James & Bill, 1997）；8. 凡事都有例外。焦点解决短期疗法强调凡事都有例外，例外是指问题未发生或发生程度较低的个案所处的特定情境，只要有例外发生，就能从例外中找到解决问题的办法（戴艳等，2004）。

已有研究发现，焦点解决短期疗法在戒除网络成瘾问题情境中具有一定的适用价值。如杨放如和郝伟（2005）的研究发现，在经过焦点解决短期疗法干预后，青少年网络成瘾者在网络成瘾诊断问卷（Internet Addiction Disorder Diagnostic Questionnaire，IAD-DQ）和症状自评量表上的得分以及上网时间等方面均有所下降或减少。

焦点解决短期疗法案例（李丽、梅松丽，2016）：

患者基本情况：患者19岁，性别男，为大一新生，高中时期课业繁重，几乎没有时间玩手机。上大学以后，时间管理较为宽松，他每天频繁查看手机，24小时手机不离身，即使睡觉时手机也放在身边，晚上10点上床躺下后，经常玩到凌晨2点多，这使他睡眠严重不足，无法专心学习，人际关系也受到负面影响。虽然患者知道自己这样不好，但是无法控制自已使用手机上网。

焦点解决短期疗法治疗过程：首先，治疗师采用中文智能手机成瘾量表（Smartphone Addiction Scale-Chinese，SAS-C）、Barratt 冲动量表（Barratt Impulsiveness Scale，BIS）以及焦虑自评量表（Self-Rating Anxiety Scale，SAS）对患者的基本情况进行判断，结果发现其手机成瘾得分为 61、冲动性得分为 59、焦虑自评得分为 53。这表明其具有明显的手机成瘾倾向，且自控能力较弱，并伴随着轻度的焦虑症状。然后，具体开展焦点解决短期疗法，此疗法治疗时间共 3 周，每周 1 次，每次 60 分钟。1. 第一阶段为建立有效的沟通对话（40 分钟），具体方法为：（1）问题的描述或对话。建立对话是核心所在，通过对话了解患者具体的智能手机成瘾行为，收集与问题行为相关的信息，努力引导对话朝着解决问题的方向发展；（2）治疗目标的设置。协助患者根据自己的意愿建立具体、可行的目标，并引导其解释自己的目标；（3）探索例外。根据焦点解决短期疗法的"凡事总有例外"的假设，引导和帮助患者寻找例外事件，即探索能够使患者摆脱手机成瘾行为的情境，以缓解其不良情绪，增强其解决问题的信心；（4）假设目标架构。引导患者想象未来自身的手机成瘾问题已经被解决，以此鼓励患者对真正解决手机成瘾问题充满希望。2. 第二阶段为休息阶段（10 分钟）：主要让患者回忆和消化第一阶段的对话内容，并告知患者休息之后将有一个反馈阶段。3. 第三阶段为反馈阶段（10 分钟）：每次治疗结束前，治疗师都要收集有效的反馈，并适当表扬患者的良好表现，针对不良之处提出相应的建议，最后可以给患者布置家庭作业。

治疗结果：治疗 3 周后，研究者发现患者在中文智能手机成瘾量表、Barratt 冲动量表以及焦虑自评量表上的得分均有所下降，而且患者也表示，自己查看手机的次数和手机使用时间明显下降，每天晚上 11 点左右就关掉手机，因此其学习的注意力更为集中，与同学的关系也得到了改善。

（三）团体心理辅导

心理场理论认为，人的行为会受到个体心理和生活空间因素的影响，而团体心理辅导（又称为团体心理咨询）正是建立在心理场理论基础之上的心理干预方式。团体心理辅导是在团体情境下进行的人际交互过程，即个人与一群同伴以及一名专业的心理咨询员共同探讨问题症结，以期改变个体的态度和行为的人际交互过程（王瑞霞，2014）。陈婧和陆春红（2009）认为，团体心理辅导是相对于个体心理辅导而言的，它是一种借助团体内的人际交互作用，促使个体在交流中观察审视和调整改善自己的心理辅导形式。总之，团体心理辅导强调团体动力的作用。

根据不同的标准，团体心理辅导可以分为不同的类型，如根据功能的标准，可以分为成长性团体辅导、训练性团体辅导和治疗性团体辅导；根据计划程度的标准，可以分为结构式团体辅导和非结构式团体辅导；根据参与者性质的标准，又可以分为开放式团体辅导和封闭式团体辅导、同质团体辅导和异质团体辅导（王瑞霞，2014）。

针对不同的问题，团体心理辅导有不同的咨询程序，在面对成瘾患者时，团体心理辅导有以下具体程序：1. 确定团体心理辅导的目标；2. 对患者的心理障碍进行预处理；3. 确定团体的规模和人员结构；4. 确定团体心理咨询的方式及间隔时间；5. 确定心理咨询的计划和内容；6. 实施具体的团体心理咨询过程（王博群，2008）。

团体心理辅导有以下优点：1. 团体途径解决问题更有效率；2. 团体内资源和观点多元化；3. 个体在团体内具有普遍性；4. 个体在团体内具有归属感；5. 个体拥有练习新行为的机会；6. 个体拥有接受反馈的机会；7. 个体拥有间接学习的机会；8. 与现实生活场景具有相似性；9. 个体在团体内具有遵守承诺的责任（Jacobs，Masson，& Harvill，2000）。

团体心理辅导主要有以下作用：1. 促进个体观点和态度的分享；2. 增进个体自我接纳和自我尊重意识；3. 促使个体探索生命的价值和认知哲学；4. 使个体学会接受和尊重他人；5. 使个体学会解决问题和正确决策的方法；6. 使个体能够感知到他人的需要；7. 使个体学会关心他人；8. 使个

体能够将在团体中学到的经验应用到现实生活中（刘勇，2007）。

已有研究证实了团体心理辅导在改善和解决成瘾问题方面的有效性。如 Young（1999）和 Kim（2008）针对学生网络成瘾干预的研究发现，团体心理辅导是一种行之有效的干预方法；张文海和卢家楣（2009）的研究发现，经过团体心理辅导的实验组大学生在网络成瘾、自尊和认知情绪调节等方面都有了显著的改善；孔明等（2011）的研究也证实，经过团体心理辅导后的大学生的网络成瘾指数显著下降，其情绪调节、控制能力和幸福感等方面的指数显著上升。

团体心理辅导干预案例（申晓晴等，2015）：

研究对象基本情况：研究者通过向某校大学生集中发放问卷以筛选确定最终的实验对象，研究对象需要符合以下所有筛选标准：1. 网络成瘾问卷中网络游戏成瘾项目得分超过 25 分；2. 迫切希望改变当前网络游戏成瘾现状；3. 通过研究者的个别访谈被认为适宜参加团体心理辅导。最终确定满足以上所有标准的研究对象共 27 名，并将他们分为 3 组，每组 9 人，各组均接受为期 3 天、每天 5 小时的团体心理辅导。

团体心理辅导过程：首先，研究工具主要包括大学生网络成瘾量表、症状自评量表、人际交往能力量表以及相关的统计分析软件。其次，具体的干预过程主要分为 4 个阶段：1. 了解现状。与研究对象进行交流互动，同他们一起讨论网络游戏成瘾带来的困扰和困惑，形成良好的团体氛围；2. 分析问题。在良好的团体氛围中，将他们在网络游戏成瘾方面共有的不良情绪和问题行为分离出来加以讨论分析，在讨论过程中，每个研究对象的人际交往问题也会呈现出来；3. 解决问题。帮助研究对象接纳和改变不完美的自己，培养和加强他们的社会交往能力和情绪调节能力，在讨论问题的过程中，每个研究对象都会得到有效的支持；4. 面对现实。帮助研究对象建立有效的社会支持系统，引导他们探索有意义的人生价值取向，从现实生活的角度出发，努力让他们的行为适应社会现实。

治疗结果：将研究对象在团体心理辅导前后在网络成瘾量表、症状自评量表以及人际交往能力量表上的得分进行比较，结果发现，治疗后，研究对象在网络游戏成瘾项目、症状自评量表和人际交往能力量表上的平均得分均明显下降。这说明，团体心理辅导在解决研究对象的网络游戏成瘾问题和改善他们的人际交往能力等方面的效果显著。

（四）箱庭疗法

箱庭疗法最早由 Kalff（1980）结合 Jung 的分析心理学、投射技术以及 Lowenfeld 的世界技法提出，在中国又被称为沙盘疗法或沙箱疗法。该疗法通过让患者在有细沙的特制箱子里随意摆放组合玩具的方式再现其多维的现实生活，以实现针对性的心理评估、心理分析与心理治疗。它是一种将分析心理学理论与游戏疗法结合起来的心理疗法，能够帮助患者区分内部世界和外部世界，促使患者将无意识的心理内容转化为有意识的直接行动，进而帮助患者解决问题（张日昇、耿柳娜，2003）。

箱庭疗法主要包含个体箱庭疗法、平行箱庭疗法和团体箱庭疗法三种类型，它们的区别主要在于工作对象和沙箱的数量。个体箱庭治疗的工作对象只有一人，且在一个沙箱中进行；平行箱庭疗法的工作对象是多人，且分别在不同的沙箱中进行；团体箱庭疗法的工作对象也是多人，但在同一个沙箱中进行，另外，当这些工作对象均是家庭成员时，该疗法又被称之为家庭箱庭疗法。与个体箱庭疗法和平行箱庭疗法不同，团体箱庭疗法所设定的规则更符合真实的社会生活情景，因此，团体箱庭疗法又称为限制性团体箱庭疗法。

箱庭疗法的基本过程如下（Kalff，1980）：1. 患者自己创造箱庭作品，在此阶段内，治疗师的角色主要是陪伴者和倾听者，其主要任务是为患者创造一个温暖和值得信赖的环境，必须要注意的是，当患者创作箱庭作品时，治疗师应尽量减少与患者的语言交流，不要对患者的箱庭作品进行评价或判断，以免打扰患者；2. 患者就自己的箱庭作品进行描述或讲故事，在此阶段内，治疗师应与患者进行必要的交流，患者会对自己的作品展开较多的说明，他们讲述的故事体现在作品中，并且把自己作为故事的作者，治疗师要做的就是通过支持、解释、整合、启发等方式帮助患者阐述其作品所代表的意思或表达的主题。

已有研究表明，箱庭疗法对于解决青少年的网络成瘾问题具有一定效果。如朱坚和孔匡建（2007）的研究发现，箱庭疗法是青少年网络成瘾治疗中较方便、较易于发现问题且能充分揭露青少年网络成瘾者内心世界的理想治疗手段；李望舒（2011）的研究也发现，箱庭疗法的趣味性和非言语性适用于阻抗性比较强的青少年的心理治疗，在经过12次箱庭治疗后，参与治疗的青少年的网络成瘾问题得到很大改善。

个体箱庭疗法案例（罗燕，2014）：

患者基本情况：H，男，20岁，某高校大二学生，游戏成瘾半年。H的家庭经济比较拮据，其父亲是某中学宿舍管理员，性格强势，对H要求严格；其母亲是个体小商贩，性格温和；其姐姐在外打工。H大二上学期开始沉迷于网络游戏，大部分时间在宿舍玩游戏，经常旷课，并逐渐对专业学习失去兴趣。他表示自己上学期期末曾想要办理休学，但父亲坚决不同意，他只好继续在校学习。由于上学期落下一些课程，导致H本学期有几门课几乎听不懂，于是他上课坐在教室做其他事或干脆逃课，常遭父亲责骂。H内心希望能在父亲帮助下培养良好的学习和生活习惯以克服网瘾，但父亲总是责备，根本不理解他。因此，H希望通过某种治疗方法增强自我控制能力，克服游戏成瘾，回归正常生活。咨询师认为，H的学习和生活长期受到游戏的负面影响，对所学专业丧失兴趣，加之又得不到家人尤其是父亲的理解帮助而内心痛苦不堪，但其具备良好感知能力和思维能力，与同学和辅导员老师关系融洽，属于一般心理问题。

个体箱庭疗法过程：首先，为了解决H的网络游戏成瘾问题，咨询师需要帮助H找到一个内在的改变途径，以便使其更好地认识自我、控制自我和实现自我，因而最终选择个体箱庭疗法。其次，开始展开具体的个体箱庭疗法过程。该治疗过程要求患者在规格为 120cm × 90cm × 7cm（内尺寸）沙箱内进行沙盘制作，每周 1 次，每次 50 分钟，每次可选择任意的沙具在沙箱里创作一个自己的世界，制作过程中，咨询师不给予任何指导。制作完成后，咨询师对患者所做沙盘进行评估解读，帮助患者对自身形成新的认识。具体操作程序如下：1. 第一阶段：患者创造沙盘世界，咨询师静静地等待和陪伴；2. 第二阶段：患者体验（建立意识与无意识的交流）与重新配置（意识对无意识的干预）；3. 第三阶段：咨询师以欣赏作品的姿态听患者讲述故事，与患者进行对话交流；4. 第四阶段：咨询师对沙盘游戏的过程（如放玩具的顺序、患者的解释）予以记录，并给作品拍照；5. 第五阶段：回到现实世界，帮助患者把沙盘的世界与现实进行连接；6. 第六阶段：拆除作品，增强患者认为自己有力量解决问题行为的信心。

治疗结果：H 在沙盘游戏中很投入，治疗效果不断增强并得到巩固。在参与了 6 次沙盘游戏后，H 表示箱庭治疗对其帮助很大，他以前认为游戏成瘾是学习和生活最大的外部阻碍，父亲对自己的责备和误解也是一大阻碍，现在发现阻碍主要来自自身，改善现状需要先改变自己，沙盘也使他渐渐明晰了自己的目标以及努力的方向。辅导员反映 H 最近精神面貌比较好，其母亲反映 H 像回到了高中一样，精力旺盛，不再沉溺网络游戏，做事也不再懒散。最终咨询师对 H 再次进行症状自评量表测试，发现其各因子得分都在正常范围内，可见 H 对游戏使用已经有了很好的控制力，能坦然面对父亲，对自己的学业状况和自身的发展有了理性认识，对学习、生活能够安排妥当，其行动力及自我驾驭能力明显增强。

限制性团体箱庭疗法案例（董莉莉、李湘，2019）：

研究对象基本情况：为了反映出客观的干预效果，研究者依据学生的背景情况、网络游戏成瘾量表、网络游戏成瘾程度、心理状态等方面的相似性以及个人意愿等标准来筛选研究对象，最终选取了乌鲁木齐某中学在网络游戏成瘾量表测试中得分较高的 10 名学生作为研究对象，其中干预组和对照组各 5 名学生。

限制性团体箱庭疗法过程：首先，准备器材，主要包括 2 个沙盘、水、2 种沙子、大约 3000 个模具（人物、建筑物、交通工具和动植物等）。然后，具体的团体心理辅导干预过程如下：1. 在心理干预前，记录者与干预组的 5 名学生分别进行谈话，深入了解他们网络游戏成瘾的过程、原因、现状以及期望解决问题的程度；2. 在与干预组的学生建立良好的沟通关系后，协助他们制定干预方案和干预目标；3. 按照张日昇（2012）提出的箱庭疗法方式，对干预组的学生进行 8 次限制性团体箱庭辅导，每周 1 次，每次 90 分钟；4. 在辅导过程中，由干预组学生自主创作箱庭作品；5. 在 8 次辅导后，采用网络成瘾量表和症状自评量表对干预组学生进行测量，并同对照组的数据进行对比。此外，在学生创造箱庭的过程中，记录者会观察和记录学生的状态，并为学生提供必要的帮助。

干预结果：经过限制性团体箱庭疗法治疗的干预组在网络游戏成瘾程度以及症状自评量表上的得分均显著低于没有经过限制性团体箱庭疗法的对照组。此外，研究者还对干预前后的学生进行了访谈，干预前，这 10 名网络游戏成瘾学生的班级表现一般，学习成绩一直处于中下游，其中几名学生还存在不求上进、消极悲观、固执己见等不良心理；干预后，干预组的 5 名学生改变了自己的错误想法，认为与同学一起玩比独自玩网络游戏更有趣。在干预组的 5 名学生经过 6 次心理辅导之后，A 学生已经转让了自己的网络游戏账号，B 学生希望增加辅导次数，C 学生和 D 学生已经基本不玩网络游戏，E 学生已经开始努力学习。

（五）叙事疗法

叙事疗法，又称为叙事心理治疗，它是指在成瘾患者讲述自己的生命故事，接受心理治疗师或社会工作师的帮助后，重新书写自己的生命故事，最终达到解决目标问题的治疗方法（White & Epston，1990）。故事叙述是人类的天性，所有年龄段的人都是使用故事叙事的方式给自己的生活赋予意义（Kugelmann，2001）。

叙事治疗有四个核心原则或技术流程：1. 叙说故事，就是帮助和鼓励个体按照自己的想法和经历讲述自己内心的故事，治疗师在这一流程中的重要任务就是尽可能地尊重讲述者，认真倾听故事并进行分析；2. 外部化问题，就是要将问题和患者个体分离开来，一般而言，人们之所以受到各种问题的困扰，是因为个人意义的实践与主流叙事之间产生矛盾（White & Epston，2013），因此，必须通过外部化问题的方式，解构个体内心的问题，使其重新思索自身的意义以及主流叙事的意义，并引导其意识到个人实践的意义，只有这样，个体才能正视自身的意义，解决个体意义实践与主流叙事之间的矛盾，进而解决问题；3. 寻找例外故事，就是寻找故事中的差异性和例外部分，这是叙事疗法中最重要的流程之一，例外故事是个体信心和能力的来源所在（颜艳燕、管静娟，2009），要帮助个体寻找那些不被问题影响的例外经验，进而找到解决问题的契机（施铁如，2005）；4. 由薄到厚（李川莹，2014），就是帮助和引导个体逐渐形成强有力的个人信念，这一阶段需要家人、朋友以及同辈人群的帮助，以增强其信心，肯定自身解决问题的能力。

已有研究发现，叙事疗法对于解决网络成瘾以及游戏成瘾问题具有有效作用。李川莹（2014）通过个案研究发现，叙事治疗模式在青少年网络成瘾问题中具有很高的可行性和应用性；Joseph（2014）的研究也证实了叙事疗法对于解决电子游戏成瘾问题的有效作用。

叙事疗法案例（李川莹，2014）：

患者基本情况：李某某是一名初三学生，初二时迷恋上了网络游戏，自此学习成绩一落千丈。家长发现后对其采取了比较激进的教育方式（如禁止出门，不给零花钱，甚至打骂等），加之父亲在家的时间较少，母亲文化水平不高，导致李某某缺少与父母正常的交流和沟通，因此父母的管教非但没有解决问题，反而激化了其与父母的矛盾。

叙事疗法治疗过程：首先，在了解李某某的基本情况之后，研究者尝试与其建立信任关系，并且搜集相关资料以制定具体可行的操作步骤，进而采用叙事疗法帮助患者戒除网络游戏成瘾问题。其次，开始展开具体的叙事治疗过程：1. 故事叙述，找出问题。引导李某某讲述自己的故事，重新检视自己的生活，李某某说，网络游戏是一个不同的世界，他可以在其中扮演各种各样的角色，而且他的游戏账号非常厉害，能够打败其他人，玩游戏的时间过得特别快，因此自己玩游戏的时间也逐渐增多。由于没有时间写作业，老师和父母经常责备他，而且一些好朋友也不跟他玩了。整理分析后，研究者发现，李某某迷恋网络游戏、厌学，并且与父母的关系紧张；2. 外化问题，寻找原因。外化问题的目的是解构问题，把李某某和问题分离开来，找出一直影响他的不良经历或消极情绪，为重建叙事建立基础。李某某觉得自己是一个问题学生，很显然，他把自身看成了问题本身，因此研究者尝试引导他外化问题，帮助他意识到网络游戏才是真正的问题所在，并且让他感觉到自己有希望摆脱网络游戏成瘾问题；3. 寻找例外。例外就是李某某在问题之外的一些特点和经历，也就是那些还没有被网络游戏成瘾问题控制的一些情节或故事，以此来启发他重新审视自己，破除固有的叙事建构观点，找回解决问题的信心，重新建构故事；4. 由薄到厚，进行巩固。最后要不断强化叙事心理治疗给李某某带来的解决问题的信心，帮助他形成积极向上的信念，必要时，还可以与他一起商讨制定后续的改变计划。

治疗结果：在治疗4个月后，研究者对李某某及其家长、老师进行回访，发现李某某的网络游戏成瘾问题有了很大的改善。其父母说，他现在能够保持每周只在周末两天上网，且每次上网都不超过4个小时，而且他与父母的关系也得到了改善，能够与父母主动交流；其老师说，李某某明显比之前更能专注地学习，感觉他已经基本回归到了正常的学习生活中。

二 社会学角度的干预方法

从社会学角度出发的网络成瘾以及网络游戏成瘾干预方法主要包括家庭干预和社会支持干预等。

（一）家庭干预

个体的发展与周围环境息息相关，对青少年游戏成瘾的干预不仅要集中在个体研究上，还应该将个体放到全局中，结合家庭、群体和社会等外部因素来分析问题，并尽量把握好内外部因素之间的相互关系（朱桂英、孙国翠、昝金国，2016）。家庭是青少年接触社会的第一场所，是他们认识社会准则和建立行为规范的第一课堂，家庭构成了影响青少年心理和行为的最基础、最重要的因素（霍金芝、袁德林，1995）。

家庭是孩子主要的生活环境，家长能够在孩子使用手机游戏过程中进行干预，而其他干预方法如心理干预、药物干预等都是在孩子使用手机游戏产生负面影响后进行，或在选取的特定周期内进行干预，具有一定的滞后性。家长对青少年手机游戏使用的干预方法，在传播学中通常被称为"家长调解"（parental mediation），主要分为三类（Nathanson，1999；Valkenburg，Krcmar，Peeters，& Marseille，1999）：主动性调解（active mediation）、限制性调解（restrictive mediation）以及共同观看或共同使用（co-viewing or co-using），这些家长调解方式能够较好地弥补其他干预方式滞后性的缺陷。

具体来说，主动性调解是指家长主动向孩子讲解和评论游戏内容（Valkenburg et al.，1999），即孩子在玩游戏的时候，家长尝试观察孩子的行为、就游戏内容进行讲解或评论。家长对游戏内容的讲解包括向孩子讲述关于游戏情节的信息、解释关于游戏机制的原理或询问孩子其他关于游戏故事的内容等；而家长对游戏内容的评论则是多种多样的，它可能是正面的，例如表达对游戏角色或情节的欣赏，也可能是负面的，例如发表对游戏角色或内容的贬低言论（Nikken, Jansz, & Schouwstra, 2007）。限制性调解是指家长提前制定关于孩子使用手机游戏的限制性规则（Valcke, Wever, Keer, & Schellens, 2011），大多数规则可概括为以下三类（Bybee, Robinson, & Turow, 1982; Valkenburg et al., 1999）：其一，限制使用游戏的数量和时间，例如规定孩子每天玩游戏的时间不得超过 2 小时；其二，限制使用游戏的内容，例如家长可能禁止孩子接触非该年龄段级游戏或限制孩子玩暴力性质的游戏，禁止孩子使用网络游戏上的聊天功能，或者是利用电脑、手机等固有的终端技术功能限制（例如密码、家长控制系统和过滤软件等）孩子访问某些内容；其三，在规范在线使用方面，对隐私和游戏互动设置规则，例如孩子需要将账户密码告知家长，家长甚至可以设置终端密码或没收终端来完全禁止孩子的游戏活动。以上这些规则都旨在使家长能够监督和规范孩子的游戏使用行为。共同使用是指家长和孩子一起使用游戏，由于以往学界将研究重点放在电视上，因此最初该概念被称为"共同观看"，但是更准确的术语是"共同使用"，它不仅包括共同观看电视，还包括共同使用游戏在内的所有共同媒体使用行为（Valkenburg et al., 1999）。目前家长和孩子一起玩游戏的行为比较鲜见，大部分家长不认可游戏的正面作用，认为游戏会对自己的孩子造成严重的负面影响，也不愿意去了解游戏以及孩子沉迷于游戏的原因。有研究发现，只有当认识到游戏具有积极的社会作用时，家长才会采用共同使用这一调解方式（Nikken, 2003），但是总体而言，大部分家长不会对游戏持开放和接纳的态度，因此，共同使用这种调解方式在游戏干预中十分少见，家长更多采用主动性调解和限制性调解来干预孩子的游戏使用行为（Schaan & Melzer, 2015）。

　　已有研究发现，家长调解对于预防和改善青少年的网络成瘾问题具有一定效果。如 Chang 等（2015）的研究调查了家长调解与青少年网络成瘾之间的关系，结果发现，父母的限制性调解有助于预防青少年的网络成瘾问题；Dasteaee、Koohestani 和 Sorbi（2020）的研究发现，家长调解能够有效减少青少年在网络和游戏上花费的时间，进而能够有效降低青少年网络成瘾的概率。

除了家长对孩子的游戏使用行为进行即时调解以外，对已经游戏成瘾的青少年而言，家庭干预也是必需的。家庭干预是指基于控制论、系统论和信息论，研究并尝试改变家庭成员的心理过程、行为沟通、彼此之间的互动关系以及家庭结构的干预方法（冯维、裴佩，2007）。系统的家庭干预也被称为继精神分析、行为主义以及人本治疗后的第四大治疗方法（Sharf，2000）。

家庭干预具体步骤如下：1. 预备性谈话。预先了解患者的家庭背景、结构和关系等以便与其建立良好的沟通关系，外加签订某些特定的协议；2. 治疗性谈话。了解患者成瘾的原因，尝试通过利用自身家庭资源寻找解决问题的途径；3. 布置任务。根据每次治疗的目标，布置相应的任务，并跟踪治疗效果以为后续治疗提供依据；4. 后续访谈。检验上一次治疗的效果，进一步了解家庭的变化并进行分析，据此继续布置任务（霍莉钦，2004）。

王博群（2008）还提到，家庭干预需要注重以下方面：1. 教育家庭成员认识到成瘾问题的严重性；2. 减少对患者的责怪；3. 对家庭中存在的问题进行公开交流，以避免患者通过其他行为寻求感情满足；4. 通过使家庭成员养成新的习惯、倾听患者的感受等方式鼓励家庭帮助患者解决成瘾问题。

已有研究证实了家庭干预的有效作用。如邓林园等（2013）和刘学兰、李丽珍和黄雪梅（2011）的研究均证实了家庭干预在网络成瘾干预中具有积极作用；宫本宏、王晓敏、叶建群和梁晓琼（2010）通过追踪30名青少年经过家庭干预治疗后的表现发现，他们的网络成瘾问题均明显有所改善。

家庭干预案例1（冯砚国等，2010）：

患者基本情况：研究对象为103例确诊为网络游戏成瘾的患者，其中男性78例，女性25例，年龄范围为8—15岁，这些患者均接触网络游戏6个月以上，并且自愿接受治疗。

家庭干预过程：首先，研究工具主要包括家庭环境量表（Family Environment Scale，FES）、儿童行为量表（Child Behavior Checklist，CBCL）、临床整体印象量表（Clinical Global Impressions Scale，CGIS）以及相关的统计分析工具。然后，开始展开具体的干预过程：1. 干预前了解患者的病史、家庭环境、社会环境、性格、兴趣爱好以及父母的教育方式，建立良好的沟通关系；2. 根据了解到的问题，分析家庭环境和教育方式的形成原因，使得家庭成员意识到自身的家庭环境及教育方式中存在的问题；3. 帮助家庭成员认识到自己孩子的网络游戏成瘾问题与不良的家庭环境有关，阐明要想解决孩子的问题，就要先解决家庭环境的问题；4. 制定具体的干预方法：（1）向家庭成员介绍网络游戏成瘾的病因及机制，让他们理解患者的心境和状态；（2）改善家庭的内部关系，强调家庭成员要学会换位思考、相互理解，以增进家庭亲密度；（3）强调家庭成员言行一致的行为矫正方式，控制不良情绪以防止家庭成员间爆发冲突，减少对孩子的过度干涉，减缓家庭环境内部的矛盾性；（4）适当安排家庭娱乐活动，使家庭生活丰富有趣，帮助患者以积极的方式抵抗网络游戏的诱惑；（5）明确每个家庭成员的主要责任，促使他们积极履行相应的义务，让其他家庭成员成为患者的榜样；（6）积极争取同学和老师的帮助，发现患者的优势，协助患者树立正确的人生观和远大的理想。

治疗结果：对比干预前后患者在家庭环境量表、儿童行为量表以及临床整体印象量表上的得分发现，干预后患者在家庭环境量表上的亲密度、情感表达、成功性、知识性、娱乐性以及组织性项目上的平均得分均有所上升，在矛盾性项目上的平均得分有所下降，这说明，家庭干预有效地改善了家庭环境；干预后患者在儿童行为量表中焦虑、抑郁、社交问题、违纪问题以及攻击性问题等项目上的平均得分均有所下降，这说明，家庭干预明显改善了患者的日常行为；干预后患者在临床整体印象量表中病情严重度项目上的平均得分有明显下降，并且经过评定，痊愈患者、显著进步和进步患者比例达到85.44%，这说明，家庭干预能够有效戒除青少年的网络游戏成瘾问题。

家庭干预案例2（沈健，2013）：

患者基本情况：19岁的小王比较聪明，上初中时学习成绩一直不错，但上高中后学习成绩开始逐年下滑，特别是高三一年，成绩已近垫底。最近一个多月，他抗拒学习，回家就是玩游戏，父母非常焦急担心。父亲曾尝试强行关掉网络，小王却私下去家和学校附近的网吧上网，有时跟一些同样不学习的同学混在一起，也曾夜不归宿离家出走。小王表示："刚上高中觉得与同学成绩差距较大，曾努力学习过，但觉得不如别人。"小王曾因为恋爱被家里拆散而抵触情绪大增，并产生严重厌学倾向，加之家庭教育方式不当，亲子关系十分恶劣，因此小王通过长期沉浸于游戏的方式来逃避现实。

家庭干预过程：为了帮助小王积极面对个人发展问题，摆脱对网络游戏的依赖，同时与父母和谐相处，由咨询师和家长共同帮助小王建立行为契约，让小王感受到家庭的力量，从而建立自信，提升自我效能感，构建和谐的家庭关系。行为契约内容如下：1. 每周按时上课放学，周末可以有半天时间交由学生自由支配，其他时间按照已有协商安排进行学习和休息；2. 由于不在学校上晚自习课程，所以学生在五点半放学回家后，需要学习两小时并完成学习任务，才可获得40分钟游戏时间，但不可累积；3. 按时参加学生与父母双方协调决定的家教课程，保证上课听课质量，每月可获得父母奖励一份，如周末一天短期游玩计划，费用由父母全额支付，但游玩时间不可延长；4. 要求学生与家长分别记录每天契约的完成情况，每月交予咨询师审核，家长可根据学生表现每天给予评分（五分制），若每月平均评分超过 3.5 分，可获得额外奖励，由咨询师推荐成长书籍一本，同时学生可对自我进行自评计分，但无奖励。

干预结果：经过三周的适应，小王基本能够履行契约，学习成绩有所提升，游戏依赖症状也有所减轻。在与父母的共同努力下，实施契约两个月后，小王重新建立了信心，基本可以自己控制学习与活动时间，并且能够与父母保持更为融洽的沟通关系，基本达到家庭干预的预期效果。

（二）社会支持干预

社会支持是一种客观存在的且能被个体感知到的社会互动关系，这种社会关系能够给予人们关心、接纳和帮助（Sarason, Levine, Basham, & Sarason, 1983）。基于不同的标准，有学者认为社会支持由情绪支持、手段支持和评价支持组成（刘晓、黄希庭，2010），也有学者认为其由客观支持、主观支持和支持利用组成（肖水源、杨德森，1987）。社会支持干预就是给予成瘾患者积极的社会支持，增强他们解决问题的勇气和信心，帮助其摆脱成瘾行为（冯维、裴佩，2007）。

陆士桢（2005）认为青少年网络成瘾是一个社会性综合问题，需要动员全社会进行综合治理，并且从社会支持干预角度提出如下建议：1. 改变青少年的生活状态，为其创造一个健康成长的社会环境；2. 重视青少年人际环境的改善，为其建立畅通的倾诉和沟通渠道；3. 进入并了解青少年的网络虚拟世界，认识其生存状态，通过现代信息交流工具与其进行有效沟通；4. 帮助青少年正确面对和理性认识网络及网络游戏。

已有研究发现，社会支持可以有效改善青少年的网络成瘾问题。如金荣、闻雪和姜永志（2015）的研究发现，社会支持和大学生的手机依赖程度呈负相关关系，这说明可以通过提供社会支持来改善他们的手机依赖状况；刘文俐和蔡太生（2015）的研究同样发现，社会支持与大学生的手机依赖倾向呈负相关关系；曹立智和迟立忠（2016）的研究发现，社会支持对于缓解大学生的网络成瘾问题具有积极作用。

社会支持干预案例（Hester，2016）：

患者基本情况：28 岁的布雷克偏爱网络游戏，当他念小学四年级时，每天放学后都会至少花 5 个小时玩游戏，周末每天平均玩 10—14 个小时，并且这个习惯一直延续至今。布雷克之所以对游戏成瘾，并不仅仅是因为热爱游戏和游戏中开放式的世界，还与他的家庭有关。布雷克是他父母三个孩子中年纪最小的一个，他非常崇拜哥哥，不过哥哥却经常敌视和欺负他。当年长 4 岁的哥哥与父母吵架，或者当他情绪受到打击时，布雷克就开始寻求解脱，寻找能够让自己藏起来的世界。他说他希望生活在其他世界，因为那比在现实世界生活更容易。布雷克曾两次从大学辍学，游戏已成为阻碍他人生的一大绊脚石。虽然他曾两次在家人的要求下停止玩游戏，但每次都能找到借口重新开始。

社会支持干预过程：为了改变现状，布雷克在 reSTART 中心共接受了三个阶段的社会支持干预治疗。reSTART 中心康复项目的第一阶段是在 Heavensfield 校园进行为期 8—12 周的"戒瘾期"，将患者划分成不同小组，每组 6 人，让他们在 Heavensfield 校园同住。他们结伴出行，一起做事，共同承担家庭责任，并且保持每天晚上 9 个小时的睡眠，从而摆脱对刺激物的依赖。在第二阶段，有意愿的患者可以进入"重启家园"（the reSTART Houses）的一间公寓，与其他患者住在一起。"重启家园"要求患者维持规律的生活方式，如果打破自己的生活平衡计划，就会被赶出去，失去自己的家。现在布雷克处于 reSTART 中心康复项目的第三阶段，他表示，"（这一阶段）没有多少条框了，更多地需要为了自己而前进"。

干预结果：在第一阶段，布雷克学会的最重要的事情之一是敞开心扉,他开始应对压抑的情绪,学会感受其他人的情绪以及脚踏实地地生活。对他来说,改变既有的想法,从不同角度看待事情是一次重大突破。他意识到瘾是一种心理上的疾病,而且他的瘾症是一个需要并且能够被解决的问题。在第二阶段,布雷克已经基本戒除了游戏成瘾问题,他开始被允许使用一些科技产品,如他拥有了一部智能手机,尽管手机内安装了一个叫作 Covenant Eyes 的监控应用软件对他的使用行为进行监控。此外,他规定自己每天只能花两个小时使用公共图书馆的电脑。在第三阶段,布雷克开始对未来有了积极的展望,他希望拿到学士学位并获得飞行员执照。他还正在重建与家人的关系,希望与自己的哥哥和侄子更亲近一些,也希望在正确的时间遇到正确的人,步入婚姻殿堂。

三 临床医学角度的干预方法

从临床医学角度出发的干预方法主要包括药物干预和物理干预。

(一) 药物干预

从生物性因素出发,有学者对网络成瘾的生理机制,尤其是脑神经机制展开研究。研究发现,一方面,成瘾者大脑额部、顶部和枕部等部位的自发脑电(electro encephalo graphy, EEG)指标有明显异常(张芝,2008),自发脑电是大脑皮层神经电活动在头皮的感应信号,它体现着脑部神经细胞的活动以及运动控制、脑部认知和思维等的变化(Hu, Stead, Dai, & Worrell, 2010),这说明成瘾者脑部功能区有异常;另一方面,成瘾者的自主神经功能也有异常,自主神经是个体身体与心理交互的神经基础,包括交感神经和副交感神经(Adinoff, 2004),在成瘾者使用网络时自主神经活动明显,能够使他们从中获得快感和满足感(高文斌、陈祉妍,2006)。此外,还有研究发现,成瘾者在上网时会分泌更多的多巴胺递质以及氨基酸丁,这些具有兴奋性质的递质会抑制个体的负面情绪,使人产生愉悦感并期望重复上网行为,最终逐渐使上网行为成为成瘾者固定的记忆通路,甚至使其上网行为变得模式化（赖华红，2004）。因此，网络成瘾也被认为是一种疾病，需要相应的药物对其进行干预。

目前用于干预网络成瘾的药物主要有抗抑郁药和心境稳定药，其主要作用是缓解成瘾者网瘾发作时产生的抑郁、焦虑、烦躁等情绪，稳定成瘾者的心境。如氟西汀，它通过阻断边缘多巴胺的释放，降低个体的兴奋程度以达到治疗的目的（张落明，2012）。

Shapira、Goldsmith、Keck、Khosl 和 Mcelroy（2000）的研究证明了药物干预的有效作用，在14名使用抗抑郁药干预的网络成瘾者中，有5名患者反馈其上网行为明显减少，在24名使用心境稳定药干预的网络成瘾者中，有14名患者报告其网络成瘾问题有所好转；杨国栋、刘悦和方政华（2005）对网络成瘾患者的初步临床治疗也发现，药物干预对治疗网络成瘾有一定效果。

药物干预案例（刘悦、杨国栋、姚新民，2007）：

患者基本情况：患者为40名年龄在14—18岁的男性，均具有较长的上网史。因长期上网，他们的休息和饮食等都受到了严重的影响，以至于身体状况和精神状况都比较差，具体表现为消瘦、乏力、注意力不集中、记忆力衰退等，而且还会因为不能上网而产生焦虑、烦躁等情绪。

药物干预具体过程：研究者给患者注射一定剂量的东莨菪碱（东莨菪碱为颠茄中药理作用最强的一种生物碱，可用于阻断副交感神经，也可用作中枢神经系统抑制剂），每天注射1次，每次剂量为 0.02—0.03mg/kg，连续注射5天，目的是抑制大脑皮层兴奋，中断患者的强迫性上网行为。此外，研究者还让患者服用中药以调整生活规律，增强免疫力。

干预结果：经过治疗，40名患者的身体状况明显好转，以往容易产生的焦虑、烦躁等情绪有所减退，他们称自己对网络的依赖程度明显减轻，有信心以后能够安心学习或工作。此外，对比其中11名患者干预前后的抑郁自评量表（Self-Rating Depression Scale，SDS）平均得分发现，有7名患者的均分明显下降,这说明,药物干预对于解决患者的网络成瘾问题具有一定的疗效。

(二)物理干预

物理干预是与药物干预相对应的干预方法,主要通过对干预对象进行物理刺激以改变其某些身体机制的方式解决问题(闫俊娟,2007)。已有研究发现,经皮穴位电刺激等物理干预方式对于改善青少年的网络成瘾问题具有一定效果。如闫俊娟、倪牧宇、曲之毅、吴鎏桢和韩济生(2008)曾探讨过 2/100Hz 经皮穴位电刺激治疗网络成瘾的效果,他们使用脑电超慢涨落分析技术,对实验组进行经皮穴位电刺激,结果发现,与对照组相比,实验组在经过 2/100Hz 的经皮穴位电刺激治疗后,网络成瘾症状明显有所改善;吴鎏桢、阎俊娟和韩济生(2007)对 27 例青少年网络成瘾患者进行干预的研究发现,2/100Hz 经皮穴位电刺激能够有效地减少青少年网络成瘾者的上网时间,也能明显地抑制网瘾综合征;唐任之慧和刘学军(2017)的研究发现,相较于不易普及的心理治疗以及具有一定副作用的药物治疗,针刺治疗是一种简便易行、毒副作用小、疗效良好的方式。

物理干预案例(唐任之慧,2018):

患者基本情况:24 名患者均为在湖南省某医院住院治疗或门诊就诊的网络游戏障碍者,他们均通过了 DSM-5 网络游戏障碍标准的测定,此外,他们在近 3 个月内都没有经过任何心理和药物的治疗,没有任何重大躯体残疾和其他精神疾病,且均自愿参与治疗。

经皮穴位电刺激具体干预过程:根据既往的医疗经验及穴位选取的标准,选取患者内关、外关、足三里、三阴交四穴。在患者保持坐位姿势的情况下,将四组电极片连接电针仪后,分别置于他们的四个穴位的皮肤表面,通电后,选择低频、疏密波,并根据患者的承受能力调节电流强度。此外,干预频率为每 3 日 1 次,每次时长为 30 分钟,连续干预 10 次为 1 个疗程,共 2 个疗程。

干预结果：干预后，患者在中文网络成瘾量表、症状自评量表、视觉类比量表以及冲动性量表上的总平均得分均有明显下降，这说明，经皮穴位电刺激对于戒除网络游戏成瘾具有显著效果。

四 其他干预方法

（一）体育干预

体育干预，又称为运动干预，是指以体育运动为主要干预手段，充分利用体育环境、体育情趣、体育精神、体育角色、体育同伴关系等体育元素，纠正青少年问题行为的外部干预措施（刘映海，2015）。它所具有的改善体质、提高素质、释放压力、增加活力、疏导情绪、促进社会化等功能对个体的健康发展起着重要作用（迟铭，2012），因此，采用体育干预方式来改善个体的网络成瘾问题逐渐受到研究者和实践者们的重视。

已有研究证实了体育干预对改善青少年网络成瘾问题的重要作用。如盖华聪（2007）对82名网络成瘾的大学生进行了单盲实验，发现体育干预对于戒除大学生的网络成瘾问题具有有效性和持续性；刘映海、丹豫晋和苏连勇（2010）的研究发现，体育干预对于改善青少年的网络成瘾问题具有明显效果，并指出在体育干预中扩展训练、游泳、网球以及篮球等是比较有效的项目；张海灵（2011）对青少年网络成瘾患者进行心理测试，发现在进行运动干预后，青少年的心理健康水平有明显提升；高军、孙建华和肖坤鹏（2012）的研究也发现，体育锻炼对网络成瘾者具有较好的治疗效果。

体育干预案例（刘映海，2015）：

患者基本情况：患者为某网络成瘾治疗机构的24名初、高中生，其中男性21名，女性3名，所有患者的病程均在4—5个月。干预前，研究者对患者进行了为期1个月的跟踪观察，收集他们的相关资料，并且根据网络成瘾诊断问卷得分将其分为网络成瘾轻度、中度和重度3组（每组8

人),然后从每组中均随机抽取4人分别分配到对照组和实验组。此外,所有患者都被排除患有躯体残疾和智力障碍的可能性。

体育干预过程:实验工具主要包括篮球、跆拳道、羽毛球、网球以及网络成瘾量表等,实验采取单因素设计,自变量为体育干预,因变量为网络成瘾量表测得的分值结果。实验内容为让实验组患者进行定时定量的运动练习,在此过程中要考虑患者的运动兴趣以及身体状况。实验程序为实验组在周一至周五的16:00—18:00进行专项体育练习,他们可以自由选择体育项目,总干预时间为3个月,由一名实验老师和一名经过专业培训的专项老师记录患者的训练状态等。

干预结果:干预后,实验组在网络成瘾量表上的平均得分明显低于对照组,这说明,体育干预对于改善青少年的网络成瘾问题具有一定效果。

(二) 综合干预

网络成瘾是一个复杂的问题,是多重因素综合作用的结果(Hur,2006),因此,有学者尝试整合多种干预方法对其进行综合治疗。如陶然、应力、岳晓东和郝向宏(2007)提出集医学、心理学、教育学、军事化管理以及社会体验五位于一体的综合干预对策,强调运用个体—家庭—团体循环的干预手段来对网络成瘾进行干预。

已有研究证实了综合干预的有效作用。如杨容、邵智和郑涌(2005)采用认知疗法、行为疗法、心理干预、药物干预等相结合的综合干预对策,对23名中学生网络成瘾患者进行治疗,干预后采用症状自评量表、抑郁自评量表以及中学生网络使用情况量表对患者的状况进行了评估,发现综合干预对策取得了显著的治疗效果;李宁等(2008)采用心理治疗为主、药物治疗为辅的封闭式住院治疗模式对48例青少年网络成瘾病例进行治疗,在病例出院一个月后,对其进行随访,发现此治疗模式取得了一定的效果;张兰君(2009)的研究对35名被试者进行了为期12周的体育干预和团体心理干预相结合的综合干预,结果发现被试者的网络成瘾倾向以及焦虑状态均有明显改善；孙静和王海成（2008）采用综合干预疗法和传统心理疗法各治疗大学生网络成瘾患者110例，治疗后发现，虽然两种方法均可降低大学生网络成瘾的患病率，但综合干预疗法的治疗效果明显优于传统心理疗法。

综合干预案例（任慧敏等，2015）：

患者基本情况：患者为2013年4月—2014年8月在某医院进行治疗的网络成瘾患者，共126例。这些患者被随机分为2组，其中实验组为61例，平均年龄为24.2岁，平均接触网络时间为5.1年；对照组为65例，平均年龄为24.6岁，平均接触网络时间为5.0年。所有患者都符合网络成瘾诊断标准，且排除其他躯体残疾或精神疾病。

综合干预过程：实验组进行综合性心理干预，包括个体心理干预、家庭心理干预和团体心理干预，各项干预依次进行，每周1次，每次60分钟，3周为1个疗程，共进行8个疗程的干预。此外实验组还接受药物干预，让患者睡前30分钟—1个小时服用中药，1个月为一个疗程，连续服用1个疗程。对照组只进行个体心理干预，每周1次，每次60分钟，连续进行6个月。

干预结果：干预后，实验组患者在焦虑自评量表、抑郁自评量表上的平均得分均低于对照组的平均得分，这说明综合干预对于戒除网络成瘾具有显著效果。

第二节 手机游戏成瘾干预的支持体系

高频率、高强度的游戏和互联网使用行为日益被视为危害青少年健康发展的重大威胁（Mak et al., 2014），为了有效防止和干预青少年游戏成瘾，国际上诸多国家（如中国、韩国、日本、德国、美国、澳大利亚等）都建立了相应的干预支持体系，主要包括国家主导的政策和法律干预支持体系、游戏公司主导的技术干预支持体系、社会组织主导的治疗干预支持体系以及学校和家庭主导的教育干预支持体系。

一 政策和法律干预

在青少年手机游戏成瘾的政策干预中,韩国政府一直处于干预工作的前沿。具体而言,韩国政府中有八个责任主体负责管理游戏和互联网:(一)科学、信息通信技术部(Ministry of Science, Information and Communication Technology)与未来规划部(Future Planning Department)。作为负责制定和实施互联网成瘾政策的关键所在,该部门根据《国家信息化框架法》(National Informatization Framework Act)制定了一个三年总体规划并负责其实施,且细分了各部委将要承担的项目;(二)文化部(Ministry of Culture)、体育部(Ministry of Sports)和旅游部(Ministry of Tourism)。这些部门根据《游戏产业促进法》(Game Industry Promotion Act),负责监督针对网络游戏问题的干预措施的实施,包括宣传活动、调查活动、培训项目以及医疗护理;(三)性别平等与家庭部(Ministry of Gender Equality and Family)。该部门负责实施《青少年保护法》(Youth Protection Act),避免青少年过度受到网络游戏环境的影响,并以此为据,引入一个名为"关闭系统"的新系统,禁止16岁以下的个人在午夜12点—早上6点玩游戏;(四)卫生、福利部(Ministry of Health and Welfare)。该部门负责开展医学研究和制定治疗模式,并监管全国200多家精神卫生诊所,建立国家综合治疗体系(Koh, 2015)。另外,自2009年起,韩国政府每年都会对目标人群进行一次网络成瘾调查,出现相关临床精神症状的人将被送到医院进行更专业的精神病评估和治疗;对于没有临床精神症状的高危个体,韩国青少年咨询和福利研究所(Korea Youth Counseling and Welfare Institute, KYCI)与国家信息社会署(National Information Society Agency, NISA)也将全年为其提供个人或团体的咨询服务,帮助他们应对和解决情绪障碍、适应困难和家庭冲突等问题(Cho, 2015; Koh, 2015)。

与韩国政府相似，日本政府中也有三个部门的职责与游戏成瘾有关，包括：（一）内务和交通部（Ministry of Internal Affairs and Transportation）。该部门负责监管互联网使用总体规定的实施；（二）卫生、劳动和福利部（Ministry of Health, Labor and Welfare）。该部门负责监管与互联网使用有关的健康和预防措施的实施；（三）教育、文化、体育、科学技术部（Ministry of Education, Culture, Sports, Science and Technology）。该部门负责监督有关预防学龄儿童不良互联网使用行为措施的实施。其中，日本内务和交通部在2012年发起了一项以教育为基础的活动，该活动旨在通过讲座和培训等方式增加人们对互联网等信息技术的了解。教育、文化、体育、科学技术部于2014年启动了"儿童IT道德发展项目"，旨在加深人们对不健康互联网使用的认识，尤其是帮助人们意识到与过度使用智能手机和游戏成瘾相关的危险（King et al., 2017）。此外，日本政府还整顿市场上的"网络咖啡""漫画茶饮店"等未成年人可以随便上网的场所，以防范他们沉迷于网络游戏（范开庆等，2017）。

目前中国对网络游戏行业的管理主要采取联合监管模式，主管部门包括：（一）工业和信息化部。该部门负责制定行业规划、产业标准和制度政策，依法对工业信息业进行管理和监督；（二）国家新闻出版署。该部门负责国产以及进口网络游戏或电子游戏的审批工作。（三）文化部。该部门负责对移动游戏平台运营实施内容监管和行政许可管理；（四）国家版权局。该部门负责游戏软件著作权的登记管理工作（中国报告网，2018）。其中，文化部于2010年正式发布实施《网络游戏暂行管理办法》（以下简称《办法》），这是中国第一部专门针对网络游戏所出台的部门规章，也曾是中国监管网络游戏最主要的依据（九月，2010）。虽然该《办法》涵盖了对网络游戏的经营行为、虚拟货币发行行为、未成年人保护等方面的管理制约，但是在实践中显现出诸多问题，如效力位阶太低，对于未成年人网络游戏的监管内容不够具体详细等，最终该《办法》于2019年7月23

日被正式废止。在该《办法》出台后，中国相继出台了一些网络游戏相关的政策规定、方案和通知等，如2011年4月，文化部颁布《互联网文化管理暂行规定》以加强对互联网服务的控制，其中规定网络游戏（和任何在线产品）不允许包含赌博、色情、暴力或任何被认为侵蚀社会道德或违反法律的内容，还规定禁止未成年玩家购买网络游戏中的虚拟货币，以防止未成年人沉迷于网络游戏、过度消费；2013年，文化部提出《未成年人网络游戏成瘾综合防治工程工作方案》（见附录3），对未成年人保护做出了中长期的规划，并以预防、干预、控制网瘾为主线，旨在从根源上整治严重影响未成年人身心健康的社会问题（郝孟佳、林露，2013）；2016年，国家新闻出版广电总局发布《关于移动游戏出版服务管理的通知》（以下简称《通知》），该《通知》对手机游戏的审批做出了详细规定，明确了移动游戏出版管理流程，其中包括"未经总局批准的移动游戏，不得上网出版运营"等规定；2018年8月30日，教育部、国家新闻出版总署等八个部门联合印发关于《综合防控儿童青少年近视实施方案》的通知，其中国家新闻出版总署将对网络游戏实施总量调控，控制新增上网运营的网络游戏的数量，探索符合国情的适龄提示制度，采取措施限制未成年人游戏使用时间；2019年11月5日，国家新闻出版总署发布《关于防止未成年人沉迷网络游戏的通知》（以下简称《通知》，见附录4），从身份验证、游戏时长、付费、适龄提示等六个方面对未成年用户的游戏使用做出了详细的规定，该《通知》具体从实行网络游戏用户账号实名注册制度、严格控制未成年人使用网络游戏时段与时长、规范向未成年人提供付费服务、探索实施适龄提示制度、积极引导家长和学校等各界力量履行未成年人监护守护责任、帮助未成年人树立正确的网络游戏消费观念和行为习惯六个方面提出关于防止未成年人沉迷网络游戏的工作事项和具体安排。

在法律干预方面，在性别平等与家庭部和文化体育旅游部的推动下，韩国国会（Korean National Assembly）于2011年5月19日通过了《未成年人保护法》(Minor Protection Act) 修正案,旨在保障未成年人的睡眠权 (right to sleep) 和健康权 (right to health)。其中,有两条规定对 16 岁以下的未成年人的互联网游戏使用行为做出了限制:其一,第二十四条规定了家长同意规则,即互联网游戏运营商向未满 16 岁的未成年人提供互联网游戏服务,应当征得其监护人的同意;其二,第二十六条规定了"游戏宵禁"制度,如前所述,"关闭系统"被引入,即在午夜 12 时—上午 6 时,互联网游戏运营商不得向未满 16 岁的未成年人提供互联网游戏服务,为了具体实施"游戏宵禁"制度,韩国国会规定包括手机游戏用户在内的所有游戏用户必须用其身份证号码进行实名注册,这增强了对未成年人身心健康的保护(蔡雄山、柳雁军、曹建峰,2017;Seong,2013)。此外,韩国国会还于 2015 年针对游戏行业制订了《游戏产业振兴法修改案》(Amendment to the Game Industry Promotion Act)。根据该法案,游戏商出售宝箱等"概率性道具"时必须标明购买该宝箱可能获得道具的种类、内部构成比例以及相关道具装备的获得概率,此举旨在遏止手机游戏中日益泛滥的"概率性道具",以防止青少年玩家过度消费以及博彩心理成瘾(梁晓轩,2015)。

在日本,"游戏废人"专指那些因为着迷"智能端游戏"而不能自拔的人,他们往往会患上不同程度的赌博依存症、大麻依存症、暴力依存症等(范开庆、青木、李珍、纪双城,2017)。为了预防"游戏废人"的产生,应对互联网使用与游戏行为的潜在危害,日本专门拟定保障青少年安全及稳妥使用互联网的环境发展法案(2008 年第 79 号法案)(Environmental Development No.79 of 2008),该法案规定:1. 各级政府及社会机构应教育公众正确使用互联网以提高公众意识;2. 需尽快引入法律义务促使互联网服务提供商提供一个类似用户过滤器的服务;3. 支持私营组织(例如非政府组织)的宣传教育活动,引导年轻人适度地使用互联网(King et al., 2017)。

在中国,干预游戏成瘾和网络成瘾的法律规定比较有限,2006 年全国人民代表大会常务委员会修订的《中华人民共和国未成年人保护法》第三十三条明确规定:"国家采取措施,预防未成年人沉迷网络,国家鼓励研究开发有利于未成年人健康成长的网络产品,推广用于阻止未成年人沉迷网络的新技术。"第三十六条规定:"中小学校园周边不得设置营业性歌舞娱乐场所、互联网上网服务营业场所等不适宜未成年人活动的场所,不得允许未成年人进入,经营者应当在显著位置设置未成年人禁入的标志;对难以判明是否已成年的个体,应当要求其出示身份证件。"而细分到青少年手机游戏成瘾干预,目前中国在法律层面还是空白。

二 技术干预

游戏公司主导的技术干预是青少年游戏成瘾干预体系的重要组成部分,游戏公司凭借其技术优势,利用技术手段限制青少年不合理的游戏使用行为。比如韩国的互联网游戏运营公司会在午夜12点—上午6点,强制停止年龄未满16岁的用户的游戏使用;在日本政府的推动下,日本的游戏公司会监控每一个玩家每天的登入次数和游戏使用时间,如果发现用户的游戏使用时间过长,游戏公司会发出提示信息,要求该用户退出游戏,并且还会提醒玩家不要投入过多金额。此外,部分公司还会保护青少年用户,规定他们只能登入限定的安全目录内的网站(王佳可,2012)。

近年来,中国部分大型游戏厂商开始尝试利用多种技术手段,预防或减少网络游戏对青少年潜在的不良影响。各类游戏防沉迷系统相继投入使用,这些系统利用人脸识别、实名校验、未成年人游戏消费提醒等技术手段对青少年用户的游戏时长和付费行为进行管理(蒲晓磊,2019[①])。

案例(一):中国网络游戏防沉迷系统(Online Game Anti-Indulged System,OGAS)

青少年沉迷于网络游戏的主要诱因是大多数网络游戏都设置了经验值

---

① 蒲晓磊:《数据孤立难达理想效果 专家呼吁建国家级网游防沉迷平台》,2019年7月16日,https://www.chinanews.com/ty/2019/07-16/8895527.shtml,2020年5月26日。

增长和虚拟物品奖励功能，而这些奖励主要靠长时间在线累计获得。网络游戏防沉迷系统就是针对上述问题，利用技术手段对未成年人的在线游戏时间予以限制。

2007年4月11日，国家新闻出版总署等八部委联合发布《关于保护未成年人身心健康实施网络游戏防沉迷系统的通知》（以下简称《通知》），规定网络游戏防沉迷系统定于2007年4月15日起实施，并要求所有网络游戏用户均需使用有效身份信息进行游戏账号注册，这是中国首次向公众发布有关游戏开发标准及实名认证方案的具体内容（贺文华，2007），该《通知》还规定，防沉迷系统的实施将按三个步骤进行：2007年4月15日—6月15日，中国各网络游戏企业需按照《网络游戏防沉迷系统开发标准》在原有网络游戏中开发防沉迷系统；2007年6月15日—7月15日为系统测试时间；2007年7月16日起正式投入使用。除此之外，18岁以下的玩家每天玩网络游戏的时间不得超过3小时，游戏使用时间过长会导致游戏自动失效或游戏奖励机制损失。随该《通知》一起公布的还有《网络游戏防沉迷系统实名认证方案》《网络游戏防沉迷系统及实名认证服务协议》等文件，其中，根据《网络游戏防沉迷系统实名认证方案》，所有未通过认证以及被确认为未成年人的玩家，都将被纳入到防沉迷系统中进行监管。

案例（二）：腾讯游戏防沉迷健康系统与成长守护平台

2017年，腾讯在其旗下最热门的《王者荣耀》游戏中率先启用了防沉迷健康系统（朝晖，2018）。腾讯网（佚名，2018[①]）表示，将按照计划于2018年年内完成包括自主研发和代理发行在内的9款热门移动游戏防沉迷健康系统的接入和启用。2019年，游戏防沉迷健康系统的覆盖范围将扩大至旗下其他移动游戏和电脑游戏产品。

[①] 佚名：《〈王者荣耀〉后 腾讯全线游戏产品将启用健康系统》，2018年11月5日，https://view.inews.qq.com/a/TEC2018110500847400? tbkt = G & uid = ，2020年6月7日。

据腾讯网（佚名，2018①）介绍，凡是启用防沉迷健康系统的游戏产品，用户的账号都会强制接受公安的实名校验，以确认相关身份信息的真实性和有效性。校验通过后，确认为未成年人的账号将被纳入防沉迷健康系统进行监管，12周岁以下（含12周岁）的用户每天限玩1小时（同时每日21：00—次日8：00禁玩），12周岁以上的未成年用户每天限玩2小时。校验未通过的账号将禁止登录。

2018年11月28日，腾讯游戏防沉迷健康系统再次迎来升级。人脸识别验证率先在《王者荣耀》中启用，未成年用户在登录游戏时，会被要求进行人脸识别验证，并与其实名信息进行比对。凡是拒绝验证或经验证与实名不符的用户，防沉迷健康系统将统一视作12周岁及以下未成年人，并将其纳入相应的监管。需要进行人脸识别验证的对象主要为经过公安实名校验确认为成年人而游戏内行为特征却疑似未成年人的游戏用户（宗旭，2018）。此外，腾讯网（佚名，2018②）表示，考虑到留守儿童有冒用祖父母身份的可能，因此，针对实名信息为60周岁及以上、存在疑似未成年人游戏行为且在近一周的某一天有过较长游戏时间的用户，防沉迷健康系统将进一步加大验证力度。18周岁以下已被纳入防沉迷系统的未成年用户，则不再进行人脸识别验证。

后续腾讯旗下还会有更多游戏接入防沉迷健康系统，这项新措施的应用范围还会逐步扩大，直至覆盖中国境内腾讯负责运营的全部游戏产品（周小白，2019）。据《新华每日电讯》（乌梦达、樊攀，2019）报道，截至2019年7月，腾讯游戏旗下94款手游、17款端游，共111款热门游戏产品均已接入防沉迷健康系统。此前，为协助家长对未成年子女的游戏行为

---

① 佚名：《〈王者荣耀〉后　腾讯全线游戏产品将启用健康系统》，2018年11月5日，https：//view.inews.qq.com/a/TEC2018110500847400？tbkt＝G＆uid＝，2020年6月7日。

② 佚名：《〈王者荣耀〉率先启用人脸识别验证　"小学生"再也不背锅了》，2018年11月28日，https：//sports.qq.com/a/20181128/013922.htm？pgv_ref＝aio2015_hao123news，2020年6月14日。

进行良性、健康的监护，腾讯推出了游戏成长守护平台，目前，该平台已服务超过2000万用户，82%被绑定账号的用户的游戏时长出现不同程度的下降。在防范青少年游戏成瘾的过程中，腾讯游戏防沉迷健康系统取得了初步的阶段成果。最新数据统计显示（乌梦达、樊攀，2019），相比启用公安实名校验前，在《王者荣耀》游戏中，未满13周岁的未成年用户平均游戏时长下降约59.8%，13周岁及以上的未成年用户平均游戏时长下降40.3%。

游戏防沉迷的关键是要精确识别青少年用户以严格控制其游戏时长。目前，各类游戏防沉迷系统相继投入使用，但全国人大代表李秀香表示，这些由各大游戏厂商自发研制的防沉迷系统，并不能解决数据孤立、自我监督的问题（蒲晓磊，2019①）。中国消费者协会（2019）发布的《青少年近视现状与网游消费体验报告》显示，在对50款手机网络游戏进行体验时发现，只有41款游戏启用了实名制。而且，有的实名制验证方式形同虚设，例如只有17款游戏在登录时强制用户实名，而其他游戏可以利用他人身份证进行实名认证，不少游戏不强制用户验证或者只在产生消费时才进行实名验证，于是不少青少年成功逃避了防沉迷系统的管束。对此，李秀香建议，由监管部门牵头，整合审批和监督部门、游戏公司、学校、家长和社会相关人士等各方力量，以保护青少年健康成长、培养正确的游戏观念为目标，研发一个数据统一、公正透明、绿色高效的国家级青少年网络游戏防沉迷平台（蒲晓磊，2019②）。

三 治疗干预

相关的社会组织是助力青少年游戏成瘾干预的一大力量来源，它们主

---

① 蒲晓磊：《数据孤立难达理想效果 专家呼吁建国家级网游防沉迷平台》，2019年7月16日，https://www.chinanews.com/ty/2019/07-16/8895527.shtml，2020年5月26日。
② 蒲晓磊：《数据孤立难达理想效果 专家呼吁建国家级网游防沉迷平台》，2019年7月16日，https://www.chinanews.com/ty/2019/07-16/8895527.shtml，2020年5月26日。

要是一些与成瘾相关的协会和社会非营利性的成瘾治疗机构,这些社会组织覆盖范围广、资源丰富,旨在为游戏或网络成瘾者提供系统的治疗。比如在德国,主要由"媒体成瘾协会"(Media Addiction Association)以及精神病学、心理疗法和心理科学协会组成的网络成瘾调查和病理组织学小组对网络或游戏成瘾问题进行专门的调查与研究,并主要通过成瘾帮助系统(the Addiction Help System)为游戏或网络使用障碍者提供相关的咨询服务、干预及治疗(Petersen & Thomasius, 2010; Wildt, 2011)。成瘾帮助系统的相关网站除了提供成瘾等基本信息的介绍,还提供以自我测试、咨询聊天等方式来评估访问者的互联网使用情况的功能,并为游戏或网络使用障碍者提供简单的干预措施,以促进其自主改变。德国的媒体成瘾协会网站还推出过相关的服务活动——柏林贝斯皮洛斯咖啡馆(Cafe Beispiellos Berlin,又名"Lost in Space"),该活动的主要目标是寻找互联网使用的替代品或实现更合理的时间管理,以帮助游戏或网络使用障碍者减少对游戏或网络的依赖,尽早回归正常生活(Dau, Hoffmann, & Banger, 2015)。此外,德国一些成瘾治疗的公共服务网站还会自主宣传游戏或网络使用障碍的危害,并主动提供治疗师的联系方式等相关信息。

再如,英国、美国和澳大利亚这三个国家都不认定游戏障碍是一种完全正式的疾病(King et al., 2017),它们主张主要由非营利性社会组织提供干预与治疗措施(King, Delfabbro, Zwaans, & Kaptsis, 2013; Mak et al., 2014)。如英国公共资助的医疗保健系统——国家健康服务(National Health Service, NHS),在其主页上介绍了网络成瘾概念,并提供了转介到各成瘾治疗中心(例如医院和门诊开设的治疗中心)的信息;美国波恩市 LVR 诊所的成瘾和心理治疗科门诊部专门开设了独立的媒体依赖咨询治疗服务,旨在减少患者互联网使用依赖的风险;在美国,由志愿者莉兹成立的非营利性康复机构"匿名在线玩家"(Online Gamers Anonymous)

致力于宣传沉迷于游戏的危害,并提供摆脱游戏沉迷的建议;澳大利亚的一家为青少年提供网络安全保护的公益组织机构 SOSO 通过互联网告诉青少年应该如何注意网络安全以及如何保护个人隐私……这些机构高度重视青少年等高风险人群的不良互联网或游戏使用行为,并为这些高风险人群提供实用资源以摆脱网络或游戏成瘾问题(赵博,2017;Dau et al.,2015;King et al.,2018)。此外,这些国家还拥有强大的独立理事会和国际协会网络,致力于向家长普及有关游戏和互联网使用的风险,从而促进家长对孩子上网行为进行管束。例如,美国"pumpic"网专门刊登题为"戒除青少年手机游戏上瘾症的最好方法"的文章,认为"青少年沉迷于手机游戏的问题不容易解决",但作为父母,应尽最大努力帮助孩子,包括与孩子交朋友、多谈心,减少自己使用手机的频率,减少或限制孩子使用手机的费用和上网时间,等到孩子读初中后再给孩子买手机,进餐时严禁使用手机等;美国"教育青少年科学院"网站也提供了解决手机游戏成瘾问题的方案,如引导孩子在现实世界和虚拟世界间寻找平衡,制定家规,鼓励孩子多进行户外运动等,而其中最重要的是父母以身作则(范开庆等,2017)。

在中国,游戏成瘾是一种公认的疾病,2008 年 11 月 8 日,由北京军区总医院制订的中国首个《网络成瘾临床诊断标准》在京通过专家论证,网络游戏成瘾正式被纳入精神病诊断范畴,受影响的个人可以在公立医院的专科门诊接受治疗,私立医院、非政府组织和私人执业医生同样也可以为高危人群提供精神卫生服务(刘博智、陈少远,2015;王雪,2008;严雨程、赵倩,2019),而且许多医院或成瘾医疗机构对游戏成瘾者的临床治疗干预都取得了一定的效果(刘悦等,2007)。

四 教育干预

学校是青少年主要的学习场所之一,对于干预青少年的网络成瘾以及网络游戏成瘾具有重要作用。学校的主要任务是将青少年的兴趣引向学习，避免他们将兴趣过度地投入到电脑游戏和手机游戏等游戏中（王博群，2008）。一方面，学校可以通过开设相关课程、讲座、论坛、演讲等形式进行网络素养教育，并在网络素质教育过程中保证内容的知识性、趣味性、教育性与娱乐性的统一（冯维、裴佩，2007），吸引学生的学习兴趣；另一方面，学校要重视学生心理宣泄渠道的建设，尤其重视为学生提供一些可倾诉"隐瞒性"内容的心理咨询渠道，缓解学生的不良情绪（洪少春，2008）。有学者也提出了一些完整的教育方法，如素质教育法、赏识教育法等。

陶宏开和党波涛（2005）认为，素质教育是解决青少年网络成瘾问题的根本方法。素质教育是指以提高学生的素质为目的，促进学生对世界的科学认识，提升学生的基本能力，为他们立足于社会做好准备的教育方法。具体而言，素质教育包括心理素质教育、专业素质教育以及综合素质教育三个方面，其中，心理素质教育由思辨能力、自控能力以及平衡能力组成；专业素质教育由精深专业理论知识和专业实践技能组成；综合素质教育由独立自理能力、生存适应能力、探索创新能力、协调合作能力、实践操作能力、表达写作能力以及生理体能状况组成。此外，素质教育包括三个层面：教职工层面、学生干部层面以及全体学生层面。其中，教职工层面是指领导和教职工要对素质教育有全面和正确的认识，并给予重视；学生干部层面是指将学生干部作为素质教育普及到全体学生的桥梁，应让学生干部成为素质教育的催化剂；全体学生层面是指逐渐让全体学生认识到素质教育的重要性和必要性。

周弘（2001）提出的赏识教育法强调要注重表扬孩子的长处和优点，让其在"我是好孩子"的意识中觉醒；相反，若一味地批评孩子的短处和弱点，很容易让孩子自暴自弃，让其在"我是坏孩子"的意识中沉沦。磨月华（2006）认为赏识教育符合当代青少年身心发展的特征，能够激发孩子学习的信心和动力，有利于挖掘孩子的潜能，并有助于创造良好的学习氛围。总之，实施赏识教育就是要洞悉孩子的内心，正确处理表扬和批评的关系，采用合适的方法进行适度表扬。

此外，家庭作为青少年主要的生活场所之一，家长的教育对于解决青少年游戏成瘾问题也具有重要作用。权威型、放纵型等不良的家长教育方式都不利于青少年的健康发展。具体而言，权威型教育方式又分为控制型教育方式（家长全方面控制孩子的前途命运等）和严厉型教育方式（家长的教育方式简单粗暴，动辄暴力相加），这两种教育方式容易使孩子产生逆反心理，也更容易让孩子将网络和游戏作为慰藉和寻求心理满足的方式；放纵型教育方式又分为溺爱型教育方式（对孩子的要求百般依顺）和忽视型教育方式（无暇关注和照顾自己的孩子），这两种教育方式容易让孩子无法意识到过度玩网络游戏的危害。与之相比，民主型的家庭教育方式有助于孩子与家长进行有效沟通，家长得以对孩子进行积极的引导，对于网络或游戏，民主型家庭中的孩子更能用辩证的眼光对待，因此他们很少沉迷于网络游戏（杨茹艳，2009）。

总而言之，游戏产业从最初的混杂无序到现今的规范有序，不断规范与完善的干预体系发挥了重要作用。具体而言，政策和法律干预为具体的游戏干预手段的实施提供了明文依据，游戏公司在相关政策和法律的推动下，从技术方面着手限制青少年不合理的游戏使用行为，专门的网络成瘾治疗机构等相关社会组织为网络成瘾以及网络游戏成瘾患者提供了丰富的医疗资源，此外，学校和家庭作为青少年最主要的学习和生活环境，从教育角度有效参与到了青少年游戏成瘾的干预工作中。

然而中国现阶段的干预体系仍然存在诸多问题，如在法律层面对游戏成瘾干预较少、相关社会组织干预的力量有限、教育对游戏成瘾尤其是手机游戏成瘾的干预还有待加强等。更重要的是，被认为是游戏成瘾有效干预手段的游戏分级制度已经被国际上游戏产业强国广泛应用（Byron，2008），但是目前中国在游戏分级制度上的探索和建设尚未形成完整成熟的体系。因此，我们迫切需要借鉴国际上游戏产业强国的游戏成瘾干预经验尤其是游戏分级制度经验，来补齐中国现有干预体系的短板。

第三节 手机游戏成瘾干预的未来方向
——游戏分级制度

分级制度为电子游戏行业的规范化提供了必要的秩序标准，大数据、人工智能技术的迅猛发展为检验游戏用户的真实年龄提供了可靠的技术支撑，在未来，精准化的游戏分级制度将成为预防青少年沉迷于游戏的重要保障之一。因此，本节主要介绍国际现有的游戏分级制度以及中国现阶段对游戏分级制度的探索，期望以游戏分级制度为保障，助力青少年的健康成长。

一 国际现有的游戏分级经验

从国际监管经验来看，无论是美国、英国，还是日本、韩国，都很好地设计和推行了游戏分级审查制度。纵观这些国家实行的分级审查制度，虽形式各不相同，但都旨在对游戏进行精细、严格的等级划分，以期有效防止含有暴力、血腥、色情等不良内容的游戏对青少年的成长造成不良影响。

（一）美国娱乐软件分级委员会（Entertainment Software Rating Board，ESRB）

美国娱乐软件分级委员会是由美国娱乐软件协会（Entertainment Software Association，ESA）于1994年创建的一个非营利性的独立机构。它的任务是在娱乐软件业的支持下，为互动娱乐软件产品制定一套标准的定级系统。ESRB分级用于提供给消费者（尤其是家长）关于电脑或视频游戏的年龄适宜性的简单可靠的指导，一款游戏的评级会展示在它的包装盒、媒体、广告以及游戏网站上，以便消费者在购买时能够确定该游戏是否适宜其孩子或家庭使用（Buckleitner，2006；Felini，2015）。

具体来讲，ESRB 游戏分级系统将游戏设定为适合所有年龄段、10 岁以上、13 岁以上、17 岁以上、18 岁以上的成年人以及待定级共 6 级，评级由评级特征符号（rating symbols）以及内容辨识索引项（content descriptors）两部分组成。评级特征符号一般出现在包装盒正面的左下角或右下角，这些符号表明了该款游戏最适合的年龄层；内容辨识索引项则通常出现在包装盒背面的左下角或右下角，这些辨识项描述了游戏中含有的某些特定的元素，从而帮助消费者判别一款游戏的内容及其适用人群（达天，2005；Felini，2015）。ESRB 使用的评级特征符号以游戏适合的用户群的英文首字母来命名，具体如下（见表 6-1）：

表 6-1　　　　　　　　ESRB 评级特征符号及符合意义

评级特征符号	符号意义
EVERYONE E ESRB	"E"（Everyone）：适合所有人，此类游戏可涵盖多个年龄层，它们包含有最少的暴力内容、部分漫画风格的恶作剧或者少部分不礼貌语言
EVERYONE 10+ E 10+ ESRB	"E10+"（Everyone 10+）：适合 10 岁以上的玩家，此类游戏可能含有较多的卡通、幻想内容或者轻微暴力、温和语言以及/或者极少量的性暗示主题
TEEN T ESRB	"T"（Teen）：适合 13 岁以上玩家，此类游戏可能包含暴力内容、温和或强烈的语言以及可能存在性暗示的主题
MATURE 17+ M ESRB	"M"（Mature 17+）：适合 17 岁以上玩家，此类游戏比"Teen"类产品包含有更多的暴力内容或语言。另外，此类游戏可能包含有成人的性主题

续表

评级特征符号	符号意义
ADULTS ONLY 18+ AO ESRB	"AO"（Adults Only 18+）：仅适合 18 岁以上的成年玩家，此类游戏包含长时间的激烈暴力场面、色情内容和/或真实的货币赌博，严禁向 18 岁以下的玩家销售，甚至出借
RATING PENDING RP ESRB	"RP"（Rating Pending）：已向 ESRB 提交定级申请，但此类游戏尚未获得最终的确切等级

为了获得等级认定，游戏发行商需要向 ESRB 提交非常完整的游戏内容和图片，然后由三位评估人根据评估标准对游戏进行独立审核，最后推荐适用该游戏的等级。如果所有的评估人达成一致意见，那么 ESRB 将会把内容评价书提交给游戏发行商。当游戏正式发行以后，发行商需要提供一份正式的游戏版本给 ESRB。ESRB 的专家将亲自试玩这款游戏以保证所有的评估是完整和正确的，并且游戏的包装也将被重新审核。另外，ESRB 评估员的身份是值得信任的，这些评估人代表着具有广泛背景、种族和年龄层的玩家，并且与互动娱乐业无关，他们包括退休的学校校长、家长、其他领域的专家和个人等（佚名，2019[①]；刘瑾，2010；Game Res，2020）。

尽管 ESRB 分级体系遵循自愿原则，但在美国，零售商出售的所有游戏都经由 ESRB 分级。很多零售商，包括大部分大型连锁店，只销售带有 ESRB 分级标志的游戏，很多游戏机零售商仅允许经过 ESRB 分级的游戏在他们的平台上发布。另外，ESRB 分级在父母群体中也获得了较高的认可度，一项针对超过 500 名子女年龄在 3—17 岁的美国父母的调查显示（Carless，2006），约有 83% 的父母了解 ESRB 游戏分级系统，74% 的父母

[①] 佚名：《全国人大代表赵皖平呼吁对网络游戏进行分级》，2019 年 3 月 9 日，http://news.17173.com/content/03092019/001008316.shtml，2020 年 6 月 20 日。

在为孩子购买游戏时经常参照该系统提供的标准。因此，该分级体系也被美国联邦通讯委员会称为"美国媒体行业最有经验、最完善和最有效的分级体系"（Danforth，2010；Stroud & Chernin，2008）。

总体而言，美国 ESRB 游戏分级制度以保障公民权利为监管的前提，以保护未成年人为出发点，充分尊重了游戏市场的自我发展并极大地节约了监管成本。

（二）泛欧洲游戏信息组织（Pan-European Game Information，PEGI）

泛欧洲游戏信息组织是由欧洲互动软件联盟（Interactive Software Federation of Europe，ISFE）成立的具有社会意义的非营利性组织，独立负责游戏分级体系的日常管理和完善。由 PEGI 制定的游戏分级制度于 2003 年开始代替原先在一些欧洲国家实行的游戏分级制度，目前适用于 30 个欧洲国家（韩新华，2019）。游戏分级的具体职责由两个独立机构代表 PEGI 执行，一个是荷兰影声媒介分级学会（Netherlands Institute for the Classification of Audiovisual Media，NICAM），负责审核 3 级和 7 级的游戏，同时负责分级人员的培训、PEGI 分级游戏的归档和 PEGI 许可证的颁发；另一个是英国的视频标准理事会（Video Standards Council，VSC），负责其他三类高年龄层游戏的审查（佚名，2019）[①]。但由于欧洲各个国家的情况不同，PEGI 分级在大多数国家中只具有参考性，不具备法律效力。而且，部分欧洲国家也有自己的具备法律效力的分级机构或分级标准，如英国电影分级局（British Board of Film Classification，BBFC）、德国娱乐软件检验局（Unterhaltungssoftware Selbstkontrolle，USK）等。因此，在这些国家发行的游戏有时会同时标注 PEGI 和当地分级标准的信息（TGBUS，2015）。

同美国 ESRB 类似，PEGI 等级标识也分为年龄类别和内容类型两部分。年龄类别分为 3+（3 岁以上）、7+（7 岁以上）、12+（12 岁以上）、

---

① 佚名：《孩子要救！游戏也要救！欧美游戏分级怎么做》，2019 年 3 月 20 日，https://m.sohu.com/a/302638601_120099877，2020 年 6 月 13 日。

16+（16岁以上）、18+（18岁以上）5个类别，内容描述分为粗话、歧视、药品、恐怖、赌博、性和暴力以及在线游戏8个类别（韩新华，2019；Felini，2015）。这些内容标识会标注在游戏包装的背面，方便家长更好地为孩子选择适合其年龄的游戏，具体如下（见表6-2）：

表6-2　　　　　　　　　PEGI评级特征符号及意义

评级特征符号	符号意义
3	3+：3岁以上适用，此类游戏不包含任何家长认为不适宜的内容
7	7+：7岁以上适用，此类游戏也许包含较少的暴力、血腥、性主题、恐怖或脏话
12	12+：12岁以上适用，此类游戏也许包含更多的暴力、血腥、性主题、恐怖或脏话
16	16+：16岁以上适用，此类游戏也许包含强烈的暴力、血腥、性主题、恐怖或脏话和较真实的血液飞溅的场面
18	18+：18岁以上适用，此类游戏也许包含强烈暴力、血腥、性主题（生动）、恐怖和脏话以及较真实的血液飞溅的场面

在发布游戏产品之前，首先，发行商必须在线填写游戏内容评估申报表，申报表第一部分涉及特定国家的法律条款，第二部分涉及发行商根据游戏中暴力、性及其他感官视听内容所做的评估。PEGI根据申报的内容，对所申报的游戏做出临时性的年龄分级和内容描述。然后，由PEGI下属

的两个独立机构 NICAM 和 VSC 在各自权限范围内对包含了所有需要再次审核的有关游戏的信息与材料进行审核，以确保临时性分级不违背 PEGI 的分级标准。最后，游戏发行商将获准使用年龄分级标志和相关内容描述（叶慧娟，2011）。

PEGI 分级制度受到包括索尼（Sony）、微软（Microsoft）和任天堂等在内的主要游戏机制造商以及遍布欧洲和美国的游戏开发商和发行商的大力支持。尽管 PEGI 是自律性质的，但在索尼、微软和任天堂平台上发布的每一款游戏以及欧洲和美国的主要发行商所发行的电脑游戏都要经过 PEGI 分级，游戏经销商通常也要求它们所销售的游戏必须经过 PEGI 分级。在普通民众方面，PEGI 分级制度已在欧洲地区得到广泛认可和支持，其中，约有 93% 的欧洲人能够准确识别 PEGI 分级标志，约有 50% 的欧洲人能够识别 PEGI 的内容分类，近乎一半被调查的父母反映当前 PEGI 的分级系统特别或非常有效（叶慧娟，2011）。

（三）日本计算机娱乐分级组织（Computer Entertainment Rating Organization，CERO）

计算机娱乐分级组织是由日本电脑娱乐供应商协会（Computer Entertainment Supplier's Association，CESA）于 2002 年成立的特定的非营利活动法人团体，主要负责依据"CERO 伦理规定"和"关于 Z 级游戏软件的销售、陈列与展示的参考准则"对日本发行的电脑与电视游戏进行分级和审查。

CERO 成立之初采用以年龄为标识的 4 种分级：全年龄对象、12 岁以上对象、15 岁以上对象、18 岁以上对象。除此之外还包括针对教育性软件的"教育数据库"，针对游戏试玩版的"适用 CERO 规范"以及针对分级审查中游戏广宣的"审查预定"等标识。由于原本的分级制度仅对年龄给予"建议"而非"限制"，且并未针对产品的销售与流通进行明确的规范，因此发生了诸如神奈川县将《横行霸道 3》（Grand Theft Auto 3，GTA3）列入"有害图书类"且禁止销售给未满 18 岁青少年的事件。在此之后 CERO 应东京都在内的各地方自治团体的要求，于 2006 年 3 月颁布新的分级办法，设立针对"仅限 18 岁以上对象"的新分级。CERO 新制将分级扩充为 5 种，并改用 A/B/C/D/Z 的英文字母来区分不同的级别，同时以鲜明的黑/绿/蓝/橘/红 5 种颜色标示在评级特征符号的文字描述部分。新制将原本"18 岁以上对象"拆分成"17 岁以上对象"的 D 级以及强制性的"仅限 18 岁以上对象"的 Z 级，原本的"全年龄对象"—"15 岁以上对象"则是分别对应到 A—C 级，即 A 级：全年龄对象；B 级：12 岁以上对象；C 级：15 岁以上对象，规范基准与内容没有变化（文毒，2018；叶慧娟，2011；TG-BUS，2015）。除上面 5 种级别外，CERO 还有 3 种较特殊的级别（继承自旧分级策略），这 3 种级别并不需要颜色指定，具体如下（见表 6-3）：

表 6-3　　　　　　　　　　CERO 评级特征符号及意义

评级特征符号	符号意义
CERO A 全年龄对象	A 级：适用于全年龄对象
CERO B 12才以上对象	B 级：适用于 12 岁以上的对象
CERO C 15才以上对象	C 级：适用于 15 岁以上的对象
CERO D 17才以上对象	D 级：适用于 17 岁以上的对象

续表

评级特征符号	符号意义
CERO Z 18才以上のみ対象	Z级：仅限18岁以上的对象使用
CERO 教育・データベース	教育类：适用于在游戏主机中推出的，没有特别指定年龄层对象的非游戏类教育软件和工具书
CERO 規定適合	规定类：主要用于未发售的游戏的试玩版，表示该作品准备取得CERO的正式级别
CERO 審査予定 レーティング	审查类：主要用于未发售的游戏的宣传物品，表示该作品准备取得CERO的正式级别

参考ESRB制定的内容，CERO也采用了"内容描述"来对游戏包含的特定内容做进一步说明。"内容描述"分为表现种类和表现程度两大类，表现种类包括性表现类、暴力表现类、反社会行为表现类和言语思想表达类，表现程度包括直接的或间接的、肯定的或否定的、必然的或自然的、关乎主题的还是背景性的以及社会一般人的道德观点与感受等，这些项目以图标方式标示于游戏包装的背面（王晓帆，2014）。

当游戏发行商提出审查委托后，CERO会派出多名审查员来针对游戏的表现内容进行审查。审查员从与游戏业界无关的20岁以上的一般民众中广泛招募，并要接受CERO的事前培训。审查员会依照上述项目的审查结果来决定年龄分级（超过尺度将不予分级，包含禁止项目的软件也不予评级），并将结果通知游戏发行商，游戏发行商同意则审查告一段落，如不同意可要求重新审查。

另外，CERO规范了Z级游戏软件的销售、陈列与展示的参考准则，包括：所有Z级游戏的订单都将注明级别；Z级游戏全面禁止销售给18岁以下玩家；Z级游戏必须陈列于150厘米以上、儿童无法拿取的高度；针对Z级游戏的试玩展示希望店家自律等。2006年9月由CERO主办的"2006年东京电玩展"（Tokyo Game Show，TGS）也同步落实了新制的分级管制措施，各厂商都依照规定将含有暴力内容、可能列入Z级的游戏移到封闭的展示区域展出，并派专人审查入场试玩者的年龄。为了落实分级管制措施，微软自Xbox360之后开发的游戏主机都配合CERO设置了"家长控制"（parents control）功能，家长可设定密码来防止子女使用超过自身年龄级别的游戏（王晓帆，2014）。

（四）韩国游戏分级与许可委员会（Game Rating and Administration Committee，GRAC）

从2006年开始，韩国游戏分级工作不再由韩国媒体评级委员会（Korea Media Rating Board，KMRB）负责，转而由其文化部下属的专门游戏分级委员会（Game Rating Board，GRB）负责。后来，根据2013年颁布的《游戏产业促进法修正案》（Amendment to the Game Industry Promotion Act），游戏分级委员会被废除，取而代之的是游戏分级与许可委员会，负责对韩国游戏进行独立的分级和审查。

游戏分级与许可委员会进行游戏分级的原则如下：1. 以内容为中心。游戏内容以外的部分不参与评级；2. 情境。游戏分级应该根据整体环境与背景进行；3. 常识。分级应符合普遍接受的常识概念；4. 国际兼容性。分级应具有全球兼容性；5. 一致性。游戏应该有相同的分级，即使是由不同的评级者在不同的时间进行评级。

具体来说，游戏需要参与评级的内容主要有：1. 挑逗内容。拥抱、接吻、身体暴露、性行为、偷窥、裸体，含有性、通奸、乱伦、强奸、排泄、卖淫等含义的语言等；2. 暴力。流血、凝固的血、截肢、身体缺陷、恐怖、打斗描述等；3. 犯罪或吸毒。教唆犯罪、吸毒、滥用药物、酗酒或吸烟等；4. 不恰当的语言。对语言或意识形态的不恰当描述；5. 赌博行为等的描述。赌博习惯、赌博行为或赌博器具的描述。

具体分级标准（见表6-4）如下：1. 全年龄向游戏分级准则如下：（1）不含有可能对未成年人有害的主题或内容，包括淫秽、暴力、赌博等；（2）在不含有对未成年人有害内容的同时，可以含有有利于培养未成年人情绪或者促进未成年人教育的内容；（3）游戏不包含任何可能对未成年人的精神或身体健康有害的内容，包括一般情况下不被容忍的意识形态、宗教或习俗。2. 12岁以上级别游戏分级准则如下：（1）含有对12岁以下未成年人有害的主题或内容，包括淫秽、暴力、赌博等；（2）含有可能对12岁以下未成年人的精神或身体健康有害的内容，包括一般情况下不被容忍的意识形态、宗教或习俗。3. 15岁以上级别游戏分级准则如下：（1）含有对15岁以下未成年人有害的主题或内容，包括淫秽、暴力、赌博等；（2）含有可能对15岁以下未成年人的精神或身体健康有害的内容，包括一般情况下不被容忍的意识形态、宗教或习俗。4. 18岁以上级别游戏分级准则如下：（1）含有对未成年人有害的主题或内容，包括淫秽、暴力、赌博等；（2）含有可能对未成年人的精神或身体健康有害的内容的直接表现，包括一般情况下不被容忍的意识形态、宗教或习俗。

表6-4　　　　　　　　GRAC符号、评级标准及意义

	区分	挑逗内容	暴力内容	犯罪与毒品	语言	模拟赌博行为
	全年龄适用	没有	没有	没有	没有	没有

续表

	区分	挑逗内容	暴力内容	犯罪与毒品	语言	模拟赌博行为
12	12岁以上可使用	不会刺激性欲	虽有暴力内容,但情节轻微	虽有犯罪与毒品内容,但情节轻微	虽有脏话等内容,但情节轻微	虽有赌博内容,但情节轻微
15	15岁以上可使用	有部分挑逗内容,但不煽情	以暴力为主题,但画面非写实	虽有犯罪与毒品内容,但情节不严重	虽有脏话等内容,但情节不严重	虽有赌博内容,但情节不严重
18	18岁以上可使用	含有挑逗内容,且直接呈现	以暴力为主题,且画面写实	助长毒品、犯罪等反社会行为	出现对青少年有害的语言	含有诱导赌博行为

具体而言,挑逗内容分级标准如下:1.全年龄向:(1)没有挑逗性身体接触;(2)没有与性有关的元素;(3)没有可能损害人格的暴力挑逗元素(如性别歧视、暴力或卖淫等);(4)没有与违反公序良俗有关的元素(如群体性行为、乱伦等);(5)没有挑逗性或粗俗的语言。2.12岁以上:(1)不暴露或暴露很少的身体(肩、腰、腿等);(2)视频画面中可以有少量与性有关的元素,但没有音频和语言表示;(3)没有可能损害人格的暴力挑逗元素(如性别歧视、暴力或卖淫等);(4)没有违反公序良俗的元素(如群体性行为、乱伦等);(5)没有挑逗性或粗俗的语言。3.15岁以上:(1)间接与有限的挑逗性身体暴露(部分暴露相关部位,如胸部、臀部等);(2)间接的、含糊的与性相关的视频画面、音频与语言表示;(3)没有可能损害人格的暴力挑逗元素(如性别歧视、暴力或卖淫等);(4)没有与违反公序良俗有关的元素(如群体性行为、乱伦等);(5)根据用户要求可以提供有限的性相关表现;(6)有引导用户在游戏中减少或不观看性相关内容的角色。4.18岁以上:(1)有挑逗性身体接触但不完全暴

露生殖器官；（2）有视觉上表现的性行为但不做详细描述；（3）有与性行为相关的声音但不过分；（4）没有歧视或侮辱特定性别或特定群体的内容；（5）没有过度表现性交易与性暴力；（6）没有过度陈述违反公序良俗的行为（如群体性行为、乱伦等）；（7）可能诱使用户根据其意图操纵游戏角色做出特定的挑逗行为；（8）可能诱使用户操纵游戏角色做出（预设的）挑逗行为。

暴力内容评级标准如下：1. 全年龄向：（1）角色的服饰、形状和行为可以自由表现，但不得表现出令人厌恶或恐怖的内容；（2）没有或只有极其简单的武器表现；（3）没有涉及流血或凝血的表现；（4）没有对身体伤害或损害的表现；（5）无暴力画面、音乐、音响效果或语言；（6）游戏中用户之间的对抗不会造成人物死亡。2. 12 岁以上：（1）角色的服饰、形状和行为可以自由表现，但几乎没有令人厌恶或恐怖的内容；（2）简单的武器表现；（3）没有对流血或凝血的逼真表现；（4）没有对身体伤害或损害的表现；（5）少量或几乎没有暴力画面、音乐、音响效果或语言；（6）游戏中用户之间的对抗不会造成过多的人物死亡。3. 15 岁以上：（1）角色的服饰、形状和行为可以自由表现，有少量令人厌恶或恐怖的内容；（2）有武器但不做详细表现；（3）有流血或凝血但不做详细表现；（4）有少量对身体伤害或损害的表现；（5）没有过多暴力画面、音乐、音响效果或语言；（6）游戏中用户之间的对抗可以造成人物死亡或获得奖励，但不以抢劫对方的形式存在，有机制限制抢劫行为（安全区或惩罚攻击者等）。4. 18 岁以上：（1）角色的服饰、形状和行为可以自由表现，可以包含令人厌恶或恐怖的内容；（2）不限制表现武器；（3）不限制对流血或凝血的表现；（4）不限制对身体伤害或损害的表现；（5）暴力画面、音乐、音响效果或语言；（6）游戏中用户之间的对抗可以造成人物死亡/获得奖励。

犯罪与毒品评级标准如下：1. 全年龄向：没有。2. 12 岁以上或 15 岁以上：很少或几乎没有。3. 18岁以上：有具体的表现。

语言评级标准如下：1. 全年龄向：没有可能妨碍未成年人健康发展的粗话或俚语。2. 12岁以上或15岁以上：没有过分的粗话或俚语。3. 18岁以上：有可能有对未成年人有害的粗话或俚语。

模拟赌博行为评级标准如下：1. 全年龄向：没有。2. 12岁以上或15岁以上：很少或几乎没有。3. 18岁以上：有具体的表现，但与现实中的金钱得失无关。

纵观以上四种游戏分级制度，它们都是以社会机构评定级别为主，旨在通过游戏分级来确定游戏的用户定位以保护未成年人的成长，同时也为游戏开发商制定了标准和规则（戴秋辉，2019；郭熙，2019），有效地提高了相关政府部门的监管效率，并且扩大了监管范围（叶慧娟，2011），值得中国参考和借鉴。除此之外，英国、德国等国家的游戏分级模式也有值得参考和借鉴之处，例如英国将游戏内容细致地分为暴力、不雅用语、恐怖、赌博、歧视等八个类别，并成立了专业机构打击暴力网络游戏；德国的娱乐软件自我监控系统具体界定了不同年龄阶段适用的游戏内容。因此，为了紧跟被国际上游戏产业强国广泛应用的游戏分级制度的趋势，有效预防青少年手机游戏成瘾，中国也应尽快将其提上建设日程。

二 中国的探索

随着互联网的快速发展和电子产品的不断普及，未成年人接触和使用网络游戏的比例显著上升，未成年人沉迷于网络游戏已成为一个不容忽视的社会现象。分级不仅能够实现对监管对象合理高效的监测和管理，还有利于针对不同种类和层级的网络游戏分配监管资源。网络游戏分级制度设计的科学与否直接影响到网络游戏监管的成效，这是国际上对游戏产业干预经验的共识（Byron，2008）。

分级机制是对网络游戏进行分级定级、实现精准监管的有效手段。但是对于网络游戏这一新兴产物，目前中国没有严格统一的分级机制，也尚未实行这一制度（郭熙，2019；韩昊辰，2016）。究其原因，一方面是因为与美国、日本等网络游戏强国相比，中国的网络游戏产业起步较晚，社会各界对网络游戏文化了解不多，网络游戏的社会影响力有限；另一方面是因为如何分级以及如何确定游戏用户的真实年龄情况，在过去一直是一个争论不休、难以达成共识的问题和技术难题（孙庆玲，2020；西蒙，2020）。对此，全国政协委员、民进中央副主席朱永新呼吁应尽快建立网络游戏分级制度，利用人脸识别等技术实行未成年人登入网络游戏时段、时长的分级监管，防止青少年沉迷于网络游戏（孙庆玲，2020）。

事实上，中国曾在2004年就推出过一套《中国绿色游戏评测与推荐制度（草案）》（以下简称《草案》，见附录5），该《草案》参考了北美、欧洲、韩国、日本等地区和国家的游戏分级标准，同时结合了中国游戏发展的现状和国情，将暴力、色情等指标设定为静态标准，将游戏虚拟世界的健康度、对青少年身心的保护力度等设定为动态指标，每一个等级的游戏都必须符合静态和动态两组共12个具体指标的限定，而每一项具体指标又通过文字描述的形式分为3种不同的实现程度，但这份《草案》一直未能得到有效实施。2016年底，文化部发布《关于规范网络游戏运营加强事中事后监管工作的通知》，进一步明确了网络游戏运营管理的范围，结合网络游戏，特别是移动游戏发展的实际，对网络游戏运营、技术测试以及联合运营行为做出了界定，这也是中国第一次将移动游戏纳入政策监管范围。2017年1月，国务院互联网信息办起草《未成年人网络保护条例（送审稿）》，其中要求网络游戏服务提供者采取技术措施禁止未成年人接触不适宜其接触的游戏或游戏功能，限制未成年人连续使用游戏的时间和单日累计使用游戏的时间等。2019年6月，人民网围绕社会主义核心价值观的建设需求和政府主管部门的布局规划，广泛征询、吸纳来自专家、企业代表、玩家和家长的意见，起草了《游戏适龄提示草案》，并在由其主办的论坛"创新发展责任同行——2019游戏企业责任"举行期间，联合10余家知名游戏企业，共同发起《游戏适龄提示倡议》，使游戏适龄提示具有主流媒体和游戏厂商共同评议的特点（丁涛、韦衍行，2019）。

游戏适龄提示指建议游戏公司根据游戏产品的内容、类型、系统情况等，对适合使用该游戏的玩家的年龄进行界定，并给予玩家游戏适龄提示，使未成年人及其监护人能够较为清楚地了解该款游戏产品是否适合使用，以指导未成年人及其监护人选择合适的游戏产品，提高其网络休闲娱乐的合理性和健康性（牛镛、孝金波，2019）。

人民网《游戏适龄提示草案》将游戏适龄范围划分为"18岁以上（18+）""16岁以上（16+）""12岁以上（12+）""6岁以上（6+）"四级。与国外游戏评级制度不同的是，《游戏适龄提示草案》最低年龄设置为6岁，起点相对较高，同时，6岁以下儿童正处于视力发育等的关键时期，因此建议其尽量不要独自使用电子游戏产品。在游戏评级参考内容上，相比国外诸多游戏分级制度，《游戏适龄提示草案》更加详细，如在18+评级建议中，《游戏适龄提示草案》提出不能"歪曲、丑化、亵渎、否定英雄烈士事迹与精神"、不能"扭曲民族历史或历史人物"、不能"宣扬和美化对我国发动侵略战争和实施殖民统治的国家、事件、人物"以及不能"宣扬邪教、迷信或者消极颓废的思想观念"等具体要求（牛镛、孝金波，2019；袁媛，2020）。

值得一提的是，《游戏适龄提示草案》不仅运用同行评议的方式助力突破和解决灰色地带监管的困难与瓶颈，而且从制订之初就以缜密细致的规定为之后的监管工作扫除了绝大部分障碍与可能存在的盲区。例如，12+规定不能出现"除健康、科学的性教育外的涉性话题、画面"，不仅让游戏在性教育内容开发上有了突破的可能,也为评议"性"这一敏感话题提供了客观、科学、人性化的支撑与参考(袁媛,2020)。

2019年7月,"游戏适龄提示"平台在人民网正式上线,游戏适龄提示体系标准也随之发布,这为未成年人及其监护人正确选择适合的游戏产品提供了详细的参考标准。截至2019年12月4日,已有超过100款游戏产品在游戏适龄提示平台公布了相应的适龄级别,其中35款游戏在登录界面或官网展示了统一标识(王谊帆、沈光倩,2019)。另外,根据规划,人民网计划于2020年通过网络平台推出游戏适龄提示自评系统,推动《游戏适龄提示倡议》规范、落地和普及。与此同时,游戏适龄提示自评系统将以问卷形式上线,其中包含有关法律、道德、暴力、性暗示、血腥、恐怖、管制物品、不良语句、历史、文化等的评价内容,用户需要根据游戏实际情况填写调查问卷,之后系统将根据用户选项计分,以此给出适龄提示。

从大方向来看,《游戏适龄提示草案》提示的内容从中国国情和现有制度出发,具备了游戏分级的雏形。但其发起主体并不具备法律效力,因此不具有强制约束力,同时大部分游戏并没有纳入这一提示范围,相较于国外的分级标准仍显保守。综合来看,《游戏适龄提示草案》的提出并不会对当前中国的游戏监管制度产生太大影响,它仅仅是在社会呼吁游戏分级下的一次有益尝试。结合当下中国的文化产业创作环境和现有监管机制的运作而言,中国要真正实现游戏分级,让想玩游戏的青少年能够玩到适合自己的游戏,并且保护青少年免受游戏的负面影响,还有很长的路要走。

总而言之,信息化社会中出生的个人都将在数字技术无处不在的环境中成长。电子科技和人工智能的发展,使青少年群体对游戏形式和内容的偏好在一定程度上发生了转变,其对青少年群体带来的负面影响也不容小觑,因此,我们目前面临的一大挑战主要是要采取措施尽可能地减少青少年过度的互联网和手机游戏使用行为（杨晓琴，2019）。现阶段，针对手机游戏成瘾干预的研究和实践尚处于起步阶段，目前虽然显示出了一些积极有效的迹象，但是还需要对包括中国在内的各国的政策和干预策略进行更多的实证评估，以确定跨人群和跨地区的最佳实践方法。

参考文献

一 中文部分

Game Res：《聊一聊游戏分级制度的前世今生》，2020年3月12日，https：//bbs.gameres.com/thread_863653_1_1.html，2020年6月20日。

Judith S. Beck：《认知疗法：基础与应用》，翟书涛等译，中国轻工业出版社2001年版。

Kantar Worldpanel ComTech：《移动通讯消费者指数报告》，2013年。

Michael White、David Epston：《故事、知识、权力：叙事治疗的力量》，廖世德译，华东理工大学出版社2013年版。

Newzoo：《2020全球游戏市场报告》，2020年7月2日，https：//newzoo.com/insights/trend-reports/global-games-market-report-2020-chinese/，2020年7月25日。

Richard S. Sharf：《心理治疗与咨询的理论及案例》，胡佩诚等译，中国轻工业出版社2000年版。

TGBUS：《日本CERO游戏评级制度图文详解》，2015年6月4日，https：//www.gamersky.com/handbook/201506/597850.shtml，2020年6月20日。

白皓：《警惕青少年掉入手机游戏网络支付"无底洞"》，2016年10月13日，https://www.sohu.com/a/116011797_123753，2020年6月20日。

鲍丽娟、黄佩：《自我认同与化身的文化分析——基于网络角色扮演游戏》，《北京邮电大学学报（社会科学版）》2012年第1期。

北京大学心理与认知科学学院：《95后手机使用心理与行为白皮书》，2019年。

北京大学中国健康发展研究中心：《国民健康视觉报告》，2016年。

卞文龙：《大学生网络成瘾的自我调适探微》，《山东青年》2016年第8期。

蔡清舟：《基于SCP范式的中国手游产业分析》，《中国市场》2018年第11期。

蔡雄山、柳雁军、曹建峰：《为何韩国"游戏宵禁"制度招来一堆麻烦？》，2017年11月1日，https://m.huxiu.com/article/169206/1.html?f=look360cn，2020年6月22日。

曹立智、迟立忠：《群体凝聚力对运动员网络成瘾的影响：社会支持的中介作用》，《中国临床心理学杂志》2016年第2期。

常静、杨建梅：《百度百科用户参与行为与参与动机关系的实证研究》，《科学学研究》2009年第8期。

朝晖：《腾讯宣布：〈王者荣耀〉公安实名校验已覆盖全国境内》，2018年11月22日，https://news.pconline.com.cn/1201/12013644.html，2020年5月18日。

车国燕：《谈青少年手机游戏成瘾原因及其改善对策》，《才智》2019年第8期。

陈博：《中国智能手机市场现状分析》，《中国市场》2013年第1期。

陈东龙：《影响线上游戏持续参与意图之研究》，硕士学位论文，台湾东吴大学，2004年。

陈发金、黄慧：《学生社团对五年制高职学生手机游戏成瘾干预效果研究》，《亚太教育》2019年第11期。

陈婧、陆春红:《我国团体心理辅导研究现状综述》,《学理论》2009年第13期。

陈来成:《休闲学》,中山大学出版社2009年版。

陈柳、周勤:《网络环境下的新兴产业:网络游戏业——基于网络经济学框架的分析》,《产经评论》2003年第3期。

陈明明:《小学生为玩〈王者荣耀〉"偷"光家里积蓄 沉迷游戏有何心理原因》,2017年6月24日,https://www.thepaper.cn/newsDetail_forward_1716016,2020年5月21日。

陈培培:《10岁男孩迷上〈王者荣耀〉 偷用妈妈微信充值万余元》,2017年11月29日,http://news.66wz.com/system/2017/11/29/105046126.shtml,2020年5月21日。

陈卿媛:《深度丨对话杀父伤母案心理干预咨询师:冷漠少年看到全家福痛哭不已》,2019年2月22日,https://mp.weixin.qq.com/s/ReAv7o1kjNXs8qTVnaJsjQ,2020年7月29日。

陈淑惠、翁俪祯、苏逸人、吴和懋、杨品凤:《中文网络成瘾量表之编制与心理计量特性研究》,《中华心理学刊》2003年第3期。

陈双艺、巫静怡、张丁柠、侯娟:《青少年网络游戏成瘾的影响因素探讨》,《科教文汇》(下旬刊)2018年第4期。

陈圆圆、张卫、朱键军、喻承甫、张一波、卢镇辉:《同伴侵害对青少年问题性网络游戏使用的影响:一个有调节的中介模型》,《心理发展与教育》2016年第6期。

陈志恩、宋清海:《农村户籍中学生网络成瘾的心理因素分析及行为干预》,《中国农村卫生事业管理》2017年第4期。

程正茂:《中职学生对手机游戏成瘾原因与对策》,《广东职业技术教育与研究》2019年第4期。

池桂波、王声湧、赵德龙、莫晓生、钟家荣、梁棋、曾潭飞、林茹莲、黄小小、江山兰、彭庆芬：《广州和澳门青少年电子/电脑游戏成瘾的流行病学调查》，《中华流行病学杂志》2001年第4期。

迟铭：《对长春市网络成瘾大学生体育干预的实验研究》，硕士学位论文，东北师范大学，2012年。

达天：《他国防治青少年沉溺网络办法》，《江淮》2005年第10期。

戴秋辉：《网络游戏分级制度探讨》，硕士学位论文，广西大学，2019年。

戴珅懿：《青少年网络游戏成瘾诊断标准的修订、成瘾模型的构建与防治研究》，博士学位论文，浙江大学，2012年。

［美］戴维·巴斯：《进化心理学》，熊哲宏、张勇、晏倩译，华东师范大学出版社2007年版。

戴艳、高翔、郑日昌：《焦点解决短期治疗（SFBT）的理论述评》，《心理科学》2004年第6期。

当乐网、艾瑞咨询：《2009中国手机游戏用户行为调研报告》，2009年。

邓公明：《对中学生网络游戏成瘾的研究》，《社会心理科学》2003年第4期。

邓林园、方晓义、刘朝莹、兰菁、张锦涛、刘勤学：《心理健康教育模式在青少年网络成瘾预防干预中的有效性初探》，《心理研究》2013年第1期。

邓林园、方晓义、伍明明、张锦涛、刘勤学：《家庭环境、亲子依恋与青少年网络成瘾》，《心理发展与教育》2013年第3期。

邓林园、方晓义、阎静：《父母关系、亲子关系与青少年网络成瘾的关系及其作用机制》，《中国特殊教育》2013年第9期。

丁涛、韦衍行：《创新发展　责任同行　人民网举办2019游戏责任论坛》，2019年7月5日，http://m2.people.cn/r/MV8xXzMxMjE2Njc4XzQyMTY3NF8xNTYyMzA0NjIx，2020年6月2日。

董莉莉、李湘：《初中生网络游戏成瘾干预的个案研究——以乌鲁木齐市第六十八中学为例》，《新疆教育学院学报》2019年第2期。

董蕊、倪士光：《工作场所不道德行为：自我控制资源有限理论的解释》，《西北师大学报》（社会科学版）2017年第1期。

［美］杜威：《民主主义与教育》，林宝山译，五南图书出版有限公司1989年版。

［美］杜威：《道德教育原理》，王承绪等译，浙江教育出版社2003年版。

范开庆、青木、李珍、纪双城：《手游玩家低龄化成多国社会之"痛" 全球都想招治》，2017年7月12日，http：//m.haiwainet.cn/middle/3542411/2017/0712/content_31016343_1.html，2020年6月3日。

范彦彬、廖宏建、李贤：《论网络游戏中的虚拟自我实现》，《淮阴师范学院学报》（哲学社会科学版）2006年第1期。

范颖、周庆山：《移动互联网商业生态系统的竞争与更迭——基于"移动梦网"和"应用商店"的对比分析》，《图书情报工作》2014年第10期。

方亮、彭清：《手机应用商店模式发展趋势分析》，《移动通信》2010年第1期。

方晓彤：《社交类手游对青少年的影响及其社会工作介入研究——以〈王者荣耀〉为例》，硕士学位论文，南京大学，2018年。

冯维、裴佩：《青少年网络成瘾干预研究述评》，《中国特殊教育》2007年第12期。

冯君凤、曹贵康：《手机成瘾与冲动性关系探究》，《心理学进展》2017年第1期。

冯晓青、孟雅丹：《手机游戏著作权保护研究》，《中国版权》2014年第6期。

冯砚国、闫喜英、王云、王东平、李予春、张瑞岭：《沉湎电子游戏儿童青少年的综合家庭干预研究》，《现代预防医学》2010年第15期。

冯志颖：《保持心理健康系列谈（十一） 成瘾行为应引起全社会的关注》，《开卷有益（求医问药）》2006年第4期。

凤凰网：《中国成立新机构监管网络游戏，游戏分级还有多远?》，2018年12月10日，https：//news.ifeng.com/c/7iW0hzbSsq0，2020年6月8日。

付玉辉：《4G时代的手游裂变》，《广告大观》（综合版）2014年第1期。

傅晋斌：《大学生网络成瘾倾向与自我效能感、社会支持的关系研究》，《华中师范大学研究生学报》2009年第1期。

盖华聪：《体育教育对大学生网络成瘾干预的实验研究》，《鲁东大学学报》（自然科学版）2007年第4期。

高军、孙建华、肖坤鹏：《体育运动干预对大学生网络成瘾影响的实证研究》，《沈阳体育学院学报》2012年第4期。

高磊、李振涛：《内观—认知疗法治疗青少年网络成瘾障碍治疗与分析》，《天津医科大学学报》2005年第3期。

高申春：《自我效能理论评述》，《心理发展与教育》2000年第1期。

高天：《关于塞班系统的思考》，《数字技术与应用》2013年第4期。

高文斌、陈祉妍：《网络成瘾病理心理机制及综合心理干预研究》，《心理科学进展》2006年第4期。

宫本宏、王晓敏、叶建群、梁晓琼：《青少年网络成瘾家庭治疗效果评价》，《中国学校卫生》2010年第3期。

宫翔：《网络游戏成瘾行为的前因及机制研究》，博士学位论文，中国科学技术大学，2019年。

桂从路：《人民日报人民时评：预防青少年网络沉迷刻不容缓》，2018年9月28日，http：//opinion.people.com.cn/n1/2018/0928/c1003-30317508.html，2020年6月23日。

谷歌、伽马数据：《中国移动游戏海外市场发展报告》，2019年3月18日，http：//www.joynews.cn/jiaodianpic/201903/2032333.html，2020年6月5日。

郭爱鸽：《小学生异常心理的类型及其识别与干预》，《教育探索》2010年第 6 期。

郭本禹、姜飞月：《自我效能理论及其应用》，上海教育出版社 2008 年版。

郭伏、王天博、宁作江、吕伟：《单调作业中单调感对职业疲劳的影响研究》，《工业工程与管理》2017 年第 1 期。

郭丽红：《加强合作与管控 共推"梦网"产业链发展》，《通信企业管理》2004 年第 11 期。

郭鲁芳：《休闲学》，清华大学出版社 2011 年版。

郭少聘：《青少年强化敏感性、自我控制能力与危险行为的关系研究》，硕士学位论文，湖南师范大学，2010 年。

郭熙：《中国网络游戏监管模式的研究》，硕士学位论文，山东大学，2019 年。

国家发展和改革委员会：《产业结构调整指导目录（2011 年本）》，2011 年。

国家新闻出版广电总局：《关于移动游戏出版服务管理的通知》，2016 年。

国家新闻出版广电总局：《关于实施"中国原创游戏精品出版工程"的通知》，2016 年。

国家新闻出版广电总局、工业和信息化部：《网络出版服务管理规定》，2016 年。

国家新闻出版总署：《关于防止未成年人沉迷网络游戏的通知》，2019 年。

韩昊辰：《文化部就规范网络游戏运营加强事中事后监管工作等有关问题的解读》，2016 年 12 月 6 日，http：//www.gov.cn/xinwen/2016－12/06/content_ 5143971.htm#allContent，2020 年 6 月 3 日。

韩新华：《网络游戏分级与未成年人保护》，《中国广播》2019 年第 3 期。

郝孟佳、林露：《15 部门联合发布未成年人网瘾防治方案》，2013 年 2 月 21 日，http：//edu.people.com.cn/n/2013/0221/c1053-20552310.html，2020 年 5 月 4 日。

何凡：《X 公司手机游戏商业模式创新研究》，硕士学位论文，北京交通大学，2014 年。

贺薇：《手机游戏广告策略研究》，硕士学位论文，辽宁大学，2016 年。

贺文华：《网络游戏防沉迷系统上线 7月16日正式投入使用》，2007年4月10日，http://news.sohu.com/20070410/n249316548.shtml，2020年6月3日。

洪少春：《高职学生网瘾问题的学校干预机制创新研究》，《长江大学学报》（社会科学版）2008年第5期。

侯娟、樊宁、秦欢、方晓义：《青少年大五人格对网络成瘾的影响：家庭功能的中介作用》，《心理学探新》2018年第3期。

胡岱梅、刘炳伦、李仁军：《关于网瘾争论的几个问题——网瘾不是社会病、思想病或素质病》，《精神医学杂志》2010年第3期。

胡冯彬、邰子学：《中国手机游戏变迁：产业转型、格局转变、玩家变革》，《新闻爱好者》2017年第3期。

胡谏萍：《情感反应、认知控制与青少年网络游戏成瘾的关系：双系统模型的证据》，硕士学位论文，华南师范大学，2012年。

胡晓直：《手机游戏的著作权保护路径探究》，《法制与社会》2017年第7期。

胡玉坤、郑晓瑛、陈功、王曼：《厘清"青少年"和"青年"概念的分野——国际政策举措与中国实证依据》，《青年研究》2011年第4期。

胡誉怀、田乃伟：《世卫组织：游戏成瘾列入精神病》，2018年6月28日，https://new.qq.com/omn/20180628/20180628B075F7.html，2020年6月10日。

黄冬梅、杨继、罗小娟：《接触手机游戏对中小学学生视力影响调查》，《应用预防医学》2018年第4期。

黄健：《移动互联网背景下手机游戏对高校学生思想行为的影响及对策研究——以南京审计大学为例》，《河南教育》（高教）2019年第5期。

黄玉芬、李伟健：《初中生同伴关系与自我概念发展的关系研究》，《长春教育学院学报》2010年第2期。

黄岳、马海林:《大学生手机游戏成瘾对冲动性行为的影响初探》,《现代经济信息》2018年第7期。

霍金芝、袁德林:《家庭环境是影响儿童青少年心理行为的重要因素》,《中国校医》1995年第1期。

霍莉钦:《家庭治疗简介》,《全国医学心理学术研讨会论文汇编》2004年。

极光大数据:《2018年度手机游戏行业数据报告》,2018年11月28日,https://www.jiguang.cn/reports/356,2020年7月1日。

极光大数据:《2019年度手机游戏行业数据报告》,2019年12月30日,https://36kr.com/p/1724913172481,2020年7月1日。

纪林芹、潘斌、王春燕、娄萍、陈亮、张文新:《青少年早期同伴拒绝、同伴侵害与抑郁的关系:交叉滞后分析》,《心理科学》2018年第3期。

姜金乾主编:《医学心理学》(第三版),人民卫生出版社2003年版。

蒋理:《遏制游戏成瘾需提高青少年接触游戏的难度》,2019年7月28日,https://health.huanqiu.com/article/9CaKrnKlORd,2020年5月6日。

教育部、国家卫生健康委员会、国家体育总局、财政部、人力资源和社会保障部、国家市场监督管理总局、国家新闻出版署、国家广播电视总局:《综合防控儿童青少年近视实施方案》,2018年。

[美]杰弗瑞·戈比:《你生命中的休闲》,康筝译,田松校译,云南人民出版社2000年版。

金荣、闻雪、姜永志:《大学生社会支持与手机依赖的关系:社会适应的中介作用》,《广州大学学报》(社会科学版)2015年第10期。

九月:《文化部出台〈网络游戏管理暂行办法〉 全面规范、管理网络游戏行业》,《文化月刊》2010年第7期。

孔德胜、柏琳:《手机游戏行业分析》,《经营管理者》2013年第24期。

孔明、傅文青、刘伟、阙墨春、王杏云、刘楠:《团体心理辅导对大学生网络成瘾的影响研究》,《中国临床心理学杂志》2011年第1期。

赖华红:《从药物成瘾看网络成瘾生化动型之可能》,《上饶师范学院学报》(社会科学版)2004年第5期。

赖雪芬、张卫、鲍振宙、王艳辉、熊庆龙:《父母心理控制与青少年抑郁的关系:一个有调节的中介模型》,《心理发展与教育》2014年第3期。

蓝震:《小伙疑玩游戏产生幻觉出走 山上生活12天几成野人》,2018年11月26日,http://zjnews.china.com.cn/yuanchuan/2018-11-26/155269.html,2020年6月5日。

雷雳、杨洋:《青少年病理性互联网使用量表的编制与验证》,《心理学报》2007年第4期。

雷硕、李亚云:《浅析大学生手机游戏消费潜力》,《中国市场》2013年第33期。

李阿盈、孟庆恩:《家庭教育对青少年网络成瘾的影响》,《新疆社科论坛》2007年第3期。

李波、尹华站、刘建银:《青少年网络游戏成瘾研究综述》,《鸡西大学学报》2015年第3期。

李川莹:《叙事治疗模式在青少年网瘾问题中的个案应用》,硕士学位论文,河北大学,2014年。

李赓、戴秀英:《青少年网络成瘾认知行为治疗的对照研究》,《中国心理卫生杂志》2009年第7期。

李东:《Q币对大学生网络游戏成瘾者冲动性行为的影响——基于延迟折扣反应模式的探讨》,硕士学位论文,西南大学,2013年。

李赫、武翰涛、李施洁、黄辉:《网络游戏成瘾性消费、偏好差异与动态效应分析》,《南通职业大学学报》2019年第1期。

李欢欢、王力、王嘉琦:《不同网络成瘾亚型大学生的心理健康水平差异及其与人格的关系》,《中国临床心理学杂志》2008年第4期。

李惠:《关于发展手机游戏市场的思考》,《论北京文化产业发展——2009

北京文化论坛文集》，2009年。

李佶、蒋雷敏、李倩：《移动互联网的演进与4G发展应用》，《无线互联科技》2014年第8期。

李江波、赵丽、谢凌、吴晓兰：《手机电磁辐射的危害及防护》，《中国辐射卫生》2010年第2期。

李靖华、郭耀煌：《国外产业生命周期理论的演变》，《人文杂志》2001年第6期。

李静娴、唐文清、武慧多、杨健：《青少年网络成瘾与人格特征关系的Meta分析》，《岭南师范学院学报》2016年第3期。

李乐乐：《手机游戏消费意愿影响因素研究》，硕士学位论文，东北财经大学，2010年。

李丽、梅松丽：《医学生智能手机成瘾的焦点解决短期个案治疗》，《中国继续医学教育》2016年第19期。

李孟甲、栗新燕、侯建昌：《大学生手机游戏成瘾与自我效能感的关系研究》，《山东青年》2017年第9期。

李铭：《网络游戏对青少年的身心影响研究》，硕士学位论文，武汉理工大学，2008年。

李宁、李光耀、王彦彦、张书友、刘羽、张理义、赵汉清、周蓉、毕银花、徐志熊：《48例网络成瘾者住院治疗疗效观察》，《精神医学杂志》2008年第5期。

李琼、黄希庭：《自我控制：内涵及其机制与展望》，《西南大学学报》（社会科学版）2012年第2期。

李望舒：《庭箱疗法治疗初一学生网络成瘾个案一例》，《中国集体经济》2011年第1期。

李晓君：《娱乐时代的大众狂欢——当代网络游戏文化传播的特征及批判》，《大众文艺》2010年第7期。

李学华、王亚飞编著：《Android 移动开发技术与应用》，北京邮电大学出版社 2013 年版。

李雪婷、邓蒙、杨玲、陈苏云、黎燕宁：《广西在校大学生手机游戏成瘾现状及影响因素研究》，《广西医科大学学报》2020 年第 5 期。

李鹰：《关于青春期教育若干理论问题的探讨》，《教育研究》1996 年第 5 期。

梁虹、王利刚、樊春雷、陶婷、高文斌：《青少年自我控制双系统与网络成瘾的关系研究》，《中国全科医学》2016 年第 9 期。

梁洁：《医专生手机游戏成瘾对学习动机的影响浅析》，《校园心理》2018 年第 1 期。

梁洁：《医专生手机游戏成瘾与学习动机的关联性研究》，《吉林省教育学院学报》2018 年第 3 期。

梁泉：《中国手机网络游戏发展策略研究》，硕士学位论文，北京邮电大学，2006 年。

梁维科：《青年手机游戏成瘾的原因与负面影响分析》，《山东青年政治学院学报》2011 年第 5 期。

梁维科：《青少年手机游戏成瘾对策初探》，《辽宁行政学院学报》2012 年第 3 期。

梁晓轩：《韩国：立法限制手游概率性道具》，《检察风云》2015 年第 12 期。

廖雪清：《手机游戏〈大战转基因之闽南游〉设计与展示》，硕士学位论文，厦门大学，2014 年。

林崇德、杨治良、黄希庭主编：《心理学大辞典》，上海教育出版社 2003 年版。

林洁：《青少年游戏成瘾怎么治》，2020 年 1 月 2 日，http://zqb.cyol.com/html/2020-01/02/nw.D110000zgqnb_20200102_1-05.htm，2020 年 6 月 5 日。

林文浩、谭昆智：《手游〈王者荣耀〉与公共关系心理研究——以中山大学新华学院在校学生为例》，《公关世界》2018 年第 9 期。

林修猛、徐松惠、欧新蕊:《男子为买游戏装备偷手机 到手后舍不得卖掉自用时被捕》,2018年5月23日,http://news.jcrb.com/jxsw/201805/t20180523_1870019.html,2020年6月5日。

林雅萍:《"使用与满足"理论与互联网环境下的文献接受》,《上海师范大学学报》(哲学社会科学版)2009年第6期。

刘博智、陈少远:《北京师范大学:从"跟班"到脑科学"世界一流"》,2015年2月11日,http://www.gx211.com/news/2015211/n5428241868.html,2020年6月14日。

蔺玉红、邓建高、齐佳音:《手机媒体对农村青少年成长的影响》,《新闻战线》2018年第9期。

刘海娇、张文新、Doran C. French、田录梅:《青少年亲子依恋、友谊质量与内化问题的关系》,《第十二届全国心理学学术大会论文摘要集》,2009年。

刘惠军、李洋、李亚莉:《大学生电脑游戏成瘾问卷的编制》,《中国心理卫生杂志》2007年第1期。

刘佼:《高职生人格特质与亲社会行为倾向的相关研究》,《科技资讯》2014年第11期。

刘瑾:《北美游戏软件分级制度》,《新经济》2010年第10期。

刘娟娟:《动机理论研究综述》,《内蒙古师范大学学报》(教育科学版)2004年第7期。

刘荃:《浅析现代媒介环境下的青少年娱乐》,《新闻知识》2005年第3期。

刘文俐、蔡太生:《社会支持与大学生手机依赖倾向的关系:孤独的中介作用》,《中国临床心理学杂志》2015年第5期。

刘晓、黄希庭:《社会支持及其对心理健康的作用机制》,《心理研究》2010年第1期。

刘晓虎、童建民、董众鸣:《手机成瘾对大学生体质健康影响的研究》,《体育科技》2018年第2期。

刘学兰、李丽珍、黄雪梅：《家庭治疗在青少年网络成瘾干预中的应用》，《华南师范大学学报》（社会科学版）2011年第3期。

刘亚娜、高英彤：《青少年沉迷网络游戏及引发犯罪的实证研究与应对机制》，《山东大学学报》（哲学社会科学版）2020年第3期。

刘研：《电子游戏的情感传播研究》，博士学位论文，浙江大学，2014年。

刘一萱：《原生家庭环境对人全面发展的影响研究》，《好家长》2019年第8期。

刘映海：《青少年网络成瘾体育干预理论构建与实证研究》，博士学位论文，山西大学，2015年。

刘映海、丹豫晋、苏连勇：《网络成瘾青少年体育干预之行动研究》，《体育与科学》2010年第4期。

刘勇：《团体心理辅导与训练》，中山大学出版社2007年版。

刘悦、杨国栋、姚新民：《药物干预和心理疏导治疗网络成瘾综合征40例临床疗效观察》，《中国药物滥用防治杂志》2007年第2期。

刘珍珍：《"手机成瘾"对95后大学生人际交往的危害及其对策探析》，《陕西教育》（高教）2017年第3期。

卢福财主编：《产业经济学》，复旦大学出版社2013年版。

卢志铭、王国强：《青少年网瘾倾向与一般自我效能感、归因方式的关系》，《皖南医学院学报》2010年第6期。

陆玫、邓峰豪、王雪飞：《杭州13岁男孩因玩〈王者荣耀〉被骂跳下4楼 刚醒又想登录游戏》，2017年6月27日，https://www.thepaper.cn/newsDetail_forward_1718821_1，2020年6月3日。

陆士桢：《治理网络游戏成瘾是青少年成长发展辅导的系统工程》，《中国青年政治学院学报》2005年第6期。

［英］罗杰·迪金森、拉马斯瓦米·哈里德拉纳斯、奥尔加·林耐：《受众

研究读本》，单波译，华夏出版社2006年版。

罗燕：《沙盘游戏疗法对网络游戏成瘾个案的干预》，《社会心理科学》2014年第9期。

吕一博、蓝清、韩少杰：《开放式创新生态系统的成长基因——基于ios、android和symbian的多案例研究》，《中国工业经济》2015年第5期。

马继华：《3G时代的手机游戏产业》，《信息网络》2010年第1期。

［苏］马卡连柯：《儿童教育讲座》，诸惠芳译，河北人民出版社1997年版。

马利：《孩子手游成瘾如何破解》，2017年7月10日，http://hebei.hebnews.cn/2017-07/10/content_ 6553817.htm，2020年6月25日。

马庆国、戴珅懿：《网络游戏成瘾量表研究——事件相关脑电位辅助分析》，《管理工程学报》2011年第2期。

［美］马斯洛：《动机与人格》，许金声等译，华夏出版社1987年版。

马薇薇：《大学生网络游戏成瘾与人际交往能力、人格特质的关系研究》，硕士学位论文，吉林大学，2007年。

马骁：《游戏手机25年大史记：从复制掌机到帮你"作弊"》，2018年8月17日，http://www.gamelook.com.cn/2018/08/338522，2020年5月22日。

马颖峰、胡若楠：《不同类型电子游戏沉浸体验研究及对教育游戏设计的启示》，《电化教育研究》2016年第3期。

马圆超：《大五人格对青少年网络成瘾的影响》，《神州》2018年第5期。

马岳君、刘青、梁成栋：《青少年游戏成瘾众生相：12岁小孩身体还不如老人》，2019年2月14日，http://www.xinhuanet.com/legal/2019-02/14/c_ 1210059198.htm？utm_ source=UfqiNews，2020年6月4日。

磨月华：《浅谈"赏识教育"法在中学教学中的运用》，《南宁师范高等专科学校学报》2006年第3期。

牛镛、孝金波：《人民网起草〈游戏适龄提示草案〉 将搭建网上提示平台》，2019年6月26日，http://society.people.com.cn/n1/2019/0626/c1008-

31197366.html，2020年5月10日。

庞越：《手机天线对人脑的电磁辐射仿真研究》，硕士学位论文，北京邮电大学，2011年。

裴广信、范芸：《手机游戏产业分析》，《通信管理与技术》2007年第5期。

彭英杰：《学生间良好同伴关系的意义及影响因素》，《班主任之友》2003年第10期。

蒲晓磊：《专家：明确网络游戏分级制 落实游戏注册实名制》，2018年6月5日，http://finance.china.com.cn/industry/20180605/4658181.shtml，2020年5月26日。

蒲晓磊：《研究报告显示：亲子关系越差 孩子越易沉迷网游》，2019年2月26日，https://www.sohu.com/a/297664633_119725，2020年5月26日。

蒲晓磊：《数据孤立难达理想效果 专家呼吁建国家级网游防沉迷平台》，2019年7月16日，https://www.chinanews.com/ty/2019/07-16/8895527.shtml，2020年5月26日。

祁吉晓：《大学生网瘾程度与自我效能感的相关研究》，《中国校外教育》2011年第22期。

祁鹏：《手机游戏设计中娱乐体验的应用研究》，《信息技术与信息化》2015年第7期。

清科：《3G时代手机游戏行业"重装归来"》，《资本市场》2009年第6期。

邱晨辉：《青春期后游戏频率逐渐增高 被电子鸦片围困》，2018年7月2日，http://zqb.cyol.com/html/2018-07/02/nw.D110000zgqnb_20180702_1-11.htm，2020年5月26日。

邱致燕、王小洁、张斌、王叶飞：《大学生压力知觉、神经质人格与手机成瘾的关系研究》，《卫生职业教育》2016年第21期。

任慧敏、岳秉宏、薛乾隆、刘星亮、王慧、陈艳梅：《临床综合干预改善网络成瘾患者症状的对照研究》,《临床荟萃》2015 年第 7 期。

日本电脑娱乐分级组织（CERO）：http://www.cero.gr.jp/publics/index/17/#block47，2020 年 6 月 20 日。

商宇：《关于中学生网络游戏成瘾问题的分析及对策研究》，硕士学位论文，河北师范大学，2006 年。

申晓晴、周学晟、宋宁、汪依桃、吴世敏、韦玉娜：《团体心理辅导对大学生网络游戏成瘾的纠正效果研究》，《广西中医药大学学报》2015 年第 4 期。

沈健：《青少年网络依赖的家庭干预案例研究》，硕士学位论文，山东师范大学，2013 年。

沈忠阳：《中国移动通信公司"移动梦网"商业模式研究》，硕士学位论文，湖南大学，2003 年。

师建国主编：《成瘾医学》，科学出版社 2002 年版。

施铁如：《自我的社会建构观与叙事辅导》，《心理科学》2005 年第 1 期。

石民勇等编著：《游戏概论》，中国传媒大学出版社 2009 年版。

隋扬帆：《网络游戏成瘾者的行为控制——基于自我控制力量模型的研究》，硕士学位论文，宁波大学，2015 年。

孙静、王海成：《大学生网络成瘾的综合干预效果评价》，《中国学校卫生》2008 年第 12 期。

孙庆玲：《朱永新委员呼吁建立网络游戏分级制度》，2020 年 5 月 23 日，http://news.youth.cn/gn/202005/t20200523_12340713.htm，2020 年 6 月 5 日。

孙娅迪、张嘉倩、文泓翔、陈卓、陈重懋：《上海海洋大学手机游戏调查结果分析》，《管理观察》2015 年第 34 期。

孙拥军：《自我控制：一种有限的资源》，《第十一届全国心理学学术会议论文摘要集》，2007 年。

孙子越：《手机游戏用户行为调查分析》，硕士学位论文，兰州财经大学，2018年。

谭树华、郭永玉：《有限自制力的理论假设及相关研究》，《中国临床心理学杂志》2008年第3期。

谭潇、王怿恒：《基于量表编制的手游成瘾问题研究》，《许昌学院学报》2016年第1期。

唐任之慧：《认知行为疗法结合经皮穴位电刺激治疗网络游戏障碍的随机、对照临床研究》，硕士学位论文，湖南中医药大学，2018年。

唐任之慧、刘学军：《针刺治疗青少年网络成瘾概况》，《湖南中医杂志》2017年第7期。

唐志红、周世杰：《网络成瘾青少年的心理特点研究》，《中国临床心理学杂志》2009年第2期。

陶宏开、党波涛：《青少年上网成瘾与素质教育》，《高等函授学报》（哲学社会科学版）2005年第3期。

陶然、应力、岳晓东、郝向宏：《网络成瘾探析与干预》，上海人民出版社2007年版。

陶炜、冯强：《大学生网络游戏成瘾的影响因素及作用机制——风险感知、学习自我效能感和游戏成瘾的关系探析》，《教育学术月刊》2019年第10期。

陶应虎、顾晓燕主编：《公共关系原理与实务》，清华大学出版社2006年版。

腾讯、伽马数据：《2019游戏产业趋势报告》，2019年。

腾讯研究院安全研究中心、DCCI互联网数据中心：《中国青少年网络游戏行为与保护研究报告（2017）》，2017年。

田育臣：《12岁少年玩手机游戏 偷转走父母银行卡一万多元》，2017年11月8日，https://news.china.com/socialgd/10000169/20171108/31644350.html，2020年6月14日。

田云龙、喻承甫、刘毅、路红：《父母婚姻冲突与青少年网络游戏成瘾：有调节的中介模型》，《教育测量与评价》2017年第4期。

汪庭弘：《九型人格：洞悉自己与他人的艺术》，中国纺织出版社2012年版。

王博群：《青少年网络成瘾的心理机制及干预研究述评》，硕士学位论文，吉林大学，2008年。

王辰越：《塞班：从霸主到弃子》，《中国经济周刊》2011年第49期。

王冲：《手机游戏给青少年带来的负面影响刍议》，《教育界》2018年第28期。

王瀚博：《TW公司手机游戏商业模式优化的案例分析》，硕士学位论文，首都经济贸易大学，2015年。

王佳可：《澳大利亚网络管控严格规范》，2012年8月17日，http://media.people.com.cn/n/2012/0817/c40606-18765203.html，2020年6月20日。

王景芝：《中学生网络游戏成瘾浅析》，《天津市教科院学报》2005年第1期。

王雷：《手机游戏商业模式分析及评价模型的研究与设计》，硕士学位论文，北京工业大学，2012年。

王磊：《移动梦网商业模式创新的考察与研究》，硕士学位论文，电子科技大学，2008年。

王丽娟、张登舟：《从城市和农村青少年娱乐看青少年成长——张掖市、昌吉州两地青少年娱乐现状调查》，《思想理论教育》2010年第20期。

王明珠、邹泓、李晓巍、张文娟、王英芊、蒋索：《幼儿父母婚姻冲突与教养方式的关系：父母情绪调节策略的调节作用》，《心理发展与教育》2015年第3期。

王盼、甘怡群、李敏：《高中生电脑游戏成瘾倾向与父母教养方式的关系》，《中国临床心理学杂志》2006年第5期。

王瑞霞：《团体心理辅导改善大学生人际关系困扰过程的研究》，硕士学位论文，山西师范大学，2014年。

王苏、李欢欢：《青少年网络游戏认知偏差量表的初步编制及信效度检验》，《中国临床心理学杂志》2009年第6期。

王晓帆：《游戏机解禁　中国游戏分级制度还会远么》，2014年8月14日，http：//game.zol.com.cn/472/4724213.html，2020年6月17日。

王雪：《我国首个网络成瘾临床诊断标准通过论证》，2008年11月9日，http：//news.sohu.com/20081109/n260520497.shtml，2020年5月4日。

王焱、曹兆进：《手机辐射与健康》，《卫生研究》2006年第4期。

王洋、朱广思：《为什么手机游戏让人上瘾》，《家庭科技》2016年第7期。

王谊帆、沈光倩：《"游戏适龄提示"平台产品超百款　查询小程序上线》，2019年12月4日，http：//jinbao.people.cn/n1/2019/1204/c421674-31489093.html，2020年5月11日。

王晓映：《手游频曝用户私隐　正本清源亟需立法》，2014年10月16日，http：//it.people.com.cn/n/2014/1016/c1009-25846400.html，2020年7月25日。

王憶：《基于移动用户体验的手机游戏设计研究——以〈格萨尔王〉手机游戏为例》，硕士学位论文，华中科技大学，2015年。

王有为：《中日两国移动互联网产业对比研究——以日本i-mode和中国移动梦网为例》，《科技导报》2007年第2期。

王玉：《网络游戏成瘾对大学生学业成绩的消极影响及解决对策研究——以哈尔滨某大学生为个案》，硕士学位论文，东北师范大学，2010年。

王志锋：《沉迷手机文化对大学生社会化的负面影响及调控对策》，《学周刊》2014年第31期。

魏萍、杨爽、于海滨：《大学生网络成瘾与学习倦怠的关系》，《中国临床心理学杂志》2007年第6期。

魏永吉、杜敏：《手机游戏推广渠道优势分析》，《学习导刊》2014年第6期。

文毒：《游戏分级制度到底是啥？浅谈游戏分级制度一二三事》，2018年4月12日，https：//www.sohu.com/a/227982757_100098847，2020年6月30日。

文化部：《关于加快文化产业发展的指导意见》，2009年。

文化部：《文化部文化产业投资指导目录》，2009年。

文化部：《互联网文化管理暂行规定》，2011年。

文化部：《文化部"十二五"文化科技发展规划》，2012年。

文化部：《文化部"十二五"时期文化产业倍增计划》，2012年。

文化部：《未成年人网络游戏成瘾综合防治工程工作方案》，2013年。

文化部：《文化部关于规范网络游戏运营加强事中事后监管工作的通知》，2016年。

文化部、信息产业部：《关于网络游戏发展和管理的若干意见》，2007年。

乌梦达、樊攀：《游戏防沉迷系统如何智斗"熊孩子"》，2019年7月19日，http：//www.xinhuanet.com/politics/2019-07/19/c_1124772171.htm，2020年6月5日。

乌梦达、叶前、刘硕：《手游"野蛮生长"带来多重隐患 业内称应明确监管标准》，2017年8月24日，https：//www.sohu.com/a/166863958_267106，2020年6月3日。

吴晨生、覃京燕、黄石、刘彦君编著：《数字游戏设计》，兵器工业出版社2009年版。

吴航：《游戏活动与儿童教育》，人民教育出版社2012年版。

吴鎏桢、阎俊娟、韩济生：《2/100Hz经皮穴位电刺激对27例青少年网络成瘾症的治疗作用》，《中国药物依赖性杂志》2007年第1期。

吴起编著：《手机游戏产业与产品》，北京邮电大学出版社2010年版。

吴绍兰、郑振宝、杨永信、陈希：《心理认知护理疗法在网络成瘾治疗中的作用》，《精神医学杂志》2006年第4期。

吴小波、金纯、王时龙、许光辰：《基于 SymbianOS 智能手机游戏开发的研究》，《计算机与数字工程》2007 年第 3 期。

吴勇毅、陈渊源：《逝者如歌，经典尤可追——手机历史回眸与展望》，《软件工程师》2011 年第 10 期。

吴云：《对幼儿游戏规则的探讨——兼谈幼儿规则游戏》，《学前教育研究》2003 年第 1 期。

西蒙：《网络游戏分级制度，有几"分"可落实》，2020 年 5 月 26 日，https://www.sohu.com/a/397739065_162758?_trans_=000014_bdss_dklzxbpcgP3p：CP＝，2020 年 6 月 7 日。

夏小正：《手机游戏的新机会》，《互联网天地》2009 年第 7 期。

肖彬：《药物依赖的种类和处理》，《家庭医学》1994 年第 9 期。

肖水源、杨德森：《社会支持对身心健康的影响》，《中国心理卫生杂志》1987 年第 4 期。

谢美红：《J2ME 手机游戏开发中声音效果 Sound Effects 类的实现》，《知识经济》2010 年第 1 期。

辛璐：《粗暴养育对网络游戏成瘾的影响机制及其干预》，硕士学位论文，华中师范大学，2019 年。

熊婕：《抑郁对大学生网络游戏成瘾的影响：非适应性认知的中介作用》，《华中师范大学研究生学报》2018 年第 4 期。

熊婕、周宗奎、陈武、游志麒、翟紫艳：《大学生手机成瘾倾向量表的编制》，《中国心理卫生杂志》2012 年第 3 期。

徐佳：《论手机游戏的版权保护》，硕士学位论文，兰州大学，2015 年。

徐静：《认同·权力·资本：青少年网络游戏中的情感研究》，博士学位论文，浙江大学，2015 年。

许明月：《MBTI 人格类型测验在企业管理中的作用》，《领导科学》2009 年第 35 期。

徐慊、郑日昌：《四川城乡青少年父母家庭教养方式比较》，《中国心理卫生杂志》2006 年第 5 期。

徐天一：《手机游戏的著作权保护分析》，硕士学位论文，北京交通大学，2016 年。

薛倩莲：《网络游戏参与动机、自我认同和网络游戏成瘾的关系研究》，硕士学位论文，上海交通大学，2018 年。

闫宏微：《大学生网络游戏成瘾问题研究》，博士学位论文，南京理工大学，2013 年。

闫俊娟：《2/100Hz 经皮穴位电刺激对 76 例青少年网络成瘾症的治疗作用》，《中国神经科学学会第四次会员代表大会暨第七届全国学术会议》，2007 年。

闫俊娟、倪牧宇、曲之毅、吴鎏桢、韩济生：《2/100Hz 经皮穴位电刺激治疗青少年网瘾 ET 结果的初步探讨》，《中国药物依赖性杂志》2008 年第 4 期。

严翔、王明宇：《4G 移动通信的应用与发展展望》，《电子商务》2014 年第 4 期。

严雨程、赵倩：《北京安定医院开设网络成瘾专科门诊　医生：发病率没有想象中高》，2019 年 10 月 8 日，https://new.qq.com/omn/20191008/20191008A0PKF200.html，2020 年 6 月 9 日。

颜艳燕、管静娟：《心理社会治疗——青少年网瘾治疗的新尝试》，《学理论》2009 年第 26 期。

杨放如、郝伟：《52 例网络成瘾青少年心理社会综合干预的疗效观察》，《中国临床心理学杂志》2005 年第 3 期。

杨国栋、刘悦、方政华：《药物干预加心理疏导治疗网络成瘾综合征 6 例报告》，《中国药物滥用防治杂志》2005 年第 1 期。

杨昊翔：《手机电磁辐射对人体健康的影响探析》，《同行》2015 年 9 月（上）。

杨容、邵智、郑涌:《中学生网络成瘾症的综合干预》,《中国心理卫生杂志》2005年第7期。

杨茹艳:《家庭教育方式对青少年网络成瘾的影响》,《经济研究导刊》2009年第33期。

杨晓琴:《青少年群体手机游戏与现实社交的相互作用探析——基于强弱关系理论的视角》,《文化与传播》2019年第6期。

杨彦春、祝卓宏:《电子游戏成瘾行为的精神病理机制探讨》,《中国心理卫生杂志》1999年第5期。

姚伟宁:《青少年网民群体特征与上网行为的动态变迁——历年〈中国青少年上网行为调查报告〉研析》,《中国青年研究》2017年第2期。

叶慧娟:《网络游戏分级制度比较研究》,《华东理工大学学报》(社会科学版)2011年第2期。

叶艳晖、李秋琼:《同伴关系 自我效能感与青少年网络成瘾的关系》,《中国学校卫生》2015年第3期。

佚名:《初中生手机暗藏"美女脱衣" 色情游戏引家长忧》,2013年9月25日,http://www.chinanews.com/edu/2013/09-25/5319767.shtml,2020年6月5日。

佚名:《常州10岁熊孩子玩〈王者荣耀〉,13天内竟花掉2.3万!》,2017年5月26日,https://www.sohu.com/a/143533409_339466?_f=v2-index-feeds,2020年6月10日。

佚名:《低龄化边缘化:成瘾性电子游戏正摧毁我们的新生代》,2018年6月6日,http://www.banyuetan.org/dyp/detail/20180606/1000200033134991528246741044899491_1.html,2020年6月20日。

佚名:《孩子要救!游戏也要救!欧美游戏分级怎么做》,2019年3月21日,https://www.sohu.com/a/302785024_120099887,2020年6月13日。

佚名:《今天要跟年轻爸爸妈妈们聊聊这个问题》,2018年6月11日,http：//news. cnr. cn/native/gd/20180601/t20180601_ 524255025. shtml，2020 年 6 月 5 日。

佚名：《全国人大代表赵皖平呼吁对网络游戏进行分级》，2019 年 3 月 9 日，http：//news. 17173. com/content/03092019/001008316. shtml，2020 年 6 月 20 日。

佚名：《塞班系统的缺陷在哪里？塞班系统的优缺点分析》，2018 年 4 月 26 日，http：//m. elecfans. com/article/668295. html，2020 年 6 月 1 日。

佚名：《手游发展史：从贪吃蛇到王者荣耀》，2017 年 7 月 8 日，http：//www. xinhuanet. com/info/2017 – 07/08/c_ 136427043. htm，2020 年 6 月 5 日。

佚名：《〈王者荣耀〉后 腾讯全线游戏产品将启用健康系统》，2018 年 11 月 5 日，https：//view. inews. qq. com/a/TEC2018110500847400？tbkt = G & uid = ，2020 年 6 月 7 日。

佚名：《〈王者荣耀〉率先启用人脸识别验证 "小学生"再也不背锅了》，2018 年 11 月 28 日，https：//sports. qq. com/a/20181128/013922. htm？pgv_ ref = aio2015_ hao123news，2020 年 6 月 14 日。

衣学勇、李文杰：《传播学"使用与满足"理论对网络游戏成瘾原因的探究》，《中国特殊教育》2006 年第 11 期。

于群健：《10 岁"熊孩子"玩游戏上瘾花费近万元 坑爹又有新高度》，2016 年 5 月 27 日，https：//heilongjiang. dbw. cn/system/2016/05/27/057234864. shtml，2020 年 6 月 1 日。

余小鸣：《青春期心理发展及健康促进对策》，《中国儿童保健杂志》2005 年第 4 期。

娱乐软件分级委员会（ESRB）：http：//www. esrb. org/ratings/ratings_ guide. aspx，2020 年 6 月 20 日。

袁媛：《我国电子游戏产业监管与〈游戏适龄提示草案〉浅析》，《出版广角》2020 年第 4 期。

查振林、许顺红、卓海华：《电磁辐射对人体的危害与防护》，《北方环境》2004 年第 3 期。

张爱卿：《动机论：迈向 21 世纪的动机心理学研究》，华中师范大学出版社 1998 年版。

张爱清、王建会、李宁：《应用商店模式及发展趋势分析》，《软件产业与工程》2012 年第 1 期。

张碧：《手机游戏心流体验与成瘾：自我控制的中介和调节作用》，硕士学位论文，北京林业大学，2019 年。

张朝、于宗富：《认知疗法治疗"网络成瘾障碍"1 例报告》，《上海精神医学》2003 年第 6 期。

张海灵：《体育运动处方对青少年网瘾干预的实证研究》，《军事体育进修学院学报》2011 年第 4 期。

张衡：《手机网络游戏玩家付费意愿的影响因素研究》，硕士学位论文，华东理工大学，2014 年。

张宏如：《网络成瘾大学生动机与人格特征》，《中国健康心理学杂志》2003 年第 5 期。

张红英、张程赪：《青少年网络成瘾心理行为干预研究》，《临床心身疾病杂志》2007 年第 2 期。

张兰君：《团体心理治疗和体育运动处方对大学生网络成瘾的干预》，《心理科学》2009 年第 3 期。

张林明：《游戏帝国风云再起：中国手机游戏产业观察报告——中国游戏产业的下一座金矿》，《经营者》2005 年第 5 期。

张落明：《电针对网络瘾患者焦虑状态及静息态脑功能改变的影响》，硕士学位论文，成都中医药大学，2012 年。

张美兰、车宏生：《目标设置理论及其新进展》，《心理科学进展》1999 年第 2 期。

张萌：《论手机游戏玩家的人际传播对手机游戏营销的作用》，硕士学位论文，辽宁大学，2015 年。

张日昇：《箱庭疗法在心理临床中的应用》，《武警医学》2012 年第 7 期。

张日昇、耿柳娜：《箱庭疗法的研究进展》，《心理科学》2003 年第 2 期。

张莎：《认知行为疗法干预网络游戏成瘾一例》，《校园心理》2011 年第 1 期。

张胜康：《住宅的居住空间与家庭的社会功能》，《现代城市研究》1996 年第 4 期。

张树波、徐珊：《"游戏成瘾"正式归为疾病 需持续至少一年才算》，2019 年 5 月 30 日，http：//hunan.sina.com.cn/news/s/2019-05-30/detail-ihvhiews5598441.shtml? cre = tianyi & mod = pcpager_ fin & loc = 21 & r = 9 & rfunc = 100 & tj = none & tr = 9，2020 年 6 月 13 日。

张思宁：《成瘾性消费对价值观念的影响》，《商业时代》2013 年第 21 期。

张文海、卢家楣：《对网络成瘾大学生注入情感因素的团体辅导研究》，《心理科学》2009 年第 3 期。

张文新：《城乡青少年父母教育方式的比较研究》，《心理发展与教育》1997 年第 3 期。

张弦：《教育游戏发展综述及再思考》，《科教导刊》（中旬刊）2012 年第 3 期。

张晓琳、叶诗敏、喻承甫、路红：《师生关系与青少年网络游戏成瘾：学校参与的中介作用与未来取向的调节作用》，《教育测量与评价》2018 年第 2 期。

张秀玲、郑世英：《手机依赖对高校大学生的影响》，《边疆经济与文化》2015 年第 12 期。

张岩、周炎根、裴涛：《大学生孤独感在人际适应性和手机互联网依赖关系中的中介效应》，《中国心理卫生杂志》2015 年第 10 期。

张燕贞、喻承甫、张卫：《青少年网络游戏成瘾的心理社会影响因素》，《中国健康心理学杂志》2017 年第 7 期。

张燕贞、张卫、伍秋林、喻承甫、陈茂怀、林树滨：《医科大学生手机网络游戏成瘾与共情：抑郁的中介作用》，《中国健康心理学杂志》2016 年第 4 期。

张一望、朱一、董大伟、罗焕敏：《药物成瘾与网络成瘾之比较》，《第五届海内外华人神经科学家研讨会》，2008 年。

张毅君：《2019 年度中国游戏产业报告》，2019 年度中国游戏产业年会，2019 年。

张芝：《不同成瘾状态大学生网络使用者的认知心理特征研究》，博士学位论文，浙江大学，2008 年。

张志学：《家庭系统理论的发展与现状》，《心理学探新》1990 年第 1 期。

章辉：《论"休闲"的界定》，《湖北理工学院学报》（人文社会科学版）2012 年第 6 期。

赵博：《从制定战略法规到全民安全教育——澳大利亚重视网络安全》，2017 年 4 月 15 日，http：//www.xinhuanet.com/world/2017 - 04/15/c_1120815667.htm，2020 年 6 月 5 日。

赵敏：《家庭教育对青年思想政治教育的影响》，《山西青年》2018 年第 21 期。

赵文东：《手游上瘾对大学生思想行为负面影响的研究》，《现代交际》2019 年第 3 期。

甄霜菊、张晓琳、叶诗敏、胡谏萍、刘楚铜、张卫：《同伴游戏比例与青少年网络游戏成瘾：一个有调节的中介模型》，《教育测量与评价》2017 年第 8 期。

郑江：《调查发现八成青少年缺乏个人隐私保护意识》，2016 年 2 月 17 日，http：//news.sohu.com/20160217/n437662484.shtml，2020 年 6 月 7 日。

中共中央办公厅、国务院办公厅：《2006—2020 年国家信息化发展战略》，2006 年。

中共中央办公厅、国务院办公厅：《"健康中国2030"规划纲要》，2016年。

中关村在线：《2005年度手机网络游戏大记事：Top 10》，2005年12月12日，http：//game.zol.com.cn/23/233765.html，2020年6月7日。

中国报告网：《2018年我国网络游戏行业主管部门、监管体制、法律法规及政策（图）》，2018年11月8日，http：//zhengce.chinabaogao.com/it/2018/11SN61H018.html，2020年6月8日。

中国产业信息网：《游戏产业进入新阶段 精品化成共识》，2019年8月7日，https：//www.chyxx.com/news/2019/0807/769690.html，2020年6月8日。

中国产业信息网：《2019年中国手机游戏行业发展现状及行业发展趋势分析》，2020年2月15日，http：//www.chyxx.com/industry/202002/834180.html，2020年6月8日。

中国共产党第十七届中央委员会：《中共中央关于深化文化体制改革推动社会主义文化大发展大繁荣若干重大问题的决定》，2011年。

中国工业和信息化部电信研究院：《移动终端白皮书（2012年）》，2012年。

中国互联网络信息中心（CNNIC）：《2014—2015年中国手机游戏用户调研报告》，2015年。

中国互联网络信息中心（CNNIC）：《2015年中国青少年上网行为研究报告》，2016年。

中国青年网：《CNG：中国青少年玩手游时长赶超PC和次世代》，2013年10月15日，http：//youxi.youth.cn/2013/1015/127441.shtml？mobile=0，2020年12月30日。

中国青少年研究中心：《青少年犯罪原因和对策研究（1）：青少年犯罪的概念》，2012年。

中国青少年研究中心：《中小学生及其家长网络游戏认知与态度研究报告》，2019年。

中国青少年研究中心、团中央国际联络部课题组:《联合国〈到 2000 年及其后世界青年行动纲领〉实施十周年（1995—2004）特别调查：中国青年发展报告》,《中国青年研究》2005 年第 11 期。

中国软件行业协会游戏软件分会：《中国游戏行业自律公约》,2005 年。

中国消费者协会：《青少年近视现状与网游消费体验报告》,2019 年。

中国新闻网：《联合国：全球五分之一的青少年受心理健康问题困扰》,2019 年 11 月 6 日,http://www.chinanews.com/gj/2019/11-06/8999367.shtml,2020 年 6 月 5 日。

中国游戏出版工作委员会、伽马数据：《2018 年中国游戏产业报告》,2018 年。

中华人民共和国国务院：《出版管理条例》,2016 年 2 月 6 日第四次修订。

中央宣传部、中国人民银行、财政部、文化部、广电总局、新闻出版总署、银监会、证监会、保监会：《关于金融支持文化产业振兴和发展繁荣的指导意见》,2010 年。

钟月云、欧阳柳波：《3G 解决手机游戏发展瓶颈》,《福建电脑》2010 年第 9 期。

周弘：《赏识教育五步曲——成功家教系列讲座之二》,《少年儿童研究》2001 年第 4 期。

周鸿钧：《游戏作为"致瘾性商品",在发展中需更多监管》,2018 年 3 月 7 日,https://mini.eastday.com/a/180307095419836.html?qid=02263&vqid=qid02650,2020 年 6 月 5 日。

周宁：《青少年网络游戏成瘾倾向与静息态脑活动频率依赖性相关的 MRI 研究》,硕士学位论文,天津医科大学,2018 年。

周荣、周倩：《网络上瘾现象,网络使用行为与传播快感经验之相关性初探》,《中华传播学会》1997 年第 1 期。

周莎莎、喻承甫、许倩、魏昶、林枝：《同伴侵害与初中生病理性网络游戏使用的关系：中介效应与调节效应》,《教育测量与评价》（理论版）

2014年第10期。

周文霞、郭桂萍：《自我效能感：概念、理论和应用》，《中国人民大学学报》2006年第1期。

周小白：《腾讯：〈王者荣耀〉启用人脸识别验证　后续将覆盖更多游戏》，2019年11月28日，https：//xw.qq.com/cmsid/20181128A1BEFR/20181128A1BEFR00，2020年6月11日。

周颖、沈艳秋：《手机发展史》，《科技信息》2010年第33期。

周治金、杨文娇：《大学生网络成瘾类型问卷的初步编制》，《中国心理卫生杂志》2006年第11期。

周子涵、刘学兰、赖晓璐、金雯雯、黄友强：《共同教养在父母婚姻质量与亲子关系的中介作用：基于主客体互倚中介模型的研究》，《第二十一届全国心理学学术会议摘要集》，2018年。

朱桂英、孙国翠、眷金国：《对青少年网瘾的家庭干预模式研究》，《山东工会论坛》2016年第3期。

朱含宇：《3G手机网络游戏的开发现状》，《传媒》2010年第8期。

朱坚、孔匡建：《箱庭疗法对青少年网络成瘾的治疗作用》，《中国心理卫生协会第五届学术研讨会论文集》，2007年。

朱晓枫：《狂打手游40小时　17岁少年中风》，2017年4月25日，https：//money.163.com/17/0425/03/CIR9TLB8002580S6.html，2020年6月5日。

宗旭：《为防沉迷，〈王者荣耀〉启用人脸识别验证》，2018年11月29日，http：//m.ce.cn/yw/gd/201811/29/t20181129_30894998.shtml，2020年6月8日。

二　英文部分

Aarseth, E., "I Fought the Law: Transgressive Play and the Implied Player", paper delivered to the 2007 DiGRA International Conference: Situated Play,

Tokyo, Japan, September 24 – 28, 2007.

Adinoff, B., "Neurobiologic Processes in Drug Reward and Addiction", *Harvard Review of Psychiatry*, Vol. 12, No. 2, 2004.

Ali, M., Asim, M., Danish, S. H., Ahmad, F., & Hasan, S. D., "Frequency of De Quervain's Tenosynovitis and Its Association with SMS Texting", *Muscles Ligaments Tendons J*, Vol. 4, No. 1, 2014.

Allison, S. E., Wahlde, L., Shockley, T., & Gabbard, G. O., "The Development of the Self in the Era of the Internet and Role-Playing Fantasy Games", *American Journal of Psychiatry*, Vol. 163, No. 3, 2006.

American Psychiatric Association, *Diagnostic and Statistical Manual of Mental Disorders (3th ed.)*, 1987.

American Psychiatric Association, *Diagnostic and Statistical Manual of Mental Disorders (4th ed.)*, 1995.

American Psychiatric Association, *Diagnostic and Statistical Manual of Mental Disorders (5th ed.)*, 2013.

Ancarani, F., & Shankar, V., "Symbian: Customer Interaction Through Collaboration and Competition in a Convergent Industry", *Journal of Interactive Marketing*, Vol. 17, No. 1, 2003.

Andreassen, C. S., Griffiths, M. D., Sinha, R., Hetland, J., & Pallesen, S., "The Relationships Between Workaholism and Symptoms of Psychiatric Disorders: A Large-Scale Cross-Sectional Study", *Plos One*, Vol. 11, No. 5, 2016.

Andrew, O., "The History and Evolution of the Smartphone: 1992 – 2018", textrequest.com, August 28, 2018, https://www.textrequest.com/blog/history-evolution-smartphone/.

Ariens, G. A., Mechelen, W., Bongers, PP. M., Bouter, L. M., & van der

Wal, G., "Physical Risk Factors for Neck Pain", *Scandinavian Journal of Work Environment & Health*, Vol. 26, No. 1, 2000.

Avedon, E. M., & Sutton-Smith, B., *The Study of Games*, New York: John Wiley, 1971.

Balakrishnan, J., & Griffiths, M. D., "Loyalty Towards Online Games, Gaming Addiction, and Purchase Intention Towards Online Mobile In-Game Features", *Computers in Human Behavior*, Vol. 87, No. 10, 2018.

Bandura, A., "Self-efficacy: Toward a Unifying Theory of Behavioral Change", *Psychological Review*, Vol. 84, No. 2, 1977.

Barrett, A. E., & Turner, J., "Family Structure and Substance Use Problems in Adolescence and Early Adulthood: Examining Explanations for the Relationship", *Addiction*, Vol. 101, No. 1, 2006.

Beard, K. W., & Wolf, E. M., "Modification in the Proposed Diagnostic Criteria for Internet Addiction", *Cyber Psychology and Behavior*, Vol. 4, No. 3, 2001.

Berolo, S., Wells, R. P., & Rd, A. B., "Musculoskeletal Symptoms among Mobile Hand-Held Device Users and Their Relationship to Device Use: A Preliminary Study in a Canadian University Population", *Applied Ergonomics*, Vol. 42, No. 2, 2011.

Bianchi, A., & Phillips, J. G., "Psychological Predictors of Problem Mobile Phone Use", *Cyberpsychology and Behavior*, Vol. 8, No. 1, 2005.

Billieux, J., Deleuze, J., Griffiths, M. D., & Kuss, D. J., Internet Gaming Addiction: The Case of Massively Multiplayer Online Role-Playing Games, in: el-Guebaly, N., Carrà, G., & Galanter, M. (Eds.), *The Textbook of Addiction Treatment: International Perspectives*, Italy: Springer Milan, 2015.

Blanton, H., & Burkley, M., "Deviance Regulation Theory: Applications to Adolescent Social Influence", *Understanding Peer Influence in Children and Adolescents*, 2008.

Brightbill, C. K., *The Challenge of Leisure*, Montana: Literary Licensing, 2012.

Buckleitner, W., "Essays on Violence in Video Games and the ESRB Rating System", *Children's Technology Review*, Vol. 14, No. 7, 2006.

Bulduklu, Y., "Mobile Games on the Basis of Uses and Gratifications Approach: A Comparison of the Mobile Game Habits of University and High School Students", *Convergence: The International Journal of Research into New Media Technologies*, Vol. 25, No. 6, 2017.

Butt, S., & Phillips, J. G., "Personality and Self Reported Mobile Phone Use", *Computers in Human Behavior*, Vol. 24, No. 2, 2008.

Bybee, C. R., Robinson, D., & Turow, J., "Determinants of Parental Guidance of Children's Television Viewing for a Special Subgroup: Mass Media Scholars", *Journal of Broadcasting and Electronic Media*, Vol. 26, No. 3, 1982.

Byrne, D., "An Overview (and Underview) of Research and Theory Within the Attraction Paradigm", *Journal of Personality and Social Psychology*, Vol. 14, No. 3, 1997.

Byron, T., "The Byron Review: Children and New Technology: Children and Young People's Version", *Department for Children Schools and Families*, Vol. 1, No. 1, 2008.

Caplan, S. E., "A Social Skill Account of Problematic Internet Use", *Journal of Communication*, Vol. 55, No. 4, 2010.

Card, N. A., & Hodges, E. V., "Peer Victimization among School Children:

Correlations, Causes, Consequences, and Considerations in Assessment and Intervention", *School Psychology Quarterly*, Vol. 23, No. 4, 2008.

Carless, S., "ESRB Survey Claims High Wareness for Ratings", *Game Developer*, Vol. 13, No. 5, 2006.

Carroll, A., & Heiser, G., "An Analysis of Power Consumption in a Smartphone", paper delivered to Usenix Conference on Usenix Technical Conference, USENIX Association, United States, June 2010.

Carver, C. S., & Connor-Smith, J., "Personality and Coping", *Annual Review of Psychology*, Vol. 61, No. 1, 2010.

Chang, F. C., Chiu, C. H., Miao, N. F., Chen, P. H., Lee, C. M., Chiang, J. T., & Pan, Y. C., "The Relationship Between Parental Mediation and Internet Addiction among Adolescents, and the Association with Cyberbullying and Depression", *Comprehensive Psychiatry*, Vol. 57, 2015.

Chen, H., Rong, W., Ma, X., Qu, Y., & Xiong, Z., "An Extended Technology Acceptance Model for Mobile Social Gaming Service Popularity Analysis", *Mobile Information Systems*, Vol. 3, 2017.

Chen, C., & Leung, L., "Are You Addicted to Candy Crush Saga? An Exploratory Study Linking Psychological Factors to Mobile Social Game Addiction", *Telematics and Informatics*, Vol. 33, No. 4, 2015.

Cho, E., *The Rapeutic Interventions for Treatment of Adolescent Internet Addiction-Experiences from South Korea*, New York: Springer International Publishing, 2015.

Chou, C., Condron, L., & Belland, J. C., "A Review of the Research on Internet Addiction", *Educational Psychology Review*, Vol. 17, No. 4, 2005.

Christie, D., & Viner, R., "ABC of Adolescence Adolescent Development",

Bmj-British Medical Journal, Vol. 330, No. 7486, 2005.

Chung, P. C., The Globally Integrated Network of South Korean Online Game Industry, in: Fung, A. (Ed.), *Global Game Industries and Cultural Policy*, Germany, Springer International Publishing, 2016.

Costa, P. T., & Mccrae, R. R., "Influence of Extraversion and Neuroticism on Subjective Well-being: Happy and Unhappy People", *Journal of Personality and Social Psychology*, Vol. 38, No. 4, 1980.

Danforth, L., "The Great (M-Rated) Debate", *Library Journal*, Vol. 135, No. 17, 2010.

Dasteaee, S. M., Koohestani, F., & Sorbi, M. H., "The Role of Parental Mediation, Mental Health, High-Risk Behaviors, and Cyberspace Activities in Internet Addiction: A Cross-Sectional Study", *Research Square*, 2020.

Dau, W., Hoffman, J. D. G., & Banger, M., *The Rapeutic Interventions in the Treatment of Problematic Internet Use: Experiences from Germany*, New York: Springer International Publishing, 2015.

Davis, R. A., "A Cognitive-Behavioral Model of Pathological Internet Use", *Computers in Human Behavior*, Vol. 17, No. 2, 2001.

Durak, M., & Senol-Durak, E., "Which Personality Traits Are Associated with Cognitions Related to Problematic Internet Use", *Asian Journal of Social Psychology*, Vol. 17, No. 3, 2014.

Eleftherios, A., Nicolau, & Lisa, F., "Mobile and Game Usage, Gender and Attitude Towards Computing Degrees", paper delivered to Annual Conference of the Southern African Computer Lecturers' Association, November 2017.

Ellington, H., Addinall, E., & Percival, F., *A Handbook of Game Design*,

London, England, Kogan Page, 1982.

Falaki, H., Mahajan, R., Kandula, S., Lymberopoulos, D., Govindan, R., & Estrin, D., "Diversity in Smartphone Usage", paper delivered to the 8th International Conference on Mobile Systems, Applications, and Services, San Francisco, California, USA, June 2010.

Federal Reserve Bank of St. Louis, "Real Disposable Personal Income: Per Capita", 2020, https://fred.stlouisfed.org/series/A229RX0.

Feijoo, C., Gomez-Barroso, J. L., Aguado, J. M., & Ramos, S., "Mobile Gaming: Industry Challenges and Policy Implications", *Telecommunications Policy*, Vol. 36, No. 3, 2012.

Felini, D., "Beyond Today's Video Game Rating Systems: A Critical Approach to PEGI and ESRB, and Proposed Improvements", *Games and Culture*, Vol. 10, No. 1, 2015.

Finkelhor, D., & Dzuiba-Leatherman, J., "Victimization of Children", *American Psychologist*, Vol. 49, No. 3, 1994.

Fite, J. E., Bates, J. E., Holtzworthmunroe, A., Dodge, K. A., Nay, S. Y., & Pettit, G. S., "Social Information Processing Mediates the Intergenerational Transmission of Aggressiveness in Romantic Relationships", *Journal of Family Psychology*, Vol. 22, No. 3, 2008.

Flook, L., Repetti, R., & Ullman, J., "Classroom Social Experiences as Predictors of Academic Performance", *Developmental Psychology*, Vol. 41, No. 2, 2005.

Franklin, C., & Bolton, K., "Solution-Focused Brief Therapy", *Encyclopedia of Psychotherapy*, Vol. 37, No. 2, 2007.

Friese, M., Hofmann, W., & Wanke, M., "When Impulses Take Over: Moderated Predictive Validity of Explicit and Implicit Attitude Measures in

Predicting Food Choice and Consumption Behaviour", *British Journal of Social Psychology*, Vol. 47, No. 3, 2008.

Furman, W., & Buhrmester, D., "Age and Sex Differences in Perceptions of Networks of Personal Relationships", *Child Development*, Vol. 63, No. 1, 1992.

Goldberg, I., "Flexible Iris Retraction Hooks", *Clinical and Experimental Ophthalmology*, Vol. 25, No. 4, 1995.

Graham, S., & Juvonen, J., "Self-blame and Peer Victimization in Middle School: An Attributional Analysis", *Developmental Psychology*, Vol. 34, No. 3, 1998.

Griffiths, M. D., "Online Computer Gaming: Advice for Parents and Teachers", *Education and Health*, Vol. 27, No. 1, 2009.

Gullotta, T. P., & Adams, G. R., *Handbook of Adolescent Behavioral Problems: Evidence-Based Approaches to Prevention and Treatment*, New York: Springer, 2005.

Hall, A. S., & Parsons, J., "Internet Addiction: College Student Case Study Using Best Practices in Cognitive Behavior Therapy", *Journal of Mental Health Counseling*, Vol. 23, No. 4, 2001.

Han, H., Jeong, H., Jo, S. J., Son, H. J., & Yim, H. W., "Relationship Between the Experience of Online Game Genre and High Risk of Internet Gaming Disorder in Korean Adolescents", *Epidemiol and Health*, Vol. 42, 2020.

Hardell, I., Holmberg, B., Malker, H., & Paulsson, L. E., "Exposure to Extremely Low Frequency Electromagnetic Fields and the Risk of Malignant Diseases-An Evaluation of Epidemiological and Experimental Finding", *European Journal of Cancer Prevention the Official Journal of the European*

Cancer Prevention Organisation, Vol. 14, Suppl. 1, 1995.

Hester, B., "How a Washington-Based Clinic Treats Video Game Addiction", September 28, 2016, https://www.polygon.com/features/2016/9/28/12992596/video-game-addiction-clinic.

Hofmann, W., Friese, M., & Strack, F., "Impulse and Self-control: From a Dual-systems Perspective", *Perspectives on Psychological Science*, Vol. 4, No. 2, 2009.

Hsiao, K. L., & Chen, C. C., "What Drives In-app Purchase Intention for Mobile Games? An Examination of Perceived Values and Loyalty", *Electronic Commerce Research and Application*, Vol. 16, 2016.

Hu, F., & Liu, Y., "Impact of Experience and Gender Differences on Users' Perceptions on Mobile Game", paper delivered to 2010 International Conference on Multimedia Technology, October 2010.

Hu, Q., Stead, M., Dai, Q., & Worrell, G. A., "On the Recording Reference Contribution to EEG Correlation, Phase Synchrony, and Coherence", *IEEE Transactions on Systems, Man, and Cybernetics. Part B, Cybernetics: A Publication of the IEEE Systems, Man, and Cybernetics Society*, Vol. 40, No. 5, 2010.

Huizinga, J., *Homo Ludens: A Study of Play Element in Culture*, Boston, MA: Beacon Press, 1955.

Hur, M. H., "Demographic, Habitual, and Socioeconomic Determinants of Internet Addiction Disorder: An Empirical Study of Korean Teenagers", *Cyberpsychology & Behavior*, Vol. 9, No. 5, 2006.

Hwang, J. Y., Choi, J. S., Gwak, A. R., Jung, D., Choi, S. W., Lee, J., Lee, J. Y., Jung, H. Y., & Kim, D. J., "Shared Psychological Characteristics that Are Linked to Aggression Between Patients with Internet

Addiction and Those with Alcohol Dependence", *Annals of General Psychiatry*, Vol. 13, No. 1, 2014.

Ihlwan, M., "Online Gaming: Korea's Gotta Have It", *Business Week*, No. 4000, 2006.

James, S. F., & Bill. R., "Solution-Focused Brief Therapy: One Answer to Managed Mental Health Care", *The Family Journal: Counseling and Therapy for Couples and Families*, Vol. 5, No. 4, 1997.

Jang, Y. B., & Ryu, S. H., "The Role of Parenting Behavior in Adolescents' Problematic Mobile Game Use", *Social Behavior and Personality: An International Journal*, Vol. 44, No. 2, 2016.

Jason, B., "Mobile Gaming", *Communications of the ACM*, Vol. 51, No. 3, 2008.

Jeong, E. J., & Kim, D. H., "Social Activities, Self-efficacy, Game Attitudes and Game Addiction", *Cyberpsychology Behavior and Social Networking*, Vol. 14, No. 4, 2011.

Jeroen, S. L., Patti, M., & Jochen, P., "Development and Validation of a Game Addiction Scale for Adolescents", *Media Psychology*, Vol. 12, No. 1, 2009.

Jessor. R., "Successful Adolescent Development among Youth in High-Risk Settings", *American Psychologist*, Vol. 48, No. 2, 1993.

Joseph, G., "Narrative Therapy for Treating Video Game Addiction", *International Journal of Mental Health and Addiction*, Vol. 12, No. 6, 2014.

Kalff, D. S., *A Psychotherapeutic the Psyche*, New York: Sigo Press, 1980.

Katz, E., Blumler, J. G., & Gurevitch, M., Utilization of Mass Communication by the Individual, in: Blumler, J. G., & Katz, E. (Eds.), *The Uses of Mass Communications: Current Perspectives on Gratifications Research*,

Beverly Hills: Sage Publications, 1974.

Kam, M., Rudraraju, V., Tewari, A., & Canny, J., "Mobile Gaming with Children in Rural India: Contextual Factors in the Use of Game Design Patterns", paper delivered to the 3rd Digital Games Research Association International Conference, January 2007.

Kaye, L. K., "Understanding the Motivations. Experiences and Outcomes of Playing Video Games", *Psychology Seminar Series*, January 2011.

Kayis, A. R., Satici, S. A., Yilmaz, M. F., Şimşek, D., Ceyhan, E., & Bakioğlu, F., "Big Five-personality Trait and Internet Addiction: A Meta-analytic Review", *Computers in Human Behavior*, Vol. 63, 2016.

Kelley, D., *The Art of Reasoning*, New York: W. W. Norton, 1998.

King, D. L., Delfabbro, P. H., Doh, Y. Y., Wu, A. M. S., Kuss, D., Mentzoni, R., Pallesen, S., Carragher, N., & Sakuma, H., "Policy and Prevention Approaches for Disordered and Hazardous Gaming and Internet Use: An International Perspective", *Prevention Science*, Vol. 2, No. 19, 2018.

Kim, D. H., Jeong, E. J., & Zhong, H., "Preventive Role of Parents in Adolescent Problematic Internet Game Use in Korea", 한국사회학, Vol. 44, No. 6, 2010.

Kim, J. S., "Examining the Effectiveness of Solution-Focused Brief Therapy: A Meta-analysis", *Research on Social Work Practice*, Vol. 18, No. 2, 2008.

Kim, H. M., "Mobile Media Technology and Popular Mobile Games in Contemporary Society", *International Journal of Mobile Marketing*, Vol. 8, No. 2, 2013.

Kim-Spoon, J., Cicchetti, D., & Rogosch, F. A., "A Longitudinal Study of Emotion Regulation, Emotion Lability-Negativity, and Internalizing Symptomatology in Maltreated and Nonmaltreated Children", *Child Development*,

Vol. 84, No. 2, 2013.

King, D. L., Delfabbro, P. H., Doh, Y. Y., Wu, A. M. S., Kuss, D., Mentzoni, R., Pallesen, S., Carragher, N., & Sakuma, H., "Policy and Prevention Approaches for Disordered and Hazardous Gaming and Internet Use: An International Perspective", *Prevention Science*, Vol. 19, No. 2, 2017.

King, D. L., Delfabbro, P. H., Zwaans, T., & Kaptsis, D., "Clinical Features and Axis I Comorbidity of Australian Adolescent Pathological Internet and Video Game Users", *Australian and New Zealand Journal of Psychiatry*, Vol. 47, No. 11, 2013.

Kliewer, W., Dibble, A. E., & Goodman, K. L., "Physiological Correlates of Peer Victimization and Aggression in African American Urban Adolescents", *Development and Psychopathology*, Vol. 24, No. 2, 2012.

Koh, Y. S., The Korean National Policy for Internet Addiction, in: Montag, C., & Reuter, M. (Eds.), *Internet Addiction: Neuroscientific Approaches and Therapeutical Interventions*, Cham: Springer International Publishing, 2015.

Kopp, C. B., "Antecedents of Self-regulation: A Developmental Perspective", *Developmental Psychology*, Vol. 18, No. 2, 1982.

Korea Creative Content Agency, *White Paper on Korean Games*, 2020.

Kotaku, "For Men Who Hate Talking on the Phone, Games Keep Friendships Alive", June 2019, https://kotaku.com/for-men-who-hate-talking-on-the-phone-games-keep-frien-1835277944.

Kraut, R., Patterson, M., Lundmark, V., Kiesler, S., & Scherlis, W., "Internet Paradox. A Social Technology That Reduces Social Involvement and Psychological Well-being?", *American Psychologist*, Vol. 53, No. 9, 1998.

Krotoski, A., *Chicks and Joysticks: An Exploration of Women and Gaming*, Elspa: White Paper, 2004.

Kugelmann, R., "Introducing Narrative Psychology: Self, Trauma and the Construction of Meaning", *J Health Psychol*, Vol. 6, No. 5, 2001.

Kuss, D. J., & Griffiths, M. D., "Internet Gaming Addiction: A Systematic Review of Empirical Research", *International Journal of Mental Health and Addiction*, Vol. 10, No. 2, 2012.

Kuss, D. J., Kanjo, E., Crook-Rumsey, M., Kibowski, F., Wang, G. Y., & Sumich, A., "Problematic Mobile Phone Use and Addiction Across Generations: The Roles of Psychopathological Symptoms and Smartphone Use", *Journal of Technology in Behavioral Science*, Vol. 3, No. 3 – 4, 2018.

Lazarus, R. S., & Folkman, S., *Stress, Appraisal, and Coping*, New York: Springer, 1984.

Lee, J., Suh, E., Park, H., & Lee, S., "Determinants of Users' Intention to Purchase Probability-Based Items in Mobile Social Network Games: A Case of South Korea", *IEEE Access*, Vol. 6, 2018.

Lin, S. S. J., & Tsai, C. C., "Sensation Seeking and Internet Dependence of Taiwanese High School Adolescents", *Computers in Human Behavior*, Vol. 4, No. 18, 2002.

Liu, Q. X., Fang, X. Y., Deng, L. Y., & Zhang, J. T., "Parent-Adolescent Communication, Parental Internet Use and Internet-Specific Norms and Pathological Internet Use among Chinese Adolescents", *Computers in Human Behavior*, Vol. 28, No. 4, 2012.

Liu, Q. X., Fang, X. Y., Zhou, Z. K., Zhang, J. T., & Deng, L. Y., "Perceived Parent-Adolescent Relationship, Perceived Parental Online Behaviors and Pathological Internet Use among Adolescents: Gender-Specific Differences", *Plos One*, Vol. 8, No. 9, 2013.

Locke, E. A., & Latham, G. P., "Work Motivation and Satisfaction: Light at the End of the Tunnel", *Psychologicalence*, Vol. 1, No. 4, 1990.

Lu, H. P., & Wang, S. M., "The Role of Internet Addiction in Online Game Loyalty: An Exploratory Study", *Internet Research*, Vol. 14, No. 5, 2008.

Ma, C. Q., & Huebner, E. S., "Attachment Relationships and Adolescents' Life Satisfaction: Some Relationships Matter More to Girls than Boys", *Psychology in the Schools*, Vol. 45, No. 2, 2008.

Mak, K. K., Lai, C. M., Watanabe, H., Kim, D. I., Bahar, N., Ramos, M., Young, K. S., Ho, R. C. M., Aum, N., & Cheng, C., "Epidemiology of Internet Behaviors and Addiction among Adolescents in Six Asian Countries", *Cyberpsychology, Behavior, and Social Networking*, Vol. 17, No. 11, 2014.

Mandelbaum, M., "Family Resemblances and Generalization Concerning the Arts", *American Philosophical Quarterly*, Vol. 2, No. 3, 1965.

Marcheta, P. E., Albert, A. V., Shaun, B., & Vicki, R., "Brief and Nontraditional Approaches to Mental Health Counseling: Practitioners' Attitudes", *Journal of Mental Health Counseling*, Vol. 24, No. 4, 2002.

Marlatt, G. A., Baer, J. S., Donovan, D. M., & Kivlahan, D. R., "Addictive Behaviors: Etiology and Treatment", *Annual Review of Psychology*, Vol. 39, No. 1, 1988.

McCrae, R. R., & Costa, P. T., "Validation of the Five Factor Model of Personality Across Instruments and Observers", *Journal of Personality and Social Psychology*, Vol. 52, No. 1, 1987.

McIntosh, N., Helms, P., & Smyth, R., *Forfar and Arneil's Textbook of*

Paediatrics. 6th ed, Edinburgh: Churchill Livingstone, 2003.

Medienpädagogischer Forschungsverbund Südwest, *Youth Information Multimedia Research Report*, 2016.

Medienpädagogischer Forschungsverbund Südwest, *JIM-Studie 2019 Jugend, Information, Median*, April 2020.

Merikivi, J., Nguyen, D., & Tuunainen, V. K., "Understanding Perceived Enjoyment in Mobile Game Context", paper delivered to 49th Hawaii International Conference on System Sciences, 2016.

Morahan-Martin, J., & Schumacher, P., "Incidence and Correlates of Pathological Internet Use among College Students", *Computers in Human Behavior*, Vol. 16, No. 1, 2000.

Myrseth, K. O. R., & Fishbach, A., "Self-control: A Function of Knowing When and How to Exercise Restraint", *Current Directions in Psychological Science*, Vol. 18, No. 4, 2009.

Nathanson, A. I., "Identifying and Explaining the Relationship Between Parental Mediation and Children's Aggression", *Communication Research*, Vol. 26, No. 2, 1999.

Newzoo, *Global Mobile Market Report 2019*, 2019.

Newzoo, *How Men and Women Discover and Choose Games in the West: Similarities and Differences*, November 7, 2019.

Newzoo, *Southeast Asia Is the World's Fastest-Growing Mobile Games Market*, November 2019.

Newzoo, *Top 100 Countries by Game Revenues*, September 2019.

Niemz, K., Griffiths, M., & Banyard, P., "Prevalence of Pathological Internet Use among University Students and Correlations with Self-esteem, the General Health Questionnaire (GHQ), and Disinhibition", *Cyberpsychology &*

Behavior, Vol. 8, No. 6, 2005.

Nikken, P., "Parental Mediation of Children's Video Game Playing: A Similar Construct as Television Mediation", *Digital Games Research Conference DBLP*, 2003.

Nikken, P., Jansz, J., & Schouwstra, S., "Parents' Interest in Video Game Ratings and Content Descriptors in Relation to Game Mediation", *European Journal of Communication*, Vol. 22, No. 3, 2007.

Nuyens, F., Deleuze, J., Maurage, P., Griffiths, M. D., Kuss, D. J., & Billieux, J., "Impulsivity in Multiplayer Online Battle Arena Gamers: Preliminary Results on Experimental and Self-report Measures", *Journal of Behavioral Addictions*, Vol. 5, No. 2, 2016.

Omori, M. T., & Felinto, A. S., *Analysis of Motivational Elements of Social Games: A Puzzle Match 3-Games Study Case*, United States: Hindawi Publishing Corp, 2012.

Ostafin, B. D., Marlatt, G. A., & Greenwald, A. G., "Drinking Without Thinking: An Implicit Measure of Alcohol Motivation Predicts Failure to Control Alcohol Use", *Behaviour Research and Therapy*, Vol. 46, No. 11, 2008.

Pan, Y. C., Chiu, Y. C., & Lin, Y. H., "Development of the Problematic Mobile Gaming Questionnaire and Prevalence of Mobile Gaming Addiction among Adolescents in Taiwan", *Cyberpsychology, Behavior, and Social Networking*, Vol. 22, No. 10, 2019.

Pearcy, B. T. D., Mcevoy, P. M., & Roberts, L. D., "Internet Gaming Disorder Explains Unique Variance in Psychological Distress and Disability after Controlling for Comorbid Depression, OCD, ADHD, and Anxiety", *Cyberpsychology Behavior and Social Networking*, Vol. 20, No. 2, 2017.

Peters, C. S., & Malesky, A., "Problematic Usage among Highly-Engaged Players of Massively Multiplayer Online Role Playing Games", *Cyber Psychology and Behavior*, Vol. 11, No. 4, 2008.

Petersen, K. U., & Thomasius, R., *Beratungsund Behandlungsangebote Zum Pathologischen Internetgebrauch in DeutschlandEndbericht*, 2010, https://www.bundesgesundheitsministerium.de/fileadmin/Dateien/5_Publikationen/Drogen_und_Sucht/Berichte/Forschungsbericht/Studie_Beratungsangebote_pathologischer_Internetgebrauch.pdf.

Pew Research Center, *Teen's Relationship Survey*, 2015.

Guerin, P. J., & Chabot, D. R., *Development of Family Systems Theory*, American Psychological Association, 1997.

Pierce, R. C., "Dimensions of Leisure iii: Characteristics", *Journal of Leisure Research*, Vol. 12, No. 3, 1980.

Rahmani, S., & Lavasani, M. G., "The Relationship Between Internet Dependency with Sensation Seeking and Personality", *Procedia Social and Behavioral Sciences*, Vol. 30, No. 30, 2011.

Randler, C., Horzum, M. B., & Vollmer, C., "Internet Addiction and Its Relationship to Chronotype and Personality in a Turkish University Student Sample", *Social Science Computer Review*, Vol. 32, No. 4, 2014.

Rooij, V., *Online Video Game Addiction: Exploring a New Phenomenon*, Ph. D. dissertation, Erasmus University Rotterdam, 2011.

Roorda, D., Koomen, H. M. Y., & Oort, F. J., "The Influence of Teacher-Student Relationships on Students' School Engagement and Achievement: A Meta-analytic Perspective", *Human Resource Management Journal*, Vol. 22, No. 1, 2009.

Rosengren, K. E., "Uses and gratifications: A paradigm outlined", in: Blumler, J. G., and Katz, E. (Eds.), *The Use of Mass Communications: Current Perspectives on Gratifications Research*, Beverly Hills, CA: Sage, 1974: 269 – 286.

Roth, J. L., & Brooks-Gunn, J., "Youth Development Programs: Risk, Prevention and Policy", *Journal of Adolescent Health*, Vol. 32, No. 3, 2003.

Ruddy, R., & House, A., "Psychosocial Interventions for Conversion Disorder", *Cochrane Database of Systematic Reviews*, Vol. 5, No. 4, 2005.

Runciman, W. G., *Relative Deprivation and Social Justice*, London: Routledge, 1966.

Ryan, R. M., Rigby, C. S., & Przybylski, A., "The Motivational Pull of Video Games: A Self-determination Theory Approach", *Motivation and Emotion*, Vol. 30, No. 4, 2006.

Salen, K., & Zimmerman, E., *Rules of Play*, United States: The MIT Press, 2004.

Samaha, M., & Hawi, N. S., "Relationships among Smartphone Addiction, Stress, Academic Performance, and Satisfaction with Life", *Computers in Human Behavior*, Vol. 57, 2016.

Samarein, Z. A., Far, N. S., Yekleh, M., Tahmasebi, S., Ramezani, Y. V., & Sandi, L., "Relationship Between Personality Traits and Internet Addiction of Students at Kharazmi University", *Journal of Psychology & Behavior Research*, Vol. 2, No. 1, 2013.

Sarason, I. G., Levine, H. M., Basham, R. B., & Sarason, B. R., "Social Support Questionnaire", *Journal of Personality & Social Psychology*, Vol. 44, No. 1, 1983.

Schaan, V. K., & Melzer, A., "Parental Mediation of Children's Television and Video Game Use in Germany: Active and Embedded in Family Processes", *Journal of Children & Media*, Vol. 7, No. 1, 2015.

Sendurur, P., & Sendurur, E., "Underlying Factors of Problematic Online Gaming Behavior: Age, Intensity, and Genre", *Addicta: The Turkish Journal on Addictions*, Vol. 5, No. 12, 2018.

Seo, H., & Lee, C. S., Bowling Online: Mobile Social Games for Korean Teen Girls, in: Lee, A., & Pulos, A. (Eds.), *Transnational Contexts of Development History, Sociality, and Society of Play*, Springer International Publishing, 2016.

Seok, S., & Dacosta, B., "Problematic Mobile Gameplay among the Worlds Most Intense Players: A Modern Pandemic or Casual Recreational Pursuit?", *Games & Culture*, Vol. 13, No. 4, 2015.

Seong, U., *A Study of the Effects of the Game Regulations Policy Implemented by the Korean Government on the Game Playing Time of Adolescents*, 2013, http://stat.kisdi.re.kr/library/Library_detail2.aspx? Division = 2 & seq = 256.

Servidio, R., "Exploring the Effects of Demographic Factors, Internet Usage and Personality Traits on Internet Addiction in a Sample of Italian University Students", *Computers in Human Behavior*, Vol. 35, No. 1, 2014.

Shapira, N. A., Goldsmith, T. D., Keck, P. E., Khosla, U. M., & Mcelroy, S. L., "Psychiatric Features of Individuals with Problematic Internet Use", *Journal of Affective Disorders*, Vol. 57, No. 1 – 3, 2000.

Shazer, S. D., & Berg, I. K., "Doing Therapy: A Post-structural Re-vision", *Journal of Marital & Family Therapy*, Vol. 18, No. 1, 1992.

Sherry, J., Greenberg, B. S., Lucas, K., & Lachlan, K. A., "Video Game Uses and Gratifications as Predictors of Use and Game Preference", *International Journal of Sports Marketing and Sponsorship*, Vol. 8, 2006.

Shields, A., & Cicchetti, D., "Parental Maltreatment and Emotion Dysregulation as Risk Factors for Bullying and Victimization in Middle Childhood", *J Clin Child Psychol*, Vol. 30, No. 3, 2001.

Silva, A., "Alien Revolt (2005 – 2007): A Case Study of the First Location-Based Mobile Game in Brazil", *IEEE Technology and Society Magazine*, Vol. 27, No. 1, 2008.

Simons, R. L., Whitbeck, L. B., Conger, R. D., & Conger, K. J., "Parenting Factors, Social Skills, and Value Commitments as Precursors to School Failure, Involvement with Deviant Peers, and Delinquent Behavior", *Journal of Youth and Adolescence*, Vol. 20, No. 6, 1991.

Smetana, J. G., Campione-Barr, N., & Metzger, A., "Adolescent Development in Interpersonal and Societal Contexts", *Annual Review of Psychology*, Vol. 57, No. 1, 2006.

Sourmelis, T., Ioannou, A., & Zaphiris, P., "Massively Multiplayer Online Role Playing Games (MMORPGs) and the 21st Century Skills: A Comprehensive Research Review from 2010 to 2016", *Computers in Human Behavior*, Vol. 67, 2017.

Spear, L. P., "The Adolescent Brain and Age-Related Behavioral Manifestations", *Neuroscience & Biobehavioral Reviews*, Vol. 24, No. 4, 2000.

Stalker, C. A., Levene, J. E., & Coady, N. F., "Solution-Focused Brief Therapy-One Model Fits All?", *Families in Society*, Vol. 80, No. 5, 1999.

Statista, *Mobile Gaming in Japan-Statistics & Facts*, March 12, 2020.

Statista, *Gaming Industry in South Korea*, June 26, 2020.

Steca, P., Abela, J. R., Monzani, D., Greco, A., Hazel, N. A., & Hankin, B. L., "Cognitive Vulnerability to Depressive Symptoms in Children: The Protective Role of Self-efficacy Beliefs in a Multi-Wave Longitudinal

Study", *Journal of Abnormal Child Psychology*, Vol. 42, No. 1, 2014.

Stenros, J., "The Game Definition Game: A Review", *Games & Culture*, Vol. 12, No. 6, 2016.

Stroud, N. J., & Chernin, A., "Video Games and the ESRB: An Evaluation of Parental Beliefs about the Rating System", *Journal of Children and Media*, Vol. 2, No. 1, 2008.

Su, Y. S., Chiang, W. L., Lee, C. T. J., & Chang, H. C., "The Effect of Flow Experience on Player Loyalty in Mobile Game Application", *Computers in Human Behavior*, Vol. 63, No. 10, 2016.

Suits, B., *The Grasshopper Games, Life and Utopia*, Toronto, Canada: Broadview Press, 1978.

Sullivan, T. N., Farrell, A. D., & Kliewer, W., "Peer Victimization in Early Adolescence: Association Between Physical and Relational Victimization and Drug Use, Aggression, and Delinquent Behaviors among Urban Middle School Students", *Development and Psychopathology*, Vol. 18, No. 1, 2006.

Swickert, R. J., Hittner, J. B., Harris, J. L., & Herring, J. A., "Relationships among Internet Use, Personality, and Social Support", *Computers in Human Behavior*, Vol. 18, No. 4, 2002.

Tai, Z., & Zeng, H., "Mobile Games in China: Formation, Ferment, and Future", in: Jin, D. Y. (Ed.) *Global Media Convergence and Cultural Transformation: Emerging Social Patterns and Characteristics*, Hershey: Information Science Reference, 2010.

Tai, Z. X., & Hu, F. B., Mobile Games in China: Ongoing Industry Transformations, Emerging Game Genres, and Evolving Player Dynamics, in: Jin, D. Y. (Ed.) *Mobile Gaming in Asia*, Springer Netherlands, 2017.

Tanes, Z., & Cemalcilar, Z., "Learning from Simcity: An Empirical Study of

Turkish Adolescents", *Journal of Adolescence*, Vol. 33, No. 5, 2010.

Teh, N., Schuff, D., Johnson, S. L., & Geddes, D., "Can Work Be Fun? Improving Task Motivation and Help-Seeking Through Game Mechanics", paper delivered to Thirty Fourth International Conference on Information Systems, Milan, 2013.

Thijs, J., & Verkuyten, M., "Peer Victimization and Academic Achievement in a Multiethnic Sample: The Role of Perceived Academic Self-efficacy", *Journal of Educational Psychology*, Vol. 100, No. 4, 2008.

Trinkaus, J. W., "Arcade Video Games: An Informal Look", *Psychological Reports*, Vol. 52, No. 2, 1983.

Tsai, H. F., Cheng, S. H., Yeh, T. L., & Shih, C. C., "The Risk Factors of Internet Addiction-A Survey of University Freshmen", *Psychiatry Research*, Vol. 167, No. 3, 2009.

Nguyen, T. C., *The Brief History of Smartphones*, Thought Co. com, June 25, 2019, https://www.thoughtco.com/history-of-smartphones-4096585.

Turkle, S., "Virtuality and Its Discontents: Searching for Community in Cyberspace", *American Prospect*, Vol. 24, No. 24, 1996.

Tyack, A., Wyeth, P., & Johnson, T., "The Appeal of MOBA Games: What Makes People Start, Stay, and Stop", paper delivered to the 2016 Annual Symposium on Computer-Human Interaction in Play, Association for Computing Machinery, United States of America, October 16 – 19, 2016.

Utrecht University, Trimbos Instituut, Social Culture Planbureau, *De Pagina Die u Heeft Opgevraagd is Niet Gevonden*, September 2018.

Valcke, M., Wever, B. D., Keer, H. V., & Schellens, T., "Long Term Study of Safe Internet Use of Young Children, Population Movements: Their Forms and Functions in Urbanization and Development", *Computers & Edu-*

cation, Vol. 57, No. 1, 2011.

Valkenburg, P. M., Krcmar, M., Peeters, A. L., & Marseille, N. M., "Developing a Scale to Assess Three Styles of Television Mediation: 'Instructive Mediation', 'Restrictive Mediation', and 'Social Coviewing'", *Journal of Broadcasting and Electronic Media*, Vol. 43, No. 1, 1999.

Vanzoelen, D., & Caltabiano, M. L., "The Role of Social Anxiety, the Behavioural Inhibition System and Depression in Online Gaming Addiction in Adults", *Journal of Gaming and Virtual Worlds*, Vol. 8, No. 3, 2016.

Wang, J. L., Sheng, J. R., & Wang, H. Z., "The Association Between Mobile Game Addiction and Depression, Social Anxiety, and Loneliness", *Frontiers in Public Health*, Vol. 7, 2019.

Wang, M., & Wang, J., "Negative Parental Attribution and Emotional Dysregulation in Chinese Early Adolescents: Harsh Fathering and Harsh Mothering as Potential Mediators", *Child Abuse and Neglect*, No. 81, 2018.

White, M., & Epston, D., *Narrative Means to Therapeutic Ends*, New York: Norton, 1990.

Wildt, B. T., "Störungen von Selbsterleben und Beziehungsverhalten bei Menschen mit Internetabhängigkeit", *Sucht*, Vol. 57, No. 1, 2011.

World Health Organization, https://www.who.int/maternal_child_adolescent/topics/adolescence/dev/zh/.

World Health Organization, "*Global Recommendations on Physical Activity for Health: 5-17 Years Old*", 2011.

World Health Organization, *Global Strategy for Women's, Children's and Adolescents' Health* 2016–2030, New York: Every Woman Every Child, 2015.

World Health Organization, *ICD-11 for Mortality and Morbidity Statistics-Disorders due to Addictive Behaviours*, 2018.

World Health Organization, *International Classification of Diseases*, 2018.

Wright, C., "A Brief History of Mobile Games: In the Beginning, There Was Snake", March 14, 2016, https://www.pocketgamer.biz/feature/10619/a-brief-history-of-mobile-games-in-the-beginning-there-was-snake/.

Wright, S. G., "Handbook of Counselling and Psychotherapy", *Accident & Emergency Nursing*, Vol. 9, No. 2, 2001.

Yang, C. K., Choe, B. M., Baity, M., Lee, J. H., & Cho, J. S., "SCL-90-R and 16PF Rrofiles of Senior High School Students with Excessive Internet Use", *Canadian Journal of Phychistry*, Vol. 50, No. 7, 2005.

Yen, J. Y., Ko, C. H., Yen, C. F., Chen, S. H., Chung, W. L., & Chen, C. C., "Psychiatric Symptoms in Adolescents with Internet Addiction: Comparison with Substance Use", *Psychiatry and Clinical Neurosciences*, Vol. 62, No. 1, 2008.

Yildirim, S., Examining Perceived Value Influence Mobile Game Addiction: A Case of Turkish Young Adults, in: Suki, N. M., & Suki, N. M. (Eds.), *Leveraging Consumer Behavior and Psychology in the Digital Economy*, 2020.

Young, J. A., Fursa, S., Byrket, J. S., & Sly, J. S., "Bullying Affects More than Feelings: The Long-Term Implications of Victimization on Academic Motivation in Higher Education", *Social Psychology of Education*, Vol. 18, No. 1, 2014.

Young, K. S., "Internet Addiction: The Emergence of a New Clinical Disorder", paper delivered to the 104th Annual Meeting of the American Psychological Association, Toronto, Canada, August 20, 1996.

Young, K. S., *Caught in the Net: How to Recognize the Signs of Internet Addciction and a Winning Strategy for Recovery*, New York: John Wiley and Sons, 1998.

Young, K. S. , "Internet Addiction: Evaluation and Treatment", *Bmj*, Vol. 319, No. Suppl S4, 1999.

Zamani, B. E. , Abedini, Y. , & Kheradmand, A. , "Internet Addiction Based on Personality Characteristics of High School Students in Kerman, Iran", *Addiction and Health*, Vol. 3, No. 4, 2011.

Zhou, Y. Y. , Li, D. P. , Li, X. , Wang, Y. H. , & Zhao, L. Y. , "Big Five Personality and Adolescent Internet Addiction: The Mediating Role of Coping Style", *Addictive Behaviors*, Vol. 64, 2017.

Zhu, D. D. , He, J. M. , & Shi, Z. H. , "Research on Key Techniques of Games Based on Symbian Platform", *Applied Mechanics & Materials*, Vol. 135 – 136, 2011.

Zhu, J. , Zhang, W. , Yu, C. , & Bao, Z. , "Early Adolescent Internet Game Addiction in Context: How Parents, School, and Peers Impact Youth", *Computers in Human Behavior*, Vol. 50, 2015.

Žufić, J. , & Kiralj, D. , "Gaming in the Adolescent's Population-Pilot Research", paper delivered to International Convention on Information & Communication Technology Electronics & Microelectronics, January 2013.

附　录

附录1 《关于移动游戏出版服务管理的通知》

一　本通知所称移动游戏，是指以手机等移动智能终端为运行载体，通过信息网络供公众下载或者在线交互使用的游戏作品。

本通知所称移动游戏出版服务，是指将移动游戏通过信息网络向公众提供下载或者在线交互使用等上网出版运营服务行为。

本通知所称游戏出版服务单位是指取得国家新闻出版广电总局网络出版服务许可，具有游戏出版业务范围的网络出版服务单位。

二　游戏出版服务单位负责移动游戏内容审核、出版申报及游戏出版物号申领工作。

三　申请出版不涉及政治、军事、民族、宗教等题材内容，且无故事情节或者情节简单的消除类、跑酷类、飞行类、棋牌类、解谜类、体育类、音乐舞蹈类等休闲益智国产移动游戏，按照以下要求办理：

（一）游戏出版服务单位按照《出版管理条例》《网络出版服务管理规定》等要求，参照中国音像与数字出版协会制定的《移动游戏内容规范》，审核申请出版的移动游戏内容，填写《出版国产移动游戏作品申请表》，并在预定上网出版（公测，下同）运营至少20个工作日前，将此表及相关证照的复印件（一式两份）报送属地省级出版行政主管部门。

（二）省级出版行政主管部门收到申请材料后 5 个工作日内应完成下列工作：1. 审核申请材料的完备性和准确性。2. 符合要求的，一份申请材料和省级出版行政主管部门审核意见报国家新闻出版广电总局，另一份由省级出版行政主管部门存档。3. 不符合要求的，申请材料退回申请者并书面说明理由。

（三）国家新闻出版广电总局收到省级出版行政主管部门报送材料 10 个工作日内，作出是否批准的决定，并将决定通知省级出版行政主管部门。省级出版行政主管部门接到国家新闻出版广电总局批复意见后的 3 个工作日内，通知游戏出版服务单位。

（四）游戏出版服务单位取得批复文件后，应按批复文件要求，组织游戏上网出版运营，并在游戏上网出版运营后 7 个工作日内，向属地省级出版行政主管部门书面报告上网出版运营时间、可下载的地址、运营机构数量及主要运营机构名称和是否开放充值等出版运营情况；超过预定上网出版运营时间 20 个工作日仍不能上网出版的，应及时向属地省级出版行政主管部门书面说明理由。

四　申请出版非本通知第三条范围内的国产移动游戏，按照《关于进一步规范出版境外著作权人授权互联网游戏作品和电子游戏出版物申报材料的通知》（新广出办函〔2014〕111 号）（以下简称《规范通知》）和《关于启动网络游戏防沉迷实名验证工作的通知》（新出联〔2011〕10 号）的要求办理，其中，《规范通知》附件 1 所列申报材料中第（二）至（六）项变更为提交《出版国产移动游戏作品申请表》。

五　申请出版境外著作权人授权的移动游戏，按照《规范通知》和《关于启动网络游戏防沉迷实名验证工作的通知》的要求办理。

六　已经批准出版的移动游戏的升级作品及新资料片（指故事情节、任务内容、地图形态、人物性格、角色特征、互动功能等发生明显改变，且以附加名称，即在游戏名称不变的情况下增加副标题，或者在游戏名称前增加修饰词,如《新××》,或者在游戏名称后用数字表明版本的变化,如《××2》等进行推广宣传)视为新作品,按照本通知规定,依其所属类别重新履行相应审批手续。

七 已经批准出版的移动游戏变更游戏出版服务单位、游戏名称或主要运营机构,应提交有关变更材料,经省级出版行政主管部门审核后报国家新闻出版广电总局办理变更手续。

八 移动游戏上网出版运营时,游戏出版服务单位应负责游戏内容完整性,须在游戏开始前、《健康游戏忠告》后,设置专门页面,标明游戏著作权人、出版服务单位、批准文号、出版物号等经国家新闻出版广电总局批准的信息,并严格按照已批准的内容出版运营。游戏出版服务单位负责审核并记录游戏日常更新,对擅自添加不良内容的行为,应及时予以制止;对不配合的,应及时报属地省级出版行政主管部门予以处置。情节严重的,属地省级出版行政主管部门可按相应程序办理游戏出版批准撤销手续,并追究相应责任。

九 移动游戏联合运营单位在联合运营移动游戏时,须核验该移动游戏的审批手续是否完备,相关信息是否标明,不得联合运营未经批准或者相关信息未标明的移动游戏。

十 各类手机、平板电脑等移动智能终端生产和经营单位预装移动游戏时,须核验该移动游戏的审批手续是否完备,相关信息是否标明,不得预装未经批准或者相关信息未标明以及侵权盗版的移动游戏。

十一 各省级出版行政主管部门应配备满足工作需要的人员与技术设备,在30个工作日内完成属地已获批准移动游戏出版情况的监督审查,并将审查结果报国家新闻出版广电总局。

十二 已获批准且涉及异地运营的移动游戏,由受理申请出版该游戏的省级出版行政主管部门按本通知第十一条负责相关监管工作,异地运营机构所在地省级出版行政主管部门应配合进行日常监管。

十三　本通知自 2016 年 7 月 1 日起施行。自施行之日起，未经国家新闻出版广电总局批准的移动游戏，不得上网出版运营。

十四　本通知施行前已上网出版运营的移动游戏（含各类预装移动游戏），各游戏出版服务单位及相关游戏企业应做好相应清理工作，确需继续上网出版运营的，按本通知要求于 2016 年 10 月 1 日前到属地省级出版行政主管部门补办相关审批手续。届时，未补办相关审批手续的，不得继续上网出版运营。

十五　未按照本通知要求履行相关审批手续即上网出版运营的移动游戏，一经发现，相关出版行政执法部门将按非法出版物查处。

十六　请各省级出版行政主管部门根据本通知要求认真组织实施，并及时向国家新闻出版广电总局报告工作进展情况。

国家新闻出版广电总局办公厅

2016 年 5 月 24 日

附录 2 《文化部关于规范网络游戏运营加强事中事后监管工作的通知》

各省、自治区、直辖市文化厅（局），新疆生产建设兵团文化广播电视局，西藏自治区、北京市、天津市、上海市、重庆市文化市场（综合）行政执法总队：

近年来，我国网络游戏行业发展迅速，在促进网络文化市场发展，丰富人民群众文化娱乐活动，扩大和引导文化消费等方面发挥了积极作用。但是，网络游戏经营单位运营责任不清、变相诱导消费、用户权益保护不力等问题也日益突出。为进一步规范网络游戏市场秩序，保护消费者和企业合法权益，促进网络游戏行业健康有序发展，根据《互联网信息服务管理办法》、《互联网文化管理暂行规定》、《网络游戏管理暂行办法》等法律法规，现就有关事项通知如下：

一　明确网络游戏运营范围

（一）网络游戏运营是指网络游戏运营企业以开放网络游戏用户注册或者提供网络游戏下载等方式向公众提供网络游戏产品和服务，并通过向网络游戏用户收费或者以电子商务、广告、赞助等方式获取利益的行为。

（二）网络游戏运营企业通过开放用户注册、开放网络游戏收费系统、提供可直接注册登录服务器的客户端软件等方式开展的网络游戏技术测试，属于网络游戏运营。

（三）网络游戏运营企业为其他运营企业的网络游戏产品提供用户系统、收费系统、程序下载及宣传推广等服务，并参与网络游戏运营收益分成，属于联合运营行为，应当承担相应责任。

二 规范网络游戏虚拟道具发行服务

（四）网络游戏运营企业发行的，用户以法定货币直接购买、使用网络游戏虚拟货币购买或者按一定兑换比例获得，且具备直接兑换游戏内其他虚拟道具或者增值服务功能的虚拟道具，按照网络游戏虚拟货币有关规定进行管理。

（五）网络游戏运营企业变更网络游戏版本、增加虚拟道具种类、调整虚拟道具功能和使用期限，以及举办临时性活动时，应当及时在该游戏的官方主页或者游戏内显著位置公示所涉及虚拟道具的名称、功能、定价、兑换比例、有效期限以及相应的赠予、转让或者交易方式等信息。

（六）网络游戏运营企业采取随机抽取方式提供虚拟道具和增值服务的，不得要求用户以直接投入法定货币或者网络游戏虚拟货币的方式参与。网络游戏运营企业应当及时在该游戏的官方网站或者随机抽取页面公示可能抽取或者合成的所有虚拟道具和增值服务的名称、性能、内容、数量及抽取或者合成概率。公示的随机抽取相关信息应当真实有效。

（七）网络游戏运营企业应当在游戏的官方网站或者游戏内显著位置公布参与用户的随机抽取结果，并保存相关记录以备相关部门查询，记录保存时间不得少于 90 日。公布随机抽取结果时，应当采取一定措施保护用户隐私。

（八）网络游戏运营企业以随机抽取方式提供虚拟道具和增值服务时，应当同时为用户提供其他虚拟道具兑换、使用网络游戏虚拟货币直接购买等其他获得相同性能虚拟道具和增值服务的方式。

（九）网络游戏运营企业不得向用户提供网络游戏虚拟货币兑换法定货币或者实物的服务，但是网络游戏运营企业终止提供网络游戏产品和服务，以法定货币方式或者用户接受的其他方式退还用户尚未使用的虚拟货币的情况除外。

（十）网络游戏运营企业不得向用户提供虚拟道具兑换法定货币的服务，向用户提供虚拟道具兑换小额实物的，实物内容及价值应当符合国家有关法律法规的规定。

三 加强网络游戏用户权益保护

（十一）网络游戏运营企业应当要求网络游戏用户使用有效身份证件进行实名注册，并保存用户注册信息；不得为使用游客模式登陆的网络游戏用户提供游戏内充值或者消费服务。

（十二）网络游戏运营企业应当限定网络游戏用户在单款游戏内的单次充值金额，并在用户进行充值或者消费时发送要求用户确认的信息。确认信息中应当包括充值或者消费的法定货币或者虚拟货币金额、获得的虚拟道具或者增值服务的名称等内容，以及适度娱乐理性消费等提示语。网络游戏运营企业应当保存用户充值及消费等信息记录不少于180日。

（十三）网络游戏运营企业应当严格落实"网络游戏未成年人家长监护工程"的有关规定。提倡网络游戏经营单位在落实"网络游戏未成年人家长监护工程"基础上，设置未成年用户消费限额，限定未成年用户游戏时间，并采取技术措施屏蔽不适宜未成年用户的场景和功能等。

（十四）网络游戏运营企业应当在游戏内显著位置标明用户权益保障联系方式。网络游戏经营单位在网络游戏用户合法权益受到侵害或者与网络游戏用户发生纠纷时，可以要求网络游戏用户出示与所注册的身份信息相一致的个人有效身份证件。审核真实的，应当协助网络游戏用户进行取证。对经审核真实的实名注册用户，网络游戏经营单位负有向其依法举证的责任。

（十五）网络游戏运营企业要采取有效措施保护用户个人信息，防止用户个人信息泄露、损毁，未经授权不得将用户信息以任何方式向第三方企业或者个人提供。

四　加强网络游戏运营事中事后监管

（十六）各地文化行政部门和文化市场综合执法机构要充分利用网络文化市场执法协作机制，对网络游戏市场全面实施"双随机一公开"监管。要不断提高网络游戏随机抽查工作水平，对投诉举报较多的网络游戏经营单位，要加大随机抽查和日常检查频次，重点监管。要及时向社会公布查处结果。

（十七）各地文化行政部门和文化市场综合执法机构要依法加强对网络游戏市场的信用监管，按照"谁处罚，谁列入"的原则，将违法违规网络游戏经营单位列入黑名单或者警示名单，并会同有关部门实施联合惩戒，强化对违法违规网络游戏经营单位和相关责任人的信用约束。

（十八）各级文化行政部门和文化市场综合执法机构要加强对辖区内网络游戏经营单位的指导、服务和培训工作。省级文化行政部门要组织和指导企业开展政策法规和业务规范培训，定期检查企业内容自审和运营规范等相关制度执行情况，及时为网络游戏经营单位提供行政指导。

五　严肃查处违法违规运营行为

（十九）网络游戏运营企业从事本通知第（一）、（二）、（三）项规定的活动，运营未取得批准文号或者逾期未取得备案编号的网络游戏的，由县级以上文化行政部门或者文化市场综合执法机构按照《网络游戏管理暂行办法》第三十条、第三十四条予以查处；提供网络游戏下载，或者以电子商务、广告、赞助等方式获取利益的，按照《互联网文化管理暂行规定》第二十七条、第二十八条予以查处。

（二十）网络游戏运营企业从事本通知第（四）项规定的网络游戏虚拟货币发行服务的，应当遵守《网络游戏管理暂行办法》第六条、第十八条、第十九条、第二十二条的有关规定，违反相关规定的，由县级以上文化行政部门或者文化市场综合执法机构按照《网络游戏管理暂行办法》予以查处。

（二十一）网络游戏运营企业违反本通知第（五）、（六）、（七）、（八）项有关规定的，由县级以上文化行政部门或者文化市场综合执法机构按照《网络游戏管理暂行办法》第三十一条予以查处。

（二十二）网络游戏运营企业违反本通知第（九）项有关规定的，由县级以上文化行政部门或者文化市场综合执法机构按照《网络游戏管理暂行办法》第三十二条予以查处。

（二十三）网络游戏运营企业违反本通知第（十）项有关规定的，由县级以上文化行政部门或者文化市场综合执法机构按照《网络游戏管理暂行办法》第三十条予以查处。

（二十四）网络游戏运营企业违反本通知第（十一）项有关规定的，由县级以上文化行政部门或者文化市场综合执法机构按照《网络游戏管理暂行办法》第三十四条予以查处。

（二十五）网络游戏运营企业违反本通知第（十三）项有关规定的，由县级以上文化行政部门或者文化市场综合执法机构按照《网络游戏管理暂行办法》第三十一条予以查处。

（二十六）网络游戏经营单位违反本通知第（十二）、（十四）项有关规定的，由县级以上文化行政部门或者文化市场综合执法机构按照《网络游戏管理暂行办法》第三十五条予以查处。

本通知自 2017 年 5 月 1 日起施行。

特此通知。

文化部

2016 年 12 月 1 日

附录3 《未成年人网络游戏成瘾综合防治工程工作方案》

随着我国互联网使用日益低龄化、便捷化，未成年人沉迷网络游戏直至成瘾已成为一个严重的社会问题，严重影响未成年人的学习生活和身心健康，甚至成为青少年违法犯罪的重要诱因之一。中央领导对此高度重视，相关部门出台了一系列旨在保护未成年人健康上网的政策法规，近年来，学校和家庭不断加大对未成年人上网监督和管束，取得了积极成效，但仍未从根本上缓解我国未成年人网络游戏成瘾日趋严峻的态势。

为贯彻落实党的十七届六中全会、十八大精神和中央领导同志有关网瘾综合防治的批示精神，发展健康向上的网络文化，坚持未成年人保护优先原则，努力减少网瘾对未成年人的危害，全国网吧和网络游戏管理工作协调小组决定从网络游戏成瘾入手，实施未成年人网络游戏成瘾综合防治工程。

一 总体要求

未成年人网络游戏成瘾综合防治工程的总体要求是：坚持未成年人保护优先原则，充分发挥各级网吧和网络游戏管理工作协调小组作用，以预防、干预、控制网瘾为主线，加强网瘾基础研究，抓紧明确网瘾干预机构及其从业人员的法律地位，完善相关管理制度，全面落实网吧和网络游戏市场的日常监管措施，依法打击违法违规经营活动，净化网络文化环境，减少网瘾对未成年人的危害。

在工程实施过程中，以分步实施为原则，科学设置近、中、远期目标。着力建立健全长效防治机制，防控治并举，预防为先，实施综合治理；着力推动向基层延伸，拓展网瘾防治覆盖范围；着力运用法律、行政、经济、教育等多种手段，强化家庭、学校的教育监护责任和企业的社会责任。

近期目标：2012年至2013年，建立未成年人网络游戏成瘾综合防治工作机制；推动出台本土化预测和诊断测评系统，明确网瘾干预机构的法律地位和监管职责；进一步完善、落实网吧和网络游戏市场管理制度规范，加强对网络游戏研发、运营单位的引导。

中期目标：开展网瘾防治的基础性和应用型研究，争取用2至3年时间研制有效预防和干预未成年人网瘾的解决方案；开展重点调查，为准确研判未成年人网瘾情况提供数据支持；建立对网瘾干预机构及其从业人员的监管制度，规范市场秩序。

远期目标：建立健全各项工作制度，调动各方力量，形成政府部门主导、全社会共同参与的未成年人网瘾综合防治的联动格局，有效遏制我国未成年人网瘾趋势。

二 工作重点

研制本土化网瘾预测和诊断测评系统。针对目前我国尚无符合国情的网瘾诊断测评量表的现状，要调动研究机构、精神卫生机构各方的力量，研制本土化的网瘾诊断测评系统，防止由于文化和地域差异等原因在使用外来量表过程中而导致的误诊和误判。同时，开创性地开展网瘾预测工具的研制工作，在未成年人出现网瘾症状前进行有效的事前干预，减少网瘾危害，降低诊疗成本。

完善网瘾综合防治制度规范。按照综合防治的要求，重点围绕网吧、网络游戏、网瘾干预机构的管理，进一步完善、细化相关制度规范，建立健全网瘾综合防治的法制体系。要保持对网吧违规接纳未成年人的高压态势，督促网络游戏经营单位切实落实各项未成年人保护措施。

构建网瘾综合防治联动机制。充分调动企业、家长、学校、社区等社会各方力量，从预防、干预、控制三方面入手，构建企业与家长、家长与学校、未成年人与社区、学校与学术机构之间的联动机制，增加未成年人学习和生活的多样性、丰富性、自主性，努力营造有利于未成年人健康成长的学校、家庭和社区环境。

改进网瘾综合防治舆论工作。基于科研成果加强科学全面的新闻宣传和舆论引导，改变目前媒体多以网瘾的危害和个别严重案例为主的信息传播惯性，积极引导青少年关注和使用网络的正向功能。

三　主要措施

（一）建立健全网瘾综合防治工作机制。依托全国网吧和网络游戏管理工作协调小组，文化部牵头组织开展未成年人网瘾综合防治工作，加强协调配合，各负其责，各尽其能，形成长效机制。

（二）开展网瘾综合防治的基础性和应用型研究。卫生、教育部门要依托精神卫生机构、高校等，开展网瘾防治的基础性和应用型研究。在全国范围内开展一次抽样调查，全面客观地研判我国未成年人网瘾情况，借鉴国外防治经验及做法，研制本土化网瘾预测和诊断测评系统，研究未成年人网瘾形成及发展机制，制定有效预防和干预未成年人网瘾的解决方案，提升我国未成年人网瘾综合防治的科研水平和服务质量。

（三）强化网络游戏市场监管。文化行政部门、新闻出版行政部门要按照"三定"规定及中央编办发［2009］35号文件要求，在各自职权范围内，切实履行好网络游戏管理职责，规范网络游戏市场秩序，进一步督促网络游戏经营单位落实"适龄提示""网络游戏未成年人家长监护工程"及网络游戏防沉迷系统，为未成年人健康游戏提供良好氛围。公安机关要为"网络游戏未成年人家长监护工程的身份验证和网络游戏防沉迷系统的实名验证工作提供支持。通信管理部门要根据有关部门的认定和处罚意见，对未经许可擅自运营网络游戏和运营未经审批、审查或备案的网络游戏的网站，依照有关规定要求配合查处。中国人民银行及其分支机构要对为违法网络游戏经营活动提供网络支付服务的非金融支付机构依法进行处理。

（四）规范网吧经营活动。文化行政部门和文化市场综合执法机构要以网吧违规接纳未成年人为重点，进一步规范网吧市场经营秩序，运用网吧市场监管平台实现网吧用户消费时长提示功能。工商行政部门、公安机关对黑网吧要做到露头就打，通信管理部门要根据有关部门提供的黑网吧名单，通知并监督互联网接入服务者立即终止或暂停接入服务。发挥学校、社区、文化馆、图书馆等公益性上网场所服务功能，为未成年人提供绿色文明上网环境。

（五）积极预防网瘾发生。综治、教育、卫生、共青团等部门要互相配合，重视发挥学校与家庭的积极功能和社区环境的教育功能，丰富青少年的社区生活，引导未成年人科学使用网络，提高网瘾早期识别和干预能力。

（六）提高网瘾干预及控制能力。有关部门要积极研究网瘾干预机构的性质，通过立法明确设置条件和管理规定。依法建立监管制度，公布批准的从事网瘾干预服务的机构名单，对违法设立的机构要及时整治，杜绝违法执业和超范围执业。网瘾干预机构的服务涉及精神障碍诊断、治疗的，应当符合《精神卫生法》的要求。

（七）加大舆论宣传和结对帮扶力度。互联网信息办、文明办要积极开展各类宣传活动，扩大网瘾综合防治各项措施的社会影响，营造有利于防止未成年人沉迷网络的良好社会氛围。共青团组织要发挥少先队辅导员、青年志愿者以及专业社会工作人员的帮扶作用，加强对未成年人及其监护人健康上网的指导，结对帮扶有网络沉迷倾向的未成年人。

（八）开展国际交流与合作。文化、卫生、教育等部门要依托各自的对外交流平台，针对未成年人网瘾防治开展国际学术交流与合作，相互借鉴，提高管理服务水平。

四　工作要求

各地区、各部门要提高对网瘾防治工作必要性和紧迫性的认识，按照方案要求抓好各项任务的落实。

（一）加强组织领导。要将未成年人网瘾防治工作作为一项民心工程和保护未成年人成长的希望工程抓紧抓好。各级网吧和网络游戏管理工作协调小组要继续把整治网吧作为净化社会文化环境的重要内容，可根据实际情况增设网瘾综合防治工作组。

（二）加强协调配合。网吧和网络游戏管理工作协调小组各成员单位要相互协作、密切配合，加强纵向和横向的信息传递、情况沟通，做到信息共享、行动协调，努力形成整体防治的工作格局。

（三）加强经费保障。网瘾综合防治工作是政府履行市场监管和社会管理职能的重要方面，各部门要按职责做好经费保障工作。

全国网吧和网络游戏管理工作协调小组
2013 年 2 月 5 日

附录4 《关于防止未成年人沉迷网络游戏的通知》

各省、自治区、直辖市新闻出版局，各网络游戏企业，有关行业组织：

近年来，网络游戏行业在满足群众休闲娱乐需要、丰富人民精神文化生活的同时，也出现一些值得高度关注的问题，特别是未成年人沉迷网络游戏、过度消费等现象，对未成年人身心健康和正常学习生活造成不良影响，社会反映强烈。规范网络游戏服务，引导网络游戏企业切实把社会效益放在首位，有效遏制未成年人沉迷网络游戏、过度消费等行为，保护未成年人身心健康成长，是贯彻落实习近平总书记关于青少年工作重要指示精神、促进网络游戏繁荣健康有序发展的有效举措。现就有关工作事项通知如下。

一 实行网络游戏用户账号实名注册制度。所有网络游戏用户均须使用有效身份信息方可进行游戏账号注册。自本通知施行之日起，网络游戏企业应建立并实施用户实名注册系统，不得以任何形式为未实名注册的新增用户提供游戏服务。自本通知施行之日起2个月内，网络游戏企业须要求已有用户全部完成实名注册，对未完成实名注册的用户停止提供游戏服务。对用户提供的实名注册信息，网络游戏企业必须严格按照有关法律法规妥善保存、保护，不得用作其他用途。

网络游戏企业可以对其游戏服务设置不超过1小时的游客体验模式。在游客体验模式下，用户无须实名注册，不能充值和付费消费。对使用同一硬件设备的用户，网络游戏企业在15天内不得重复提供游客体验模式。

二 严格控制未成年人使用网络游戏时段、时长。每日22时至次日8时，网络游戏企业不得以任何形式为未成年人提供游戏服务。网络游戏企业向未成年人提供游戏服务的时长，法定节假日每日累计不得超过3小时，其他时间每日累计不得超过1.5小时。

三 规范向未成年人提供付费服务。网络游戏企业须采取有效措施，限制未成年人使用与其民事行为能力不符的付费服务。网络游戏企业不得为未满8周岁的用户提供游戏付费服务。同一网络游戏企业所提供的游戏付费服务，8周岁以上未满16周岁的用户，单次充值金额不得超过50元人民币，每月充值金额累计不得超过200元人民币；16周岁以上未满18周岁的用户，单次充值金额不得超过100元人民币，每月充值金额累计不得超过400元人民币。

四　切实加强行业监管。本通知前述各项要求，均为网络游戏上网出版运营的必要条件。各地出版管理部门要切实履行属地监管职责，严格按照本通知要求做好属地网络游戏企业及其网络游戏服务的监督管理工作。对未落实本通知要求的网络游戏企业，各地出版管理部门应责令限期改正；情节严重的，依法依规予以处理，直至吊销相关许可。各地出版管理部门协调有关执法机构做好监管执法工作。

五　探索实施适龄提示制度。网络游戏企业应从游戏内容和功能的心理接受程度、对抗激烈程度、可能引起认知混淆程度、可能导致危险模仿程度、付费消费程度等多维度综合衡量，探索对上网出版运营的网络游戏做出适合不同年龄段用户的提示，并在用户下载、注册、登录页面等位置显著标明。有关行业组织要探索实施适龄提示具体标准规范，督促网络游戏企业落实适龄提示制度。网络游戏企业应注意分析未成年人沉迷的成因，并及时对造成沉迷的游戏内容、功能或者规则进行修改。

六　积极引导家长、学校等社会各界力量履行未成年人监护守护责任，加强对未成年人健康合理使用网络游戏的教导，帮助未成年人树立正确的网络游戏消费观念和行为习惯。

七　本通知所称未成年人是指未满18周岁的公民，所称网络游戏企业含提供网络游戏服务的平台。

本通知自2019年11月1日起施行。

国家新闻出版署

2019年10月25日

附录5 《中国绿色游戏评测与推荐制度(草案)》

一 绿色游戏推荐的基本原则

（一）静态指标

根据单机游戏和网络游戏研发出来之后作为独立游戏产品的角度出发，提出以下基本原则。

A. 暴力度

1. 游戏内容健康，无明显暴力场景或过分暴力的战斗设计。

2. 轻度暴力，战斗过程血腥场景较少，无对角色身体的明显暴力允许。

3. 游戏内有严重的暴力现象，在战斗过程中出现将角色单位爆尸、尸体肢解等场景，游戏战斗极度血腥，允许玩家使用手法过分残忍、冷酷，违背人权层面的人性范畴，能对玩家产生暴力意识方面的影响。

B. 色情度

1. 基本无色情及关于性的描述，但鼓励出现有助于玩家正确理解"性"或两性关系的内容。

2. 游戏有涉及两性关系的内容，但是无直接的关于"性"的描绘，对于"性"内容的涉及为科学的、艺术性（如符合剧情发展需要，可深化故事剧情，但是无错误意识导向的亲吻、爱抚场景），对玩家正确认识"性"有一定的帮助。

3. 游戏内的角色出现明显的、有意的、非艺术、科学性的裸体或与性有关的身体接触。游戏内容有直接出现对两性关系的暗示、鼓励或含直接的色情内容。

C. 恐怖度（可与 A 项综合考虑）

1. 无明显血腥、恐怖场景或角色设计。

2. 轻微的血腥、恐怖场景或角色设计，有对违反社会科学规律的神鬼现象的描述，但是并不对玩家产生错误引导。

3. 有严重的血腥、恐怖场景或角色形象设计。

D. 社会道德度

1. 具有健康的主题，无粗俗文字，游戏背景及意识形态方面不违背我国国情。游戏过程对玩家无生活态度及意识导向方面的影响。

2. 主题虽以揭露批判为主，但有一定数量的粗俗文字，在游戏背景以及意识形态方面不能完全和我国国情相符合，可能对游戏玩家产生消极影响。

3. 主题较为颓废，有较多的粗俗文字，在游戏背景以及意识形态方面有轻微的和我国国情相抵触的方面。游戏过程会对玩家产生一定不良影响，有可能使玩家在现实生活中的行为对社会造成不良后果。

如果符合以下五项中任何一项则应该评定为 3 级：

1. 涉及毒品；2. 虐待行为；3. 赌博（与现实货币没有直接联系的则评定为 2 级）；4. 不良思想和言语；5. 反社会行为

E. 文化内涵度

1. 游戏在历史、文化层面上进行了深度的发掘，能够让玩家在游戏的过程中体会到历史文化的内涵，尤其是能体会到中华文明博大精深的文化内涵，具备一定的知识传递性。特别说明，如果在文化层面的发掘上，对宗教内容的设计过多，或对非官方承认宗教，或邪教有一定的涉及，则需要重新对该游戏进行评测。

2. 游戏内容有一定的深度，对所使用的题材能进行一定的深度发掘，能让玩家主动地去理解游戏的人文背景、世界观、世界体系，了解一款游戏的文化内涵等。

3. 游戏内容及规则极为简单，只有简单的背景、简单的任务及简单的游戏内容。游戏以战斗为主，玩家无法从中体会到除了游戏的战斗外更多的内涵。

（二）动态指标

作为电子游戏重要部分存在的网络游戏，开发者对游戏世界的营造只能算是完成了游戏的一半，另一半要由运营商和参与游戏的每个玩家来完成。所以，对网络游戏的评定并不能仅仅针对游戏产品本身，更需要关注游戏运营公司的运营方法以及参与游戏的每个玩家自身的行为道德。

为此，我们拟定的标准将是我们进行持续性的推荐依据，标准的具体表现形式是，评定出某个时间段某款游戏或某款游戏的某些服务器适合于哪个年龄段的玩家使用，同时我们将这一结果公示。这一标准不仅可以作为运营商下一阶段调整和维护游戏虚拟世界的参考，也是对家长、社会以及玩这款游戏的玩家有一个引导和提示的作用。

适用范围：

所有运营中的网络游戏。这是一个动态的、浮动的参考意见，意味着这不是一个一成不变的量，即考核的结果是会随着玩家的参与、游戏公司运营方式的改变而变化的。这就要求对相关游戏要有持续的调查考核。

F. 游戏时间限制

1. 游戏时间设置充分考虑玩家的工作、学习、休息等日常生活习惯，在游戏时间上进行了严格的限制，能保证玩家工作、学习、娱乐、休息的良性循环。

（参考依据：时间安排为：非节假日为 16：00—21：00，约束玩家每天总在线时间不得超过 1 小时。节假日为：9：00—22：00，约束玩家总在线时间不得超过 3 个小时。此时间是在广泛征求老师和家长的意见得出。）

2. 游戏时间设置以玩家为中心，能考虑玩家的工作、学习、休息等日常生活习惯，从而在游戏时间上进行了部分限制，基本能保证玩家工作、学习、娱乐、休息的良好循环。

（参考依据：每天或者定期关停服务器或者通过其他手段约束玩家在线时间的。）

3. 游戏时间设置以运营商利益为核心，不考虑玩家的工作、学习、休息等日常生活习惯，不但对游戏时间没有进行任何限制，而且采用各种手段来引诱玩家长时间的游戏，有可能严重影响玩家的身心健康和生活。

G. 非法程序（外挂）

1. 游戏中没有任何使用非法程序的用户，能及时对游戏漏洞等系统 BUG 进行处理，妥善保护玩家的利益不受损害。

2. 游戏中有少量的使用非法程序的用户，对游戏漏洞等系统 BUG 基本能在其造成危害前进行处理。

3. 游戏中有大量的使用非法程序的用户，对游戏漏洞等系统 BUG 反应及处理速度很慢或放任自流，对玩家利益造成极大的损害。

H. 聊天系统的文明度

1. 游戏内部的公共聊天频道，交流便捷、和谐、文明，玩家之间能够平等、融洽相处，有助于玩家提高与人交流的能力。

2. 游戏内部的聊天频道，交流便捷、和谐、文明，有少量的漫骂及黄色网站广播信息，玩家大部分时间可在正常的公共聊天频道中生活、交流、娱乐。

3. 游戏内部聊天频道混乱，充斥着漫骂、流言蜚语及黄色网站广播信息，无法得到有效的控制，玩家基本不能借助公共聊天频道进行交流、娱乐。

I. 游戏内部社会体系的秩序

1. 游戏内部的社会体系完整而和谐，帮派组织是由相互帮助、相互交流的玩家组成的小群体，玩家之间人人平等，融洽相处，有助于玩家提高认识，改变世界观、人生观。

2. 游戏内部的社会体系可能出现混乱，但是官方可及时进行处理，有少量的素质低下、崇尚金钱、霸权的玩家组成的帮派群体，这些帮派可能干扰部分正常玩家的生活和交流。但大部分玩家尚可在正常的社会时局下生活、交流、娱乐。

3. 游戏内部社会体系混乱，PK 横行，无法得到控制，主要帮派的主要成员为素质低下、崇尚金钱、霸权的玩家，正常玩家的个人安全在正常条件下无法得到保护，玩家之间缺乏相互帮助和友爱。

J. 游戏形象宣传

1. 游戏运营商为游戏在媒体、资讯网站等合法的地方对公众宣传时形象靓丽、能用恰当的图片或词语描述游戏内在的风格，从而真实的反映游戏内在的文化和娱乐内涵。

2. 游戏运营商为游戏在媒体、资讯网站等合法的地方对公众宣传形象良好、有少量的误导性或者煽动性语句或图片，基本能真实的反映游戏内在的文化和娱乐内涵。

3. 游戏运营商为游戏在媒体、资讯网站等合法的地方对公众宣传形象一般、使用大量的误导性或者煽动性语句或图片，甚至使用一些低级趣味的图片或暧昧的言语描述，不能真实的反映游戏内在的文化和娱乐内涵。

K. PK 行为

1. 玩家之间能够平等、融洽相处，PK 行为得到有效控制，只在参与 PK 玩家之间完全认可的情况下发生。PK 行为能得到有效控制，只在参与 PK 玩家之间完全认可的情况下发生，恶意 PK 的玩家会受到处罚（如：监狱等）。

服务器可以自由 PK，对于 PK 者要严格处罚，如 PK 一个玩家即变名字颜色（如：红名），并在 Pker 回城后一定要受到系统处罚。（如：监狱）

2. 玩家大部分时间可在正常的社会时局下生活、交流，PK 能够得到限制，恶意 PK 的玩家会受到处罚（如：监狱等）。

3. PK 行为被纵容而导致 PK 横行，并且无法得到有效的控制，玩家在虚拟世界中个人的生命及财物安全在正常条件下无法得到保护。

L. 用户区分度

1. 游戏注册采用实名制，有可靠的方法保证注册信息的真实性，并能根据注册资料对玩家进行区分对待（如：对特定年龄段的用户群架设的特定游戏专区、进行适当的时间限制等），从玩家的切身利益出发，对游戏进行各种合理的设置，保证各年龄段玩家在游戏中的个人利益，并能积极的配合有关部门对游戏用户在游戏中的损失进行调查和补偿，能及时、妥当、合理的处理与玩家之间的矛盾。

2. 游戏注册采用实名制并采取了一些手段提高了注册信息的真实性，根据注册资料对玩家进行了一定程度的区分对待，对游戏进行了部分合理设置，基本能保证各年龄段玩家在游戏中的个人利益，并愿意配合有关部门对游戏用户在游戏中的损失进行调查和补偿，能及时的处理与玩家之间的矛盾。

3. 游戏对注册内容不加核实，不能根据注册资料对玩家进行区分对待，对游戏进行的设置主要是为了保证运营商自己的利益，不能保证各年龄段玩家在游戏中的个人利益，在与玩家出现矛盾时，推卸责任，不对玩家的损失进行补偿，甚至发生针对玩家的恶性事件。

（三）具体绿色游戏推荐标准的划分

针对以上各项内容，按照不同的得分，将评测对象划分成不同年龄层次的评测结果，并以美国电影及游戏"评测与推荐"（分级）为参考标准。

注意：下面设计到的绿色游戏评测与推荐中，F、G、H、I、J、K、L等指标在单机游戏中不做考虑，只针对网络游戏。

当某款游戏所有为玩家提供服务的游戏服务器，根据绿色游戏推荐标准评定的结果都适合18岁以下年龄段的玩家使用，则由协会授予该游戏"绿色游戏"称号。如果根据绿色游戏推荐标准评定的结果，该游戏只有部分游戏服务器适合18岁以下年龄段的玩家使用，则由协会授予这些游戏服务器"绿色游戏服务器"称号。

协会将根据评定结果，充分发挥自身的组织和渠道优势，将"绿色游戏"和"绿色游戏服务器"向全社会推荐和推广。

全年龄段：

适合所有未成年人，并对成人也有吸引力。包含最小程度的暴力、搞笑的恶作剧或者粗话。

各项指标满足条件：静态：A1 \ B1 \ C1 \ D1 \ E1

动态：F1 \ G1 \ H1 \ I1 \ J1 \ K1 \ L1

综合评定满足条件：全部指标均为1。

初中生年龄段以上：

可以有暴力内容，轻度的粗话，极其少量的色情题目。

各项指标满足条件：静态：A1 \ B1 \ C1 \ D2 \ E2

动态：F1 \ G2 \ H1 \ I1 \ J1 \ K1 \ L2

综合评定满足条件：所有指标中不能出现3，静态指标中暴力、色情、恐惧度均为1，社会道德、文化内涵度拥有至少1项或最多2项达到2。

动态指标中所有指标中不能出现3，聊天系统的文明程度、游戏内部社会体系的秩序、游戏形象宣传、游戏时间限制等程度均为1，非法程序（外挂）、PK行为、社会责任感等程度至少拥有1项或最多3项达到2。

高中生年龄段以上：

有比初中生年龄段有更多的暴力及色情内容。

各项指标满足条件：静态：A2 \ B1 \ C2 \ D2 \ E2

动态：F2 \ G2 \ H2 \ I2 \ J2 \ K2 \ L2

综合评定满足条件：所有指标不能为3，静态指标中色情度为1。

动态指标中：所有指标不能为3。

18岁年龄段以上：

只面对18岁以上人士，不应该对未成年人推广发行。

各项指标满足条件：静态：A3 \ B3 \ C3 \ D3 \ E3

动态：F3 \ G3 \ H3 \ I3 \ J3 \ K3 \ L3

综合评定满足条件：综合评定指标中任意一项指标达到 3，且达到 3 的指标少于 4 项（含 4 项）。动态指标任意一项指标达到 3。

危险级：

提请主管部门对其关注。

各项指标满足条件：静态：A3 \ B3 \ C3 \ D3 \ E3

动态：F3 \ G3 \ H3 \ I3 \ J3 \ K3 \ L3

综合评定满足条件：在评定指标中有 4 项以上（不含 4 项）指标达到 3 或者其服务过程中出现任何针对玩家的恶性突发性事件。

二 评测后的推广作用

1. 评测是以向青少年玩家推荐适宜游戏产品为宗旨，同时为适合青少年使用的游戏产品提供推广服务新思路。

2. 《标准》并非国家强制执行标准，而是协会内部制定的一种行业推荐标准。协会将充分发挥自己的优势，将得到认证的游戏产品推荐给适龄玩家使用，尤其是评选出适合未成年人的游戏产品加以大力推荐甚至组织推广，使青少年既能享受到游戏的乐趣，又能最大限度的避免伤害。

3. 建立绿色游戏产品推广基地，以中国青少年网络协会推行的"绿色上网场所"验收合格的网吧为基地，得到绿色游戏产品认证的产品，可以允许 18 岁以下的青少年在绿色上网场所使用，也可以协助在学校、少年宫等青少年场所推广。

4. 评测绿色游戏产品要以专家和玩家意见结合的原则，除了专家意见外，还要在业内有权威的受适龄读者欢迎的媒体上做问卷调查，其结果也是重要的参考标准。

三 关于针对网络游戏的持续评测

1. 网络的持续版本推广，造成网络游戏的内部体系在不断地变化，过去合格的网络游戏版本在新的版本推出后未必合格，所以有持续评测的必要。

2. 网络游戏的持续评测，一是针对某款游戏大的新版本推出；二是考察网络游戏内部社会稳定度及健康度是否仍然合格。

3. 网络游戏的持续评测，不是针对任何一款网络游戏均进行评测，而是不定期进行抽样评测。

四 绿色游戏评测步骤

1. 选择游戏

在我国市场上现在有上百款各式游戏在运营，同时对这么多的游戏进行甄别选择将是一个很浩大的工作，因此我们选择待评定游戏的方法是选择热点游戏、根据运营商主动要求、由专业评测组织、专业媒体、玩家推荐等来进行的。

2. 评测机构或个人

当选择好待评测的游戏以后，在指定的时间内，我们将通过下列途径进行游戏评测：

a）专业评测团队：联系专业的评测团队请他们按照我们的绿色游戏推荐标准（以下简称标准）对目标游戏进行游戏评测。

b）专业的媒体：联系本行业的专业媒体请他们按照我们的标准对目标游戏进行游戏评测。

c）专业的评测人员：联系专业的评测人员请他们按照我们的标准对目标游戏进行游戏评测。

在指定时间到期后收集评测结果，并通过合作媒体予以公布，征集社会及厂商的意见。

3. 召开绿色游戏听证会

每3个月召开一次绿色游戏听证会，听证会将邀请由游戏专业委员会委员、专业评测团队代表、专业媒体代表、玩家代表、游戏厂商代表组成的听证团，听取由目标游戏评测团队或者个人及目标游戏厂商组成的举证方的汇报，并对其汇报进行质疑和辩论。最后经听证团投票表决，目标游戏获得听证团人数的1/2支持即可通过。

4. 绿色游戏/绿色游戏服务器公布

所有通过听证会的绿色游戏/绿色游戏服务器将有游戏专业委员会秘书处统一在合作媒体及游戏专业委员会会刊上进行公布。

产品被评为"绿色游戏"/"绿色游戏服务器"的游戏公司可以参与协会下一步推广工作。

我们将根据游戏公司技术改造的进度，在12月召开"绿色游戏"首场听证会，届时我们将邀请领导、专家、学者、专业人员以及游戏公司的从业人员，对前期参与评测的20多款游戏进行现场评定，对于符合标准的游戏予以现场公布授牌，并将在明年开展大规模的推荐、推广工作。

5. 绿色游戏/绿色游戏服务器评测的收费方式

协会从事绿色游戏推荐工作，是为了扩大现有游戏市场，为游戏产业的发展尽一份力。为了最大限度的减轻企业负担，也为了保证游戏评定的公正性，针对所有游戏公司的评测活动都是免费的。

中国青少年网络协会

二〇〇四年十一月二十八日

后　记

　　青少年手机游戏成瘾既是理论问题，又是国际社会普遍关注的亟待解决的现实问题。因此，本书对青少年手机游戏成瘾展开研究，以期在为这一课题做出相应理论贡献的同时，为解决这一现实问题提供启发、参考和借鉴。

　　本书是集体智慧和劳动的成果。刘毅负责全书框架的拟定并参与全书的撰写。具体分工如下：第一章由刘毅、姜晓源（西南大学新闻传媒学院研究生）撰写；第二章第一节，第三章第一节至第三节由刘毅、夏怡璇（重庆大学新闻学院研究生）撰写；第二章第二节，第三节由刘毅、夏怡璇、徐明浩（中建三局三公司）撰写；第三章第四节，第四章，第五章由刘毅、曾佳欣（重庆大学新闻学院研究生）撰写；第六章由刘毅、姜晓源、曾佳欣、郑竣阳（中建五局安装公司）撰写。重庆大学新闻学院研究生邵静怡、朱艺薇、李香玥和陕西师范大学新闻与传播学院本科生李媛媛参与了本书的校对工作，向她们表示感谢！

　　由于手机游戏成瘾是一个新问题、新现象，系统的研究很少，可供直接参考的资料非常有限。因此，本书在论述手机游戏成瘾时，较多参考了成瘾以及与其颇有相同之处的网络成瘾、网络游戏成瘾等成瘾亚型的资料和结论，有的结论还需要进一步通过实证研究加以证实，这是以后研究的方向。

作　者

2020 年 12 月